처음 읽는
독일
현대철학

처음 읽는 독일 현대철학

맑스부터 호네트까지, 우리 눈으로 그린 철학 지도

초판 1쇄 펴낸날 2013년 10월 10일
초판 7쇄 펴낸날 2023년 2월 10일

지은이 철학아카데미
펴낸이 이건복
펴낸곳 도서출판 동녘

편집 구형민 정경윤 김다정 이지원 김혜윤 홍주은
마케팅 임세현
관리 서숙희 이주원

등록 제311-1980-01호 1980년 3월 25일
주소 (10881) 경기도 파주시 회동길 77-26
전화 영업 031-955-3000 편집 031-955-3005 **전송** 031-955-3009
블로그 www.dongnyok.com **전자우편** editor@dongnyok.com
인쇄·제본 영신사 **라미네이팅** 북웨어 **종이** 한서지업사

ISBN 978-89-7297-698-1 04100
　　　978-89-7297-690-5 04100 (세트)

처음 읽는

독일
현대철학

맑스부터 호네트까지, 우리 눈으로 그린 철학 지도

철학아카데미 지음

동녘

목차

●

들어가는 글

1.

우리에게 독일 철학은 어떤 의미가 있을까? 왜 많은 사람들은 여전히 독일 철학에 관심을 갖는 것일까? 그 이유는 무엇보다도 그들이 묻고 답했던 철학함의 주제와 내용, 방법이 바로 지금 이 시대의 우리가 고심하며 묻고자 하는 물음과 크게 다르지 않기 때문이 아닐까 한다. 19~20세기 독일은 그야말로 세계 변혁의 격동기 한가운데 있었기에 그들의 물음 또한 매우 다양하고 진지하며 심오할 수밖에 없었다. 다시 말해 자본주의의 폐단이 심화되는 과정 속에서 공산주의와 나치의 출현을 경험한 독일은 두 차례의 세계대전을 일으킨 발발국과 패전국이라는 낙인 속에서 경제적으로나 도덕적으로 매우 힘든 상황을 겪어야 했다. 그렇기 때문에 독일인들은 자신들이 당면한 현실 앞에서 누구보다도 진지하고 충실한 물음을 던졌다. 그들만의 물음이 단지 그들만의 물음으로 그치지 않고, 우리 모두의 물음이 될 수 있는 까닭이 여기에 있다.

그런 의미에서 철학아카데미는 그들과 더불어 지금, 여기, 우리의 문제를 논할 수 있기를 기대하면서 12명의 독일 현대철학자인 칼 맑스, 지그문트 프로이트, 프리드리히 니체, 에드문트 후설, 로자 룩셈부르크, 마르틴 하이데거, 발터 벤야민, 테오도르 아도르노, 한나 아렌트, 한스 게오르크 가다머, 위르겐 하버마스, 악셀 호네트의 철학을 소개하는 특강을 기획했다. 물론 그들 외에도 중요한 철학자들이 많이 있으나, 오늘 한국사회에서 새롭게 주목하고 있으면서도 한국사회가 처한 현실과의 관계를 고려해 선정했다. 12명의 철학자들은 자본주의를 반대하거나 비판하면서 그리고 인간 실존을 규명하거나 분석하면서 독일이 처한 현실을 직시하고 독일의 특수한 상황을 인간과 인류의 보편적 문제로 확장시키며 새로운 시대를 열어 나갔다. 그들에 의해서 현대철학도, 정신분석학도, 실존주의도, 프랑크푸르트학파도, 해석학도 탄생됐다는 사실은 결코 우연이 아니다. 따라서 우리는 지금 그들과 더불어 우리가 처한 현실에 대하여 심도 있는 논의를 해나갈 수 있으리라 기대한다. 그들이 이루어 낸 학문적 업적은 우리가 면밀히 살펴보아야 할 지적 유산일 뿐 아니라 우리 사회를 위한 방향등이 될 수 있다고 보기 때문이다.

2.

《처음 읽는 독일 현대철학》에서 다룬 12명의 독일 철학자들은 객관성이라는 이름으로, 시간과 공간을 넘어선 동일성의 논리로 모든 것을 재단하려는 근대의 추상적인 이론을 거부한다. 또한 그들은 전통적인 독일의 관념적이고 신비적인 학문 태도와도 일정 부분 거리두기를 하면서 구체적인 현실 속에서 살아 있는 생생한 삶을 논한다. 그래서 실재성Realität이 아닌, 운동적 차원에서 기존의 형이상학을 해체하며 새로운 철학의 시대, 즉 현대철학을 열어갔다. 이를 위해 그들은 주관과 객관 어느 쪽으로도 편중되지 않는 엄밀함이 필요하다고 느끼며 그동안 근대가 취해 온 도구적 이성 중심의 철학을 비판하고, 이성에 근거한 정신 위주의 철학에서 벗어나 물질 또는 감정, 무의식 등 다양한 방향으로 전환시켜 나간다. 이러한 시도는 그동안 상대적으로 소외됐던 다양한 것들에 새로운 가치와 중요성을 부여하는 작업이었다. 또한 한편으로 개인이 지닌 자율성과 내면적 문제를 다루면서 다른 한편으로는 개인과 공동체의 관계에 주목해 전체주의와 자본주의가 지닌 근본적 문제를 성찰하는 두 가지 방향에서 진행된다. 건강한 사회 속에서 개인의 행복 또한 가능하다는 이들의 논의는 뼈저린 그들의 현실 경험에서 기인한다고 할 수 있다. 그러기에 그들은 개인과 사회의 역동적인 상호관계를 중시하며 소통의 문제와 자기실현의 문제를 궁구해갔던 것이다.

독일 현대철학자들의 이러한 태도는 가시적인 그래서 이미지를 추구하는 현실적이고 행동적인 프랑스 철학과 실험, 관찰에 근거한 경험과 분석을 토대로 실용성을 추구하는 영미 철학과 비교해볼 때 대체로 관념적이고 신비적이며 통일적인 관점에서 사고하려는 기존의 독일 철학의 특징에서 크게 벗어나지 않는다. 비록 맑스가 정신과 다른 물질에 근거한 주장을 내세운다 해도 그 주장을 피력하는 근거와 논리 역시 크게 다르지 않기 때문이다. 그러나 분명한 것은 이들 모두 실재성을 비판하며 구체적인 삶의 현실에 충실해 생명의 충일성을 보고 내재적 자율성을 강조하며, 생성의 운동을 지향하고자 하는 현대철학적 특성을 공유하고 있다는 점이다.

11

3.
철학아카데미가 우리 사회를 위한 열린 장으로서의 역할을 다할 수 있기를 바라는 마음으로 시작된 이번 기획에서는 각 분야에서 가장 활발하게 연구하시는 귀한 선생님들을 모셨다. 여러 가지 어려운 여건 속에서도 기꺼이 강의에 응해주시고 또 관심을 갖고 참여해주신 덕분에 아주 뜻깊고 의미 있는 시간이 되었을 뿐만 아니라 이렇게 책으로까지 출간할 수 있게 됐다. 이 지면을 통하여 참여해주신 모든 선생님들께 철학아카데미를 대신해 진심으로 감사드린다.

먼저 맑스의 사상을 노동의 존재론적 관점에서 혁명 사상과 연결시켜 짧은 지면 안에서 풀어주신 조정환 선생님, 논리 정연한 글쓰기로 니체 철학의 전반적인 사상과 특징을 '관계론'으로 규명하면서 그 의미를 미래철학에 대한 서곡으로 해명해주신 백승영 선생님, 프로이트 철학을 '무의식 혁명'이라 규정하며 누구보다도 쉽게 프로이트를 소개해주신 김석 선생님, 현상학의 창시자인 후설이 지향한 것이 무엇인지를 후설의 논리 밖에서 친절하게 설명해주신 이남인 선생님, 한국의 독자에게는 다소 낯설 수도 있는 로자가 왜 진정한 맑스의 사상을 이어간 사상가인가를 혁명의 변증법의 문제로 자세히 설명해주신 한형식 선생님, 하이데거의 사상을 전체적 관점에서 풀이해가며 그가 말하려고 했던 진정한 존재로의 의미가 무엇인지 물으신 박찬국 선생님, 현대 예술철학의 논쟁의 핵심에서 늘 거론되는 벤야민의 이론을 그의 핵심 개념인 '아우라' 중심으로 설명해주신 심혜련 선생님, 왜 아도르노가 자본주의를 비판하며 예술을 이야기하는가를 전체주의가 지닌 폭력의 문제와 연결해 설명하신 이순예 선생님, 가장 최근까지도 고단한 삶의 여정을 이어갔던 아렌트가 꿈꿨던 정치 형태는 무엇이었는지를 전체주의와의 문제 속에서 고찰해주신 김선욱 선생님, 우리 사회에서 이슈화되고 있는 의사소통의 문제를 철학의 주제로 삼아 논의하는 하버마스의 논의를 소개해주신 김원식 선생님, 그 어떤 사회보다 무시와 인정이라는 투쟁이 강하게 일고 있는 한국 사회의 병리현상에 대해 숙고하게 해줄 호네트의 이론을 객관적으로 펼쳐 보여주신 문성훈 선생님에 이르기까지, 기존의 실재성을 비판하며 새로운 실현의 진리를 이야기하는 가다머를 소개하는 본인을 제외하고 모두 철학계에서 귀한 분들이 아닐 수 없다.

출판을 맡아준 도서출판 동녘과 많은 저자로 인해 배로 힘들었을 윤현아 선생님에게도 진심으로 고마움을 전한다. 우리들의 이러한 노력이 고단한 삶을 살아가는 이 시대의 파수꾼들에게 서로 위로하고 기쁨이 될 수 있는 감로수가 되기를 기대해본다.

2013년 9월 15일

통의동 철학아카데미에서
박 남 희

노동의 존재론과
칼 맑스의 혁명 사상

조정환

칼 맑스
Karl Marx(1818~1883)

칼 맑스는 프로이센의 라인란트에서 태어나 독일, 프랑스, 벨기에, 영국 등에서 활동한 철학자, 편집자, 조직가, 혁명가이다. 사회적 노동을 사회의 존재론적 기초로 파악한 그의 정치경제학 비판 작업은 이후 경제학, 정치학, 사회학, 미학, 교육학, 윤리학 등 거의 모든 학문 영역을 근본적으로 변형시키는 이론적 초석이 됐다. 또 그의 생각은 노동운동을 비롯한 많은 사회운동들에 수용되어 왔고, 실로 지난 두 세기에 걸친 전 지구적 차원의 실천적 변화가 그의 생각과의 관련하에서 이루어져 왔다. 《라인신문》, 《독불연보》, 《신라인신문》 등 잡지와 신문의 창간과 편집에 참여했고, '공산주의자동맹', '인터내셔널' 등의 조직 활동에 힘을 쏟았다. 《공산주의당 선언》(1848), 《정치경제학 비판을 위하여》(1859), 《자본론》(1권, 1867) 등을 생전에 출판했다. 하지만 《독일 이데올로기》, 《정치경제학 비판 요강》, 《자본론》(2, 3권) 등 그의 주요한 저작들 및 원고의 많은 부분은 그의 사후에 출간되었다. 그의 저작집은 수십 권에 이르며 지금도 그의 원저작들을 왜곡 없이 출간하려는 작업이 계속되고 있다.

칼 맑스라는 이름에서 여러분들은 어떤 이미지를 떠올리는지요? 혹시 붉은색을 좋아하는 악마, 이른바 빨갱이인가요? 그것은, '위험한' 계급을 선동하는 '위험한' 인물이라는 의미일 것입니다. 그러한 의미의 이미지가, 지금까지의 지배계급이 맑스에게 부여한 표상이며 이미지 조작의 효과라는 것은 이제 널리 알려진 사실입니다. 지금은 오히려 보수계급이 붉은색을 자신의 이미지로 전유하고 있지요. 미국의 공화당도, 한국의 새누리당도 붉은색을 당색으로 사용하고 있습니다. 이 당들은 붉은색을 통해 자신을 가난한 자들의 수호자로 포장하곤 합니다.

지난 세기말에 사회주의가 갑작스레 붕괴하면서 또 하나의 이미지가 맑스라는 이름에 부여됐습니다. 붕괴, 해체, 파산의 이미지가 그것이지요. 그것은, 맑스를 시대에 뒤진 낡은 혁명가이며 실패한 혁명의 이론가로 만들었습니다. 또한 이것은 '아직도 맑스를?'이라고 반문할 때 떠올리는 바로 그 이미지입니다. 이것도 분명히 지배계급에 의해 부여된 이미지라 할 수 있습니다. 하지만 차이가 있지요. 이것은 전 세계의 신자유주의적 변형을 뼈저리게 겪고 있는 프롤레타리아들 자신이 신자유주의를 **내면화**하는 과정에서 읽어내는 이미지이기도 합니다. 맑스가 더 이상, 현대사회를 설명할 수도 없고 가능한 변화에 대해 안내해줄 수도 없다는 생각 말입니다. 붉은 악마의 이미지가 비록 부정적 형상으로이긴 하지만 긴급성과 힘을 상기시킨다면, 이 파산의 이미지는 철이 지나 퇴색된 것의 무력함을 상기시킵니다.

2002년 거리를 휩쓴 붉은 악마를 거친 후, 이제 붉은색은 그 위험함의 제거와 해체를 통해 보수주의의 상징색으로 안착했습니다. 역사는 두 번, 그러니까 한 번은 비극으로, 또 한 번은 희극으로 반복된다고 말한 사람이 바로 맑스인데, 비극적이었던 맑스의 이미지가 오늘날 점점 희극적 이미지로 바뀌어 가고 있는 것입니다. 그런 만큼 이미지 게임의 세계에서가 아니라 실제로 맑스가 누구였는가를 묻는 일은 지금 우리의 긴급한 과제입니다. 위험함, 긴급성의 상징이었던 그가 우리 시대에 왜 낡음, 해체, 파산, 무력함의 이미지로, 심지어 보수주의의 상징으로 뒤바뀌었는지를 생각해보지 않으면 안 됩니다. 맑스 사유의 어떤 요소들이 시대에 뒤지고 있는지, 어떤 조건의 변화가 맑스의 힘을 해체시키고 있는지 묻지 않으면 안 되지요. 이것은 그의 사유의 생명력을 계승하고 회복하기 위해서는 필수적인 작업입니다.

하지만 저는 이 글에서 맑스에게서 무엇이 살아남았고 무엇이 낡았는지를 검토하는 일에 집중하지는 않을 것입니다. 이 문제에 관심 있는 분들은 《인지자본주의》(조정환 지음, 갈무리, 2011)를 참조하길 바랍니다. 이 책이 바로 그 문제를, 즉 현대사회의 거대한 변형과 재구성 속에서 맑스 사상이 어떻게 진화해야 하는지를 상세히 다루고 있기 때문입니다. 저는 여기에서 문제를 거꾸로 되돌려, 맑스가 자본주의의 급성장 시기인 19세기에 어떤 생각을 갖고 있었고, 어떤 이야기를 했으며, 어떻게 행동했는지를 살피는 데 집중하고자 합니다. 왜냐하면 지금은 맑스 이미지의 정치적 퇴화 속에서 그의 **역사적 실체** 자체마저 희미해져 가고 있는 것으로 보이기 때문입니다. 맑스가 누구였는지 직접적으로 묻는 이 방법을 통해, 퇴락하는 것은 맑스가 아니라 오히려 맑스에게 파산의 이미지를 부과해온 신자유주의적 자본주의 자체임을 간접적인 방식으로 드러내고 싶기 때문입니다. 직접적 노동을 무력한 것으로 만드는 것처럼 보이는 기계화하고 정보화하고 자동화하고 금융화하는 시대조차도, 맑스가 평생 탐구한 노동의 존재론의 자장 외부에 놓여 있지 않음을 밝히고 싶기 때문입니다.

청년 헤겔주의와의 결별과 유물론적 전환

헤겔 Georg Wilhelm Friedrich Hegel(1770~1831)은 만물이 내적 모순에 따라 운동하면서 끊임없이 변화한다고 주장한 **변증법**의 사상가이자, 하이델베르크 대학과 베를린 대학의 교수로 취임한 1816년 이후에는 프로이센 Preussen 왕국의 **보수주의**에 철학적 기초를 제공했던 철학자입니다. 헤겔 철학의 이중성은 그의 사후에 좌파(청년 헤겔파)와 우파(노년 헤겔파)로의 독일 철학의 분화라는 결과를 가져옵니다. 그중에서 우파는 노년의 헤겔을 따라 프로이센 국가에서 역사와 변증법이 끝났으며 이성과 자유가 절정에 이르렀다고 주장합니다. 이들은 자신들의 생각을 정당화하기 위해, 당시 프로이센 왕국에서 공공서비스가 발전하고, 대학들이 다수 건립되며 고용율이 높았던 것을 강조하지요. 반면 좌파는, 이러한 **사회경제적** 진보에도 불구하고 프로이센 왕국이 프랑스나 영국과 같은 좀 더 자유로운 입헌 국가에 비해 **정치적**으로 후진적이었다는 점을 강조합니다. 이 정치적 후진성에 대항하기 위해 이들은, 사회적 모순을 극복해나가는 이성과 자유의 변증법적 힘에 대한 청년 헤겔의 강조에 주목합니다. 또한 노년에 프로이센의 개신교인 루터교를 받아들였던 헤겔과 달리 종교가 비이성을 조장할 뿐만 아니라 프로이센 국가가 종교를 기초로 정치적 부자유를 강제한다고 보았습니다. 그렇기 때문에 이들은 프로이센 왕국에서 역사와 변증법이 종말에 이르고 절대 이성이 완성됐다는 노년 헤겔의 주장을 받아들이지 않았지요.

맑스도 1836~1843년 사이에는 청년 헤겔파의 일원으로 활동했습니다. 이 기간 중에 맑스는 《라인신문》의 편집장으로도 활동하면서 프로이센 정부의 언론 탄압을 비판하는 한편, 박사학위 논문인 《데모크리투스와 에피쿠로스의 자연철학의 차이》를 쓰지요. 여기에서 그가 초점을 맞춘 것은 원자운동에서 나타나는 **편위**, 즉 클리나멘Klinamen입니다. 이 개념은 고대 그리스 철학자 루크레티우스Lucretius Carus(BC 96?~BC 55?)가 에피쿠로스Epikouros(BC 342?~BC 271)의 원자론적 이론을 옹호하면서, 주어진 관성적 운동에서 벗어나려는 힘의 성분 혹은 경향을 지칭하기 위해 사용한 것입니다. 원자가 진공에서 자신의 무게에 따라 떨어질 때 원자는 직선으로 떨어져야 할 텐데 그렇지 않고 언제 어디서나 주어진 방향에서 약간 벗어납니다. 여기서 우리가 발견할 수 있는 것은, 원자가 단지 중력에 이끌려 떨어지고 있는 무속도가 아니라 **자신의 속도**를 갖고 있다는 사실입니다. 원자의 고유한 속도는 바로 중력을 이기는 힘, 중력을 벗어나는 힘에 의해 정의됩니다. 루크레티우스는 중력이나 관성에서 벗어날 수 있는 원자의 힘을 '클리나멘'이라고 부르고 이 비결정성, 즉 이탈과 탈주의 힘이야말로 세상의 살아 있는 것들이 갖는 **자유의지** 그 자체라고 보았습니다. 맑스는 이 클리나멘의 개념을 통해 인간의 자유의지의 물질적 토대를 규명하려고 하면서 물질운동에서의 **우연**과 윤리적 운동에서의 **자유**의 연관관계를 탐구했습니다.

그의 삶의 커다란 전기는 당국의 검열로 《라인신문》이 폐간된 후인 1843년에 찾아옵니다. 이 해에 그는 아놀드 루게 A. Ruge(1802~1882)와 함께 프랑스에서 《독불연보》를 창간합니다. 급진운동에서 독일 지식인들과 프랑스 지식인들의 지적 교류와 협력을 목표로 삼은 이 잡지는 프랑스에서 발간됐지요. 이 잡지의 편집을 위해 맑스는 독일을 떠나 프랑스 파리로 건너갑니다. 프랑스의 자유로운 지적 분위기에 영향을 받은 맑스는 이때부터 헤겔의 국가론과 철학이 갖고 있는 관념론적이고 보수적인 한계에 대한 비판에 몰두합니다. 한 해 뒤인 1844년에는 일찍부터 경제학에 관심을 기울여 〈국민경제학 비판 개요〉를 《독불연보》에 기고했고, 또 《영국 노동계급의 상태》를 통해 실제의 계급 현실을 분석했던 엥겔스 Friedrich Engels(1820~1895)를 직접 만나게 됩니다. 이 만남은 철학 비판에 몰두하고 있던 맑스를 정치경제학에 대한 비판적 연구로 이끈 중요한 계기입니다. 이 당시 맑스의 연구 성과는 《1844년의 경제학철학 수고》(박종철출판사, 1991)에 집약됐습니다. 노동의 소외에 대한 포괄적인 철학적 비판을 담고 있는 이 연구작업에서 맑스는, 소외가, 헤겔이 말한 것처럼 이념운동의 일반적 특성이 아니라, 사적 소유와 자본이라는 **현실의 사회경제적 관계**에서 발생한다고 보았습니다. 이러한 인식론적 전환에 기초하여 소외의 극복은, 이념이 절대정신으로 즉자대자적인 복귀를 이룸으로써 이루어질 수 있는 것이 아니라, 사적 소유와 자본에 의해 질곡에 처한 인간의 유적 능력을 **공산주의 혁명**을 통해 해방시킴으로써만 이룰 수 있다는 생각을 발전시킵니다.

2년여에 걸친 파리 학습기를 거친 후, 벨기에 브뤼셀로 건너간 맑스는 엥겔스와 함께 《독일 이데올로기》를 집필합니다. 1845~46년 사이에 집필된 이 책에서 맑스는, 권력의 토대는 종교가 아니라 자본이라는 《1844년의 경제학 철학 수고》에서 이루어진 인식론적 전환을 구체화하고 체계화합니다. 종교는 경제적 관계의 의식적 표현물에 지나지 않는다는 생각이 그것이지요. 이것은, 종교에 대한 철학적 비판에 몰두하고 의식 혁명을 시급한 과제로 설정했던 청년 헤겔주의파와의 명확한 이론적 결별을 뜻합니다. 맑스는 이제, 인간은 **생존수단을 생산한다**는 점에서 동물과 구분되며, 개인들은 **무엇을 어떻게 생산하는가**에 따라 서로 구별되고, 개인의 본성은 **그들의 생산을 결정하는 물질적 조건이 무엇인가**에 달려 있다는 생각을 발전시킵니다. 역사를 움직이는 것은 인간들의 물질적 생산과 재생산의 활동이며 한 사회의 지배계급은 물질적 생산조건을 통제함으로써 사회 전체를 통제한다는 생각, 즉 유물론은 맑스(와 엥겔스)의 이 시기 연구를 통해서 비로소 정초됐던 것이죠. 이러한 유물론적 전환을 통해 그는, 청년 헤겔주의자들이 주요한 비판 대상으로 삼았던 종교는 사회의 이데올로기적 상부구조로서 민중으로 하여금 정치 권력의 진정한 토대를 보지 못하도록 만드는 아편의 기능을 한다고 봤습니다. 종교 비판은 정치 권력의 진정한 토대의 발견으로 나아가는 데 필수적이지만, 그 자체가 권력에 대한 비판을 대신할 수 있는 것은 아니며 권력 비판은 현실의 경제적 관계에 대한 **프롤레타리아** 자신의 **실천적** 비판을 필요로 한다는 자각은 그의 이후 작업을 일관되게 규정하는 유물론적 문제설정이었습니다.

계급투쟁과 공산주의

《독불연보》는 창간호가 곧 폐간호가 됨으로써 단 한 호만 발간됐지만, 맑스가 더욱 실천적인 잡지 《전진》에 글을 쓴 계기도 됐습니다. 이것은 또 그를, 프랑스혁명 당시 혁명 정부에 의해 처형된 그라쿠스 바뵈프 Gracchus Babeuf (François-Noël Babeuf)(1760~1797)를 따르는 공상적 사회주의자들과 기독교 공산주의자들의 연합체인 독일의 '의인동맹'과 연결시키는 계기가 됐지요. 이 조직에서 이론적 지도자로 추대된 맑스는 '의인동맹'을 '공산주의자동맹'으로 개편(1847년 6월)하는 한편, (엥겔스와 함께) 조직의 강령인 《공산주의당 선언》을 작성하여 1848년 혁명에 참여할 수 있는 조직적 준비와 지적 준비를 모두 갖췄습니다.

역사적으로 뿐만 아니라 정치적으로 중요한 의미를 갖는 이 문헌에서 맑스는 '모든 사람은 형제다'라는 '의인동맹'의 보편적이고 종교적인 성격의 구호를 '전 세계 노동자들은 단결하라!'라는 계급적이고 주체적인 성격의 구호로 전환시킵니다. 여기에서 《독일 이데올로기》에서 표현됐던 유물론적 사유들은 훨씬 더 실천적인 형태로 다시 정식화됩니다. 가령 《독일 이데올로기》에서 물질적 생산과 재생산에서 생산력과 생산관계의 객관적 모순으로 정식화됐던 것이 《공산주의당 선언》에서는 현대사회의 적대하는 두 계급인 부르주아지와 프롤레타리아의 적대적 투쟁이라는 실천적 형태를 취합니다. 이러한 실천적 구체화에 기초하여 그는 지금까지의 모든 사회의 역사를 계급투쟁의 역사라고 선언합니다.

《1844년의 경제학철학 수고》에서 소외 극복의 문제와 관련하여 철학적 언어로 서술됐던 공산주의 역시 여기서는 실제적이고 실천적인 언어로 다시 서술되지요. 이제 그것은 **투쟁하는 프롤레타리아 전체의 이익과 일반의지를 표현하는 것**으로 설정됩니다. 이렇게 이 이념은 **보편성**을 갖지만 누구나 공산주의를 담지하지는 않으며 노동계급의 의식적 일부인 공산주의자들에 의해서만 공공연하게 주장될 수 있습니다. 노동계급의 **특수한** 부분만이 공산주의를 의식적으로 제시하지만 그렇다고 해서 그 의식적 일부가 노동계급의 다른 부분과 대립하는 **별도의** 부분을 구성하지는 **않는다**는 것이 (이후에 맑스주의자들이 발전시킨 생각과는 구별되는) 맑스 자신의 생각이었던 것입니다.

이 문헌에서 맑스는 프롤레타리아의 일반의지인 공산주의가 단번에 직접적으로 실현될 수 있다는 환상을 거부합니다. 대신에 그는 토지소유의 폐지, 누진적 소득세, 상속의 폐지, 신용의 국가 수중으로의 집중, 통신수단과 교통수단의 국가 수중으로의 집중, 국가 소유 공장과 생산수단의 확장, 모든 사람들의 평등한 노동의무, 농업과 공업의 결합 및 도농분리의 폐지, 모든 아동들을 위한 무상교육 등의 조치들이 공산주의로의 이행을 위한 선결 과제라고 파악했습니다.

맑스가 혁명을 위한 이론적 조직적 준비를 갖춘 이듬해인 1848년에 혁명이 유럽 전체를 휩쓸었습니다. 프랑스에서는 군주제가 폐지됐고 맑스가 거주하던 벨기에에서도 반란이 일어났지요. 벨기에 정부는, 맑스가 아버지로부터 상속받은 재산을 벨기에 노동자들의 무장비용으로 제공했다는 이유로 그를 고소해 체포했고, 이 혐의 때문에 그는 프랑스로 강제 송환됐습니다. 프랑스에서 독일의 쾰른으로 돌아온 맑스는 〈독일 공산당의 요구〉를 발표해, 독일의 프롤레타리아가 부르주아지를 타도하기 전에 독일 부르주아지가 먼저 군주제를 타도할 필요가 있다고 주장했습니다. 이 해 6월에 그는 남은 상속재산으로, 1843 프로이센 정부에 의해 강제 폐간됐던 《라인신문》을 잇는 《신라인신문》을 발행하고 독일의 혁명을 이끌기도 했습니다. 하지만 독일의 민주의회를 해체시키면서 등장한 프리드리히 윌리엄 4세의 반동조치로 《신라인신문》도 강제 폐간됐고, 맑스는 다시 추방 명령을 받았습니다. 1849년 5월에 맑스는 파리로 건너갔지만 당시 반동세력에 재장악됐던 프랑스 정부와 파리시 당국은 그를 위험한 인물로 규정하여 국외 추방했고 부득이 맑스는 1849년 8월 런던으로 망명했습니다.

프롤레타리아 독재

런던으로 망명한 이후에도 그는 정치적 참여를 중단하지 않았습니다. 그는 런던에서 '공산주의자 동맹'의 새로운 사령부를 구축하는 한편, 영국에 터를 두고 있었던 '독일노동자교육협회'에도 참가했지요. 하지만 그는 이보다 더 큰 관심을, 1848년 혁명의 패배 이유를 밝히는 데 쏟았습니다. 혁명의 열의가 대단히 높았음에도 불구하고 혁명이 패배한 원인이 무엇인지를 밝히기 위해 그는 혁명의 전개과정에 대한 분석을 진행했습니다. 그 과정에서 그는, 이 작업이 1848년에 시작했다가 중단됐던 정치경제학 비판의 지속을 통해서만 완수될 수 있을 것이라는 생각에 이르렀습니다.

1852년에 쓰인 《루이 보나파르트 브뤼메르 18일》(최형익 옮김, 비르투출판사, 2012)에서 맑스가 혁명 패배의 원인을, 혁명을 위한 객관적이고 물질적인 조건의 미성숙에서 찾는 것은 이러한 판단의 표현입니다. 그는, 여기에서 근대의 생산력과 부르주아적 생산관계가 첨예한 모순에 빠지는 상황이야말로 혁명의 객관적 조건인데 이것이 1848년에 충분치 않았다는 생각을 제시합니다. 《독일 이데올로기》에서 서술됐던 논제로의 복귀라고 할 수 있는 이러한 인식 위에서 그는, 새로운 혁명은 새로운 공황이 일어나야 가능하다고 말합니다. 이러한 생각은, 혁명의 고양기가 곧 다시 개시될 것이기에 조직적 준비를 갖추어야 한다는 '공산주의자 동맹' 일부 맹원들이 갖고 있던 생각에 반대하는 것으로, 1849년 말에서 1850년 사이에 맑스 자신이 가졌던 그러한 생각에 대한 자기비판이기도 합니다. 이로써 그는 '공산주의자 동맹'의 중앙집중적 재조직화를 통해 혁명적 정세를 조정할 수 있다는 주의주의적 생각과 단절합니다.

하지만 이것이 1848년 혁명에 대한 그의 평가의 전부인 것이 아닙니다. 그는 혁명의 경제적 조건에 대한 이러한 분석에 정치적 분석을 더합니다. 1789년 혁명과는 달리, 1848년 혁명이 퇴행적 걸음을 걸었고 그것이 혁명의 정치적 패배의 요인이었다는 분석이 그것이지요. 1789년 혁명이 입헌주의자에서 지롱드 Girondins로, 지롱드에서 자코뱅 Jacobin으로 점점 더 진보적인 분파에게 주도권을 넘기면서 **상승선**을 그린 데 반해, 1848년 혁명에서는 프롤레타리아 정당이 민주파 쁘띠부르주아 정당의 부속물로 되고, 다시 민주파가 부르주아 공화파에 의지하며, 부르주아 공화파가 다시 보수파 질서당의 어깨에 기대는 **하강선**을 그린 것이 문제였다고 본 것입니다. 프롤레타리아가 **독자성**을 잃고 다른 계급에게 종속된 것이 정치적 수준에서 혁명의 패배를 규정했다고 보는 이러한 성찰 위에서 그는, 프롤레타리아 혁명에서는 프롤레타리아의 혁명적 독자성이 반드시 필요하다는 교훈을 이끌어내고 계급 없는 사회로의 이행은 부르주아의 독재를 해체시키고 그것을 대체하는 프롤레타리아의 독재의 과도 시기를 거쳐야 한다고 결론 내립니다. 그러므로 프롤레타리아 혁명은 결코 과거에서 영감을 얻을 수 없고, 오직 미래에서만 자신의 혁명의 영감을 가져올 수 있다는 것이 그가 도달한 새로운 생각이었습니다. 물론 맑스는, 프롤레타리아 독재가 **계급의지**만을 통해서 도달할 수 있는 것이 아니라 이전의 역사를 전제로 새롭게 재구축될 수 있으며, 일종의 자연법칙과 같은 성격을 갖는, 사회의 운동법칙에 조응함으로써만 도달할 수 있는 목표임을 강조하는 것을 잊지 않습니다.

정치경제학 비판과 노동력 상품의 발견

맑스의 정치경제학 비판 작업을 도운 것은, 망명지 런던에서 생계를 위해 시작한 《트리뷴》지 기고 활동입니다. 기고를 위해 그는 세계 각국의 정치경제 상태를 연구했고 이것이 세이Jean Baptiste Say(1767~1832), 스미스Adam Smith(1723~1790), 리카도David Ricardo(1772~1823), 밀John Stuart Mill(1806~1873) 등 고전 정치경제학자들에 대한 문헌적 연구와 결합하면서 그의 정치경제학 비판 작업은 무르익어갔습니다. '정치경제학 비판'이라는 주제로 수렴될 수 있는 일련의 연구들을 통해, 즉《정치경제학 비판을 위하여》,《정치경제학 비판 요강》,《자본론》,《잉여가치학설사》등을 통해 탐구한 혁명의 사회법칙에 대한 비판적 연구는 초기의 종교 비판, 철학 비판을 좀 더 공고한 토대 위에 올려놓는 계기가 됩니다.

이 연구 작업에서 그는 초기의 연구들을 통해 도달한 유물론적 존재론을 기초로 삼습니다. 다시 말해,《1844년의 경제학철학 수고》와 1846년의《독일 이데올로기》에서 명확하게 정식화된 개념들인 생동력Lebendigkeit과 노동Arbeit이, 이후 그의 정치경제학 비판이 출발점으로 삼는 존재론적 기반으로 기능합니다. 그에 따르면, 노동은 인간의 **생명활동**이고 자연을 가공하여 자신에게 적합한 것으로 가공하는 활동이자 자연과 신진대사를 하는 활동입니다. 문제는 이 본원적 생명활동인 노동이 어떻게 자신에게 낯선 활동으로, 소외된 노동으로 전화하는가입니다.

초기의 맑스는 소외를 노동의 외화에서, 그리고 그것을 규정하는 노동의 **분업**과 **사적 소유**에서 찾곤 했습니다. 정치경제학 비판의 진전과 더불어 그는 노동소외가 단순히 생산에서의 분업이나 분배에서의 사적 소유에서 비롯되는 것이 아니라 그보다 더 실제적이면서도 역사적인 제약에 의해 발생되고 있다는 사실을 의식합니다. 그 제약이, 시장에서 사고팔리는 상품으로서의 노동력, 즉 **노동력 상품**이라는 독특한 상품의 역사적 출현과 그것의 독특한 기능에서 주어진다는 사실이 연구의 진전 속에서 맑스에게 좀 더 분명하게 의식되지요. '노동'과 '노동력'을 구분하고, **노동력이 상품으로 실존하게 되는 역사적 조건에 눈을 돌림으로써** 맑스는 비로소 노동의 존재론을 노동력의 가치론과 노동소외의 정치경제학적 조건에 대한 비판으로 발전시킬 수 있게 됩니다. 존재론적 차원에서 노동력은 노동할 수 있는 능력, 즉 노동의 잠재력입니다. 가치론적 차원에서 노동은 이 노동력의 사용가치일 뿐이고요. 정치경제학적 의미에서 상품일 수 있는 것은 노동력이지 결코 노동이 아닙니다. 정치학적 맥락에서 자본은 노동을 직접 지배하는 것이 아니라 상품으로서의 노동력에 대한 지배를 통해 간접적으로 지배합니다.

그런데 노동력 상품은 아무 때나 존재하는 것이 아니라 역사의 특수한 시기에 출현합니다. 노동하는 직접 생산자가 생산수단으로부터 유리된 상황에서만, 그래서 생산수단과 결합하여 노동하기 위해서는 자신의 노동력을 상품으로서 시장에 내다 팔지 않으면 안 되는 상황에서만 노동력이 상품으로 배치되기 때문입니다. 노동력 상품은 생산수단으로부터 분리된 직접 생산자들을 전혀 다른 맥락 속에서 다시 생산수단과 결합시키기 위한 매개 장치입니다.

맑스는 생산수단으로부터 직접 생산자의 분리라는 상황이 자연 발생적으로 출현한 것이 아님에 주목합니다. 그것은 생산자로부터 생산수단을 폭력적으로 분리시켰던 피의 투쟁의 역사를 거쳐 역사적으로 발생한 사태입니다. 맑스는 그것을 '시초 축적'이라고 불렀습니다. 농민으로부터 토지를, 여성으로부터 그녀의 친숙한 환경을, 자유인들로부터 공동체를, 사람들로부터 그들의 교류수단인 화폐를 폭력적으로 분리시키는 내전을 거쳐서 자연, 공동체, 그리고 각종의 생산수단들은 자본에 의해 독점적으로 장악되어 노동자와 대립하는 것으로 정립됩니다. 이러한 과정을 통해, 살아남기 위해 자신의 노동할 수 있는 능력을 시장에 내다파는 것 외에는 다른 방법을 갖지 못한 특수한 역사적 존재가 창출됩니다. 이것이 맑스가 말하는 '프롤레타리아'입니다. 이런 과정을 거쳐 프롤레타리아트의 노동력은 시장에 상품으로 등장하지요. 프롤레타리아의 생명 활동인 노동이 이제 자본주의 사회 속에서는 상품으로서의 노동력의 기능으로 나타나는 것입니다.

가치법칙과 잉여가치

노동력이 상품으로 시장에 등장하게 되는 역사적 과정에 대한 분석은 비교적 쉽습니다. 왜냐하면 그것은 국가와 자본 소유자 및 토지 소유자 들에 의한 가시적인 폭력 행사에 의해 진행됐기 때문입니다. 이 과정을 밝히는 것은, 정치경제학의 과제라기보다 오히려 역사학의 과제에 더 가깝다고 말할 수 있었습니다. 문제는 이러한 역사적 과정을 통해 형성된 노동력 상품이 어떻게 **계속해서** 노동력 상품으로서 존속하게 되는가, 그리고 노동력 상품이 사고팔리는 유통과정이 어떻게 한 사회를 자본이 지배하는 자본주의 사회로 재생산되며, 그것도 더욱 확대되는 자본주의 사회로 재생산되는가입니다.

맑스는 이 문제를 풀기 위해, 헤겔의 《논리학》을 참조했습니다. 헤겔이 '존재Sein 범주'를 단초[출발] 범주로 삼았던 것과 유사하게 맑스는 '상품 범주'를(그 핵심으로서의 노동력 상품이라는 범주를) 자신의 서술의 단초[출발] 범주로 삼고 화폐를 거쳐 자본으로 나아가는 그것의 운동을 변증법적으로 분석하는 방법을 선택합니다.

그의 분석에서 노동력은 두 가지 가치를 갖습니다. '사용가치'와 '교환가치'가 그것입니다. 그런데 자본주의적 생산은 더 이상 사용가치를 위한 생산이 아니며 팔기 위한 생산, 즉 교환가치를 위한 생산입니다. 사용가치는 여전히 유의미한 것으로 존속하지만 교환가치에 지배됩니다. 또한 사용가치를 갖는 생산물은 다른 생산물과 **교환**될 수 있는 비율에 따라 규정되지요. 맑스는 상품들 사이의 교환비율이 그 상품들을 생산하는 데 **사회적으로 필요한 노동 시간**에 의해 규정된다고 보았고 그것이 자본주의 사회에서 상품의 **가치**를 구성한다고 보았습니다. 이것이 이른바 '가치법칙'입니다. 다른 상품들과 마찬가지로 노동력 상품 역시 시장에서 그 가치에 따라, 즉 그것을 생산하는 데 사회적으로 필요한 노동시간에 따라 자본(화폐)과 교환됩니다. 이 과정에서 인간의 유적 능력인 생동력은 상품인 노동력으로 형태화되고 노동력에 대한 통제권은 그것을 구매한 자본에게로 이전되지요.

하지만 노동력 상품은 노동도구인 기계나 노동대상인 원료와는 다른 **특수한** 상품입니다. 기계나 원료는 생산 과정에서 생산된 상품 속으로 그것의 가치를 단순히 이전하는 상품들이지만, 노동력 상품은 자신의 가치 이상의 가치를 생산하는 능력을 갖고 있습니다. 즉 노동력은 **잉여**가치를 생산할 수 있는 유일한 상품입니다. 노동력을 구매한 자본은, 노동력의 실현 과정인 노동 과정을 통제함으로써 노동력이 그것의 가치(즉 그것을 생산하는 데 사회적으로 필요한 노동 시간) 이상의 가치를 생산하도록 노동자를 강제합니다. 그 강제의 방식은 역사적으로 변화합니다. 노동의 절대시간을 늘리거나 노동 강도를 높이는 것 등이 그것이지요. 자본가에게 노동력의 사용가치는 단순히 노동할 수 있는 능력이라는 데에 있는 것이 아니라, 자신이 임금으로 지불한 것인 노동력의 상품가치 이상으로 새로운 가치를 생산할 수 있는 능력이라는 데에 있습니다. 자본에 의해 강요되는 바에 따라, 노동자는 자신의 노동력의 재생산 시간인 필요노동시간 이상을 노동하게 되는데 이 시간이 바로 잉여노동시간입니다. 잉여노동시간에 생산되는 가치는 노동력을 구매한 산업자본가에게 모두 귀속됐다(착취)가 토지 자본(지대), 은행 자본(이자), 상업 자본과 산업 자본(이윤)에 분배됩니다.

잉여가치의 많은 부분은 직접적으로 소비되지 않고 축적되며 이 축적된 자본을 수단으로 자본가계급은 더 많은 노동력 상품을 구입할 수 있게 되고 따라서 더 많은 잉여노동시간을 흡수할 수 있게 되지요. 이 과정의 반복은 한편에 거대한 자본, 다른 한편에 거대한 프롤레타리아를 누적시키는데, 맑스는 이것을 자본주의적 **축적**의 일반법칙이라고 규정합니다.

전쟁과 공황

만약 맑스의 분석이 여기에 머물러 버렸다면 그의 작업은 자신의 의도와 무관하게 자본주의의 힘을 찬미하는 찬송가로 그치고 말았을지도 모릅니다. 맑스는 《루이 보나파르트 브뤼메르 18일》에서 이미, 자신의 고유한 업적이 있다면 그것은, 노동이 가치의 원천임을 밝힌 데 있는 것도 아니고, 사회가 계급으로 분화되어 있고 계급투쟁이 역사를 추동한다는 것을 밝힌 데 있는 것도 아니며,

오직 이 투쟁이 프롤레타리아 독재를 향해 나아가는 **경향**이 있음을 밝힌 데 있다고 말합니다. 이것은 1850년대 후반 이후의 정치경제학 비판에서도 어김 없이 관철되는 그의 이론작업의 고유한 내용입니다. 즉 그의 정치경제학 비판은, 앞서 말한 자본주의적 축적의 일반법칙을 그려내는 데 있다기보다 그 법칙의 반복적 관철 속에서 어떻게 그것의 역설을, 즉 자본의 폐지와 프롤레타리아 독재로 나아가는 경향을 낳는가를 그려내는 것을 목표로 삼습니다.

　그의 이러한 서술 목표는《자본론》2권부터 과학적 형태 속에서 제시됩니다. 우선 1권에서는 자본의 생산 과정에서 생산자들에 의해 생산된 가치들 중에서, 잉여가치 부분은 유통과정에서 단번에 실현될 수 있는 것이 아니라는 사실이 중요합니다. 더 큰 잉여가치는 더 큰 시장을 요구합니다. 잉여가치는 그것을 생산한 노동자들의 임금에 의해 소비될 수 없는 성격의 가치량이고요. 임금은 잉여가치가 아니라 생산 과정에서 생산된 필요가치만을 소비하기 때문입니다. 그런데 자본은 생산 과정에서 생산된 가치를 유통과정에서 실현해야만 축적에 실제적으로 성공할 수 있습니다. 그렇기 때문에 자본은 잉여가치의 실현을 위해 부단히 비자본주의적 시장을 자본주의적 시장으로 포섭해야 한다는 강제에 직면합니다. 이것이 자본주의적 근대에는 (로자 룩셈부르크가《자본의 축적》에서 밝힌 바처럼) 국경의 끊임없는 확장을 통한 시장 확대의 경향으로 나타났습니다. 그런데 이것은 자신의 삶을 보존하고자 하는 원주민들의 저항에 직면하지 않을 수 없습니다. 여기에 식민주의 전쟁의 필연성이 있지요. 식민주의 전쟁은 원주민들을 그들이 속한 자연환경에서 폭력적으로 분리시키는 시초축적 전쟁의 확장이라고 말할 수 있습니다. 또한 시장 확대를 둘러싼 자본들 사이의 치열한 경쟁을 수반하고요. 이것이 제국주의 전쟁의 기초가 됩니다.

자본이 직면하는 또 다른 문제들이 있습니다. 그 하나는 개별 자본들 사이에 벌어지는 더 큰 잉여가치를 획득하기 위한 경쟁이고 또 하나는 착취에 대항하는 노동계급의 저항입니다. 상품의 가치는 '사회적으로', 즉 평균적으로 필요한 노동시간에 따라 결정되고 교환되기 때문에 개별 자본가들은 자신이 생산하는 상품의 생산에 필요한 노동시간을 동종 상품을 생산하는 다른 자본가보다 단축함으로써 **특별한** 잉여가치를 수취할 수 있습니다. 발전된 기계의 도입은 생산물 단위당 생산에 필요한 노동시간을 단축할 수 있기 때문에 자본가들 사이에는 발전된 기계의 도입을 통해 더 많은 특별잉여가치를 확보하려는 경쟁이 벌어지지요. 기계를 도입하게 만드는 또 다른 요인은 노동자들의 저항입니다. 노동자들의 투쟁들을 진압하기 위해 자본가들은 노동자들이 수행하는 노동을 대체함으로써 그 저항을 무력화할 수 있는 기계를 도입하려는 충동에 내몰립니다. 그래서 자본주의는 점점 더 큰 기계화의 경향을 갖게 됩니다.

그런데 자본가 간 경쟁의 필요에서, 그리고 노동자들과의 투쟁의 필요에서 도입한 기계류는, 잉여가치양의 증대에는 기여하지만, 생산에 필요한 불변자본의 크기를 키움으로써 전체 자본에 대한 이윤의 비율인 이윤율을 하락시키는 경향이 있습니다. 이것이 맑스가 말하는 **이윤율의 경향적 하락**의 경향입니다. 이윤율의 경향적 하락은 투자의욕을 꺾게 되고 시장은 수축되며 생산물의 과잉이 나타나게 됩니다. 이것은 생산된 상품을 **탈가치화**시킴으로써 대규모의 자본을 파산에 이르게 하는 공황으로 나타납니다. 새로운 순환은 소수의 살아남은 자본에 의한 자본 집중에 의해서만 시작될 수 있는데요. 자본주의는 이러한 공황의 주기적 반복을 겪지 않을 수 없다는 것이 맑스가 도달한 생각입니다.

혁명, 그리고 코뮌

이쯤에서 많은 사람들은 공황이 자본주의를 끝내겠구나,라고 생각하기 쉬울 것입니다. 그러나 맑스는 공황이 자본주의의 자동붕괴를 가져오는 게 아님을 강조합니다. 자본주의적 순환과 재생산의 과정은 훨씬 더 복잡하고 끈질기게 반복됩니다. 공황은 자본주의의 직접적 파괴를 가져오기는커녕, 그것의 반복을 통해 더 소수의 수중으로 자본의 집적과 집중을 가져오고 마침내는 주식회사 형태의 **결합된** 자본을 발전시키는 계기로 작용하지요.

이 과정은 공황에 의해서만이 아니라 생산된 가치를 실현함에 있어서의 장애를 극복하기 위해 발전되는 **신용**에 의해서도 재촉됩니다. 신용의 발전은 유통시간으로 인한 생산의 단절이라는 문제를 극복할 수 있게 하며, 사회의 잉여화폐를 은행의 수중으로 **집중**시켜 자본가계급이 집단적으로 이용할 수 있는 기금으로 만듭니다. 은행 제도와 주식회사 제도의 발전은 화폐의 소유자와 이용자를 분리시켜 자본주의 속에서 사적 소유가 지양되는 듯한 모습을 보여줍니다. 맑스는 그래서 주식회사를 사회주의로의 이행 형태, **자본의 사회주의**라고 불렀습니다.

맑스는 분명히 이윤율 저하, 공황, 자본 집중, 주식회사로 통하는 자본의 자기운동 경향을 확인하고 또 서술했지만, 이것들이 자동적으로 공산주의 사회로의 이행을 보장하는 것으로 보지는 않았습니다. 그것들은 자본주의로부터 새로운 사회로 이행할 수 있게 할 **물적 조건들**을 준비할 뿐이라는 것입니다. 실제적 이행은 오직 계급을 폐지하기 위한 노동계급 자신의 **주체적 노력과 행동**에 의해서만 가능하다고 보았습니다. 이 주체적 노력과 행동의 반복은 노동계급 자신으로 하여금 새로운 사회를 책임질 주체로 단련시키는 **훈련 과정**이기도 하다는 것이 맑스의 생각입니다. 여기에는 훈련과 주체적 성장과정 없이는 비록 혁명을 일시적으로 성공시킨다고 해도 그것을 관리하고 지속할 수는 없다는 생각이 깔려 있음에 주의할 필요가 있을 것입니다.

맑스가 보기에 자본에 대항하는 노동의 역사적 투쟁들은 **패배와 실패의 연속**입니다. 맑스는 노동조합들의 투쟁의 실패만이 아니라 공산주의자 동맹의 투쟁의 실패도 그 연속하는 실패들의 일부로 이해하게 됩니다. 그러나 맑스는 실패의 경험에서 오류, 불가능, 절망을 읽어내는 사람들과는 달리, 실패나 패배를 결코 낭비적인 것으로 보지 않았습니다. 그는 실패와 패배를 더 큰 단결의 필요성을 깨우치는 계급적이고 주체적인 각성과 단련의 계기로 이해했을 뿐만 아니라, 객관적으로는 현존하는 체제를 아래로부터 계속해서 침식하여 그것을 가장 무너뜨리기 쉬운 형태로 만들어가는 반복적 침식의 과정으로 이해했습니다. 보나파르트체제는 가장 보수적인 분파의 승리의 결과이지만 다른 한편에서 그것은 사실상 프롤레타리아트의 두더지 혁명 과정의 생산물, 즉 자본주의의 매우 취약한 체제를 만들어낸 프롤레타리아 혁명 과정의 생산물이기도 하다는 설명은 이러한 생각을 잘 보여줍니다.

이렇게 프롤레타리아 혁명은 패배 속에서도 이중적 의미에서의 효력을 드러냅니다. 다시 말해 프롤레타리아 혁명은 주체의 단련과 객체의 침식을 통해 패배 속에서도 전진되는 과정입니다. 하지만 혁명의 궁극적 승리는 조합, 지역, 국경 등 모든 경계를 넘어서는 수준, 즉 일반적이고 총체적이며 유적인 수준에서만 달성될 수 있다는 것이 맑스의 일관된 생각이었습니다. 만국의 노동자가 단결할 필요성을 강조한 《공산주의당 선언》의 마지막 구절은 이런 맥락에서 중요한 의미를 갖습니다. 하지만 만국의 노동자의 계급적 단결은 결코 이 혁명 과정의 최종 목표가 아닙니다. 맑스가 말한 프롤레타리아 독재는 공산주의 혁명의 최종 단계이기는커녕 프롤레타리아가 계급으로서 행동하는 **최후의** 정치 형태일 뿐입니다. 맑스는 1871년 파리코뮌 이후에 《공산주의당 선언》 독일어판 재판 서문을 쓰면서 프롤레타리아의 독재가 더 이상 기존의 부르주아 국가를 장악하여 그것을 혁명을 위해 사용할 수 없다고 강조했습니다. 프롤레타리아는 기존의 부르주아 국가를 장악하여 이용할 것이 아니라 그것을 폐지하고 새로운 정부 형태를 창안해야 하는데, 1871년 파리에 수립된 코뮌이 프롤레타리아가 마침내 발견한 새로운 정부 형태, 프롤레타리아 독재의 정부 형태라는 것이 맑스의 판단이었습니다. 이것은 이 정부가 완성된 정부 형태라는 의미가 아닙니다. 코뮌은 프롤레타리아가 계급으로서 행동하는 최후의 정부 형태로서, **국가의 소멸과 계급 그 자체의 폐지**로 나아갈 정부 형태라는 의미입니다. 그래서 맑스는 코뮌을 반은 죽은 국가,

즉 반半국가라고 불렀습니다.

맑스와 우리 시대

초기의 청년 맑스가 가졌던 자유(의지)와 개혁에의 급진 민주주의
적 지향은 파리 시절을 거치면서 공산주의에 대한 혁명적 지향으
로 전환됐습니다. 이후 그의 생각을 이끄는 것은 노동의 존재론적
힘, 산 노동의 형식 부여입니다. 그런데 맑스는, 모든 것에 형태를
부여하는 산 노동의 생동력이 자본주의하에서는 생명을 자유롭게
하기는커녕, 자본을 살찌우는 힘으로 기능하면서 노동하는 사람
자신에게 점점 단단한 족쇄를 채운다는 모순적인 사실을 발견합
니다.

하지만 이 모순을 타개하는 힘도 역시 (국가를 비롯한 그 어떤 외부
적 힘이 아니라) 산 노동의 생동력 자체에서 찾을 수밖에 없다는 것
이 맑스의 일관된 생각입니다. 그래서 그는, 산 노동이 상품으로서,
즉 노동력 상품으로서 자본에게 팔리는 자본주의적 생산관계를
해체하고 그것이 유적 힘으로, 생명 보존과 진화의 활력으로 기능
하도록 만들 새로운 생산관계를 확립하는 것이 필요하다고 생각
했습니다. 그 가능성을 그는 자본주의적 관계 속에서도 부단히 확
대되는 **노동의 사회적 생산력의 확장**에서 찾았습니다.

이 일반적 논점은 우리 시대에도 여전히 유효합니다. 우리 시
대에도 산 노동이 노동력 상품으로 팔리고 있지만 그것의 사회적
생산 능력은 부단히 확장되고 있습니다. 자본은 이제 금융적 기제

를 발전시켜 직접적으로 사고팔리는 노동력만이 아니라 사고팔리지 않는 노동력까지 자본주의적 축적의 과정 속에 포섭하고 있습니다. 이것은 노동의 사회적 생산력의 확장을 극한으로까지 밀어붙입니다. 문제는 인간 능력의 발전 과정이라고 할 수 있는 이 모든 과정이 이윤추구를 유일의 목적으로 삼는 자본의 협소한 이해관계에 따라 통제되고 관리되고 있다는 사실입니다.《독일 이데올로기》에서 정초됐고,《자본론》에서 더욱 구체화되는 맑스의 모순 이론, 즉 생산의 사회적 성격과 전유의 사적 성격 사이의 갈등은 우리 시대에 극한으로 첨예화됩니다.

하지만 구체적 상황에서 맑스가 살았던 시대와 우리 시대 사이에 큰 차이가 있는 것도 사실입니다. 예컨대 맑스가 자본주의에서 주변적인 것에 불과하다는 이유로 분석에서 제외했던 비물질 노동이 노동의 주요한 형태로 부상하고 있지요. 이러한 경향은 과학기술의 생산에의 응용이라는 수준을 넘어 지적, 정서적 활동을 직접적 노동으로 전환시키는 일련의 장치들에 의해 강화되고 있습니다. 이것은 농업 노동과 산업 노동의 차별, 남성 노동과 여성 노동의 차별 위에 정규직 노동과 비정규직 노동의 차별을 추가적으로 생산하고 있습니다. 이러한 차별적이고 위계적인 조건은 '강제노동으로부터의 해방'과 '욕구로서의 노동의 실현'이라는 맑스의 혁명적 논점을 밀어내면서, 어떻게 노동자가 임금노동체제의 정상적 구성원으로 편입될 것인가라는 즉자적 대응을 화급한 논점으로 제시하도록 만들고 있습니다. 완전고용, 총고용을 주장하는 게이 즉자적 대응의 표현들입니다. 현실에서 나타나는 이러한 추세들로 인해, 노동을, 삶에 온갖 형식을 부여하는 존재론적 불로 보면서도, 그것이 취하는 자본주의적 형태에 대해 날카롭고 근본적인 비판을 가했던 맑스의 문제의식이 실종되도록 만들 위험이 생길 수 있지요. 고용돼야만 살아남을 수 있게 된 현실에서 비고용, 비정규고용자의 광범한 실재는 자본주의적 정규고용의 노동 형태를 정상적인 것으로 생각하도록 만들면서 고용 노동에 대한 비판 의식을 마비시키기 때문입니다.

이러한 상황은 우리에게 노동은 무엇인가, 그것은 어떤 조건에 놓여 있는가, 노동이 직면한 문제를 해결할 수 있는 근본적 방안은 무엇인가를 처음부터 다시 생각하지 않을 수 없도록 만듭니다. 이 질문들을 이어 받으면서 그것을 새로운 맥락에서 다시 제기하는 데 있어서 맑스는 우리에게 결코 우회할 수 없는 하나의 모범적 사례로 남아 있습니다. 맑스를 참조하면서 오늘날 우리가 나아갈 길을 개척하는 문제는 전적으로 여러분 자신, 즉 우리의 몫일 것입니다.

더 읽어보면
좋은 책

안토니오 네그리, 윤수종 옮김, 《맑스를 넘어선 맑스》, 새길, 1994.

우리가 읽고 있는 《자본론》이 맑스의 '정치경제학 비판' 6부작 플랜의 일부에 불과하다는 관점을 갖고, 맑스가 정치경제학 비판의 체계 전체의 개요를 그리고 있는 《정치경제학 비판 요강》에서 그의 혁명 사상의 기본 틀을 새롭게 그려내고 있는 책이다. 네그리는 《요강》에 대한 독해를 통해, 맑스가 6부작 플랜의 3부로 계획했으나 서술하지 못한 '임금론'의 윤곽을 그려내고 그것으로부터 그의 내재적 코뮤니즘, 이행으로서의 코뮤니즘의 비전을 도출해낸다. 이것은 제2인터내셔널 이후 20세기 전반에 걸쳐 오랫동안 지배적이었던 맑스 독해의 객관주의적 편향과 '정치경제학'적 독해를 '정치경제학 비판'과 '적대적 경향'의 관점에서 극복하려는 이론적 시도이다.

해리 클리버, 한웅혁 옮김, 《자본론의 정치적 해석》, 풀빛, 1986.

네그리의 독해는 맑스의 정치경제학 비판을 정치적으로 독해하려는 시도였다고도 할 수 있다. 네그리의 이 정치적 독해가 《자본론》보다 《요강》이라는 관점에서 서술됐다면, 클리버의 《자본론의 정치적 해석》은 《자본론》에서도 적대적 경향의 방법과 정치적 관점이 일관되게 관철된다고 보면서 그 생각을 《자본론》의 1부 1장에 대한 정밀한 분석을 통해 논증한다. 클리버는, 네그리와 유사하게 자신의 분석을 자본론에 대한 정통주의적인 정치경제학적 해석에 대치시킬 뿐만 아니라, 알튀세르에서 기원하는 자본론에 대한 철학적 해석과도 대치시킨다.

조정환, 《인지자본주의》, 갈무리, 2011.

맑스의 사유가 자본주의로의 이행기와 성장기에 발전했고, 그것이 주로 산업자본주의 시기를 비판 대상으로 삼고 있다는 관점에서 현대 자본주의와 그것의 변화된 현실 및 경향을 고려할 때 맑스 사유에서 무엇을 보존하고 무엇을 변형할 필요가 있다고 보는지 탐구한 책이다. 이 책은 현대 자본주의를 인지자본주의로 정의하면서 상업 자본주의, 산업 자본주의를 잇는 자본주의 역사의 세 번째 단계로 규정한다. 그러면서 노동의 인지화와 비물질화가 광범하게 전개되고 인지노동이 헤게모니적 역할을 수행하게 되면서 자본이 이에 대응해 어떻게 재구성되고 있으며 이에 따라 시간, 공간, 계급, 정치, 지성 등이 어떻게 재구성되고 있는지를 살핀다. 맑스의 혁명과 코뮤니즘 개념도 사회와 삶의 실제적 재구성을 기초로 재해석되고 재구성되어야 한다는 것이 이 책에 함축된 생각이다.

지그문트 프로이트와 무의식 혁명

—

김석

지그문트 프로이트
Sigmund Freud(1856~1939)

지그문트 프로이트는 현대 사상 형성에 큰 영향력을 미친 사상가 중 한 명이자 회의의 대가로 기억된다. 무의식을 탐구하는 정신분석학을 새롭게 개척해 인간 이해의 전혀 다른 지평을 열었을 뿐 아니라 예술, 문화, 사회, 심리 이론에도 큰 변화를 가져왔기 때문이다. 프로이트는 1900년《꿈의 해석》을 세상에 내놓고 무의식이 20세기 새 인간 과학의 대상임을 선언하면서 자신의 이론을 코페르니쿠스, 찰스 다윈을 이은 세 번째 사상 혁명으로 규정하기도 했다. 1901년《일상생활의 정신병리학》, 1905년《농담과 무의식의 관계》를 통해 무의식이 병리적인 것이 아니라 일상에서 작용하는 현상임을 실증적으로 분석했으며, 1905년《성에 관한 세편의 에세이》에서 성이 인간의 모든 활동과 문화의 기초가 됨을 주장하기도 했다. 1930년《문명 속의 불만》을 출간한 이후로는 주로 무의식 이론을 사회분석에 적용하면서 종교의 기원, 집단 심리에 대해 독창적인 해석을 내놓았고, 예술이나 학문을 성적 충동의 승화로 설명하면서 비평과 미학에도 새로운 방법론을 제공했다. 프로이트의 이론은 현대에 와 다소 철지난 이론처럼 비판을 받기도 하지만 여전히 철학과 현대과학에 끊이지 않는 논쟁거리를 제공하고 있다.

무의식 혁명과 정신분석의 바른 이해

프로이트 사상은 방대하고 개념도 복잡한데 오늘은 '정신 기구 Psychischer Apparat', '충동', '꿈'을 중심으로 설명하겠습니다. 정신분석학은 다른 학문에 비해 역사가 짧습니다. 1896년 프로이트가 정신분석이란 용어를 처음 사용했는데요. 여기서 분석은 정신의 여러 과정에 감춰진 구조와 본질적 요소를 찾는다는 뜻입니다. 정신의 가장 본질적 요소는 의식이 아니라 '무의식'이고, 그것을 대상으로 삼는 학문이 바로 '정신분석학'이지요. 정신분석학에 대해서는 여러 별칭이 있습니다. 가령 폴 리쾨르 Paul Ricoeur(1913~2005)는 《해석의 갈등》에서 정신분석학은 무의식, 욕망, 의지처럼 주체의 가장 내밀한 근원을 탐구한다며 '주체의 고고학'이라는 말을 붙였습니다. 미셸 앙리 Michel Henry(1928~) 같은 철학자는 정신분석학이 표상적 사고가 감춘 잃어버린 기원을 드러낸다고 보면서 '계보학'이라는 말을 사용합니다. 리쾨르나 앙리 둘 다 심층적이고 존재론적으로 감춰진 어떤 토대를 찾는 것을 강조하지요. 그런데 프로이트는 사실 이렇게만 설명하지는 않습니다. 정신분석의 본질을 제대로 이해하기 위해선 의식과 무의식이 늘 같이 작동한다는 점을 먼저 이해해야 한다고 말하지요.

무의식은 의식 밑에 있는 게 아니라 의식 속에 같이 있으면서 작용합니다. 내 의식이 이렇게 얘기할 때 무의식도 자기를 표현하고, 내가 어떤 행동을 할 때도 동시에 그 행동을 통해 억압된 욕망을 드러내죠. 그렇다면 늘 두 가지 사고가 있겠죠? 의식의 사고가 있고, 또 한편으로는 의식의 밑에 흐르는 무의식의 사고가 있을 것입니다. 이렇게 양자는 늘 같이 움직이면서 상호작용을 하기에 의식을 걷어내면 그 밑에 무의식이 드러난다고 하거나, 지킬과 하이드와 같이 두 개의 인격이 존재한다고 보면 정신분석학을 오해할 수 있습니다. 주체의 고고학이나 정신의 계보학이라는 말이 좋은 비유는 되겠지만 잘못하면 프로이트의 무의식 개념을 오해하게 만들 수 있는 것이지요. 오해 이야기를 했는데 정신분석을 일반인들이 어려워하고 잘못 이해하는 것은 그것을 일상어와 혼동하기 때문입니다. 예를 들어 콤플렉스라는 개념을 "나는 키가 작아서 콤플렉스가 있어"라는 식으로 쓰는데 이것은 정신분석의 본래 뜻과 상관이 없습니다. 정신분석에서 콤플렉스는 양가적 감정, 그중에서도 사랑과 미움 같은 것을 의미합니다. 사랑과 미움의 감정이 함께 존재한다는 것이 아니라 어떤 상태에 따라 사랑으로 나타나기도 하고 미움의 양상을 띠기도 한다는 말이지요. 또 충동적으로 구매를 했다고 할 때 충동은 홧김에 저지른다는 뜻이지만 정신분석에서 충동이라는 말은 전혀 다른 의미를 지닙니다. 충동은 주로 성과 관련해 신체적인 것도 포함하고 정신적인 것도 포함하는 경계 개념이지요. 욕망도 마찬가지인데 예를 들어 자크 라캉Jacques Lacan(1901~1981)은 그것을 대상에 대한 욕구나 갈망이 아니라 '존재 결여의 표현'으로 정의했습니다. 이처럼 우리가 일상어에서도 정신분석 용어를 많이 사용하지만 정신분석 고유의 용법을 잘 모르면 오해하기 쉽습니다. 그러니 다른 학문도 마찬가지지만 정신분석에 입문할 때는 먼저 선입견과 오해를 버리는 게 중요하겠죠. 그리고 한 번의 강의나 글로 정신분석의 핵심을 다 이해하려면 안 되고, 프로이트가 여전히 오늘날에도 중요한 이유를 질문해보면서 프로이트 사상에 대해 열린 마음으로 탐구할 필요가 있습니다.

오늘 강의의 제목이 '프로이트와 무의식 혁명'인데요, 여기서 무의식 혁명은 제가 쓴 말이 아닙니다. 프로이트 스스로 자신의 이론에 대해서 '세 번째 혁명'이라고 했습니다. 이것을 좀 더 살펴볼까요? 세 번의 혁명은 인간의 본질에 대한 전통적 사고를 뒤집은 것과 관계있습니다. 첫 번째가 '코페르니쿠스의 천체 혁명'입니다. 이것은 이전까지 지구가 우주의 중심이라고 생각한 중세적 사고를 끝내는 데 일조했지요. 우주가 지구를 중심으로 창조됐다고 믿었는데 지구 역시 태양계를 도는 행성에 불과하고 천체의 고유한 법칙이 존재한다는 것입니다. 두 번째 혁명은 찰스 다윈 Charles Robert Darwin(1809~1882)의 '진화론'을 말합니다. 이전까지 인간은 신이 창조한 만물의 영장이고, 동물과 전혀 다른 영적 존재라고 생각했습니다. 그런데 인간도 오랜 진화의 산물이고 생태계 사슬을 이루고 있는 한 부분에 불과하다면서 인간의 자존심을 여지없이 추락시켰지요. 그럼 프로이트가 말한 세 번째 혁명은 무엇일까요? 그것은 바로 '무의식 혁명'입니다. 인간은 이성적 존재라고 주장하지만 비이성적인 것, 때로 터무니없는 것, 우리가 수용하기 싫은 욕망 같은 게 인간을 움직이는 근본 동인이라고 보는 것입니다. 또 우리는 어떤 행동을 할 때 늘 동기와 목적의식을 지닙니다. 그러나 사실 우리가 스스로에 대해서 설명하는 의식적 동기는 극히 일부분이거나 사실이 아닐 수도 있지요. 심하면 자신에게 속을 수도 있습니다. 예를 들어 엄마가 자식을 혼낼 때 대부분 이렇게 얘기합니다. "엄마는 네가 미워서 그러는 게 아니라 사랑하기 때문이야." 근데 우리의 무의식은 아이를 미워할 수 있습니다. 미운 정도가 죽이고 싶을 만큼일 수도 있는데, 우리는 도덕관념 때문에 그것을 인정하지 않으려고 합니다. 단지 자식을 잘 되게 하려고 때릴 수도 있고 사랑 때문에 화를 낸다고 믿지만 무의식을 분석하면 진실이 아닌 것입니다. 그렇기 때문에 세 번째 혁명은 인간을 잘 알 수도 없을 뿐더러 비합리적인 존재라고 폭로합니다. 내가 생각하고 판단하는 것은 다 이유가 있고 이성이 내 본질인 줄 알았는데 전혀 합리적이지 않은 부분이 우리를 지배한다는 게 프로이트의 생각이지요.

　정신분석은 이처럼 무의식을 탐구 대상으로 삼는데, 사람들은 정신분석하면 임상과 치료를 제일 많이 떠올립니다. 물론 임상은 아주 중요한 부분입니다. 그러나 프로이트는 정신분석을 주체의 삶에서 일어나는 여러 정신 현상을 탐구하는 하나의 방법론이라고 얘기합니다. 여기에는 신경증 증상을 분석하고 치료하는 임상뿐 아니라 일상적으로 우리가 별로 대수롭지 않게 생각하는 말실수, 농담, 꿈 같은 부분도 포함되어 있습니다. 일상의 무의식 현상을 분석해 숨겨진 욕망을 밝혀내고, 그것에 기초해서 인간의 정신 세계를 새로운 관점으로 설명하는 것이죠. 결국 임상이 아니라 무의식이 더 중요합니다. 정신분석학은 무의식 현상을 탐구하면서 임상을 통해 증상도 치료해왔습니다. 그러니까 임상과 이론은 정신분석을 이루는 두 영역인 것이지요. 이제 프로이트의 세계로 본격적으로 들어가 보겠습니다.

메타심리학의 세 전제

프로이트는 정신분석학을 '메타심리학'이라고도 불렀습니다. 그리스어에서 '메타meta'는 뭔가를 넘어서라는 뜻입니다. 메타심리학은 심리학이 탐구하는 의식과 행동 너머의 대상, 즉 무의식을 탐구한다는 뜻이지요. 무의식은 끊임없이 자신을 드러내면서 의식과 갈등하는데 이것을 설명하기 위해 프로이트는 '정신 기구' 모델을 구상하고 그것이 움직이는 세 가지 원리를 가정합니다.

메타심리학의 첫 번째 원리는 '지형성'입니다. 이것은 토포스topos라는 그리스어에서 유래한 것으로 인격에 장소적 의미를 부여합니다. 프로이트는 정신이 단일한 본질이 아니라 이러저러한 부분이 있고, 그 심급들이 어우러지는 상호작용 속에서 하나의 인격체를 만든다고 생각했습니다. 예를 들어 이드Id 부분, 초자아Über-Ich 부분, 자아Ego 부분이 있는데 (이드, 초자아, 자아에 대해서는 뒤에서 구체적으로 설명하겠습니다) 이 각각을 따로 떼어 인간의 실체처럼 강조해서는 안 된다는 겁니다. 철학은 늘 인간의 본질을 이성으로 정의하지만 정신분석은 인간에게 이성도 있고, 비이성도 있고, 로고스도 있고, 파토스도 있다고 보는 것이지요. 또 파괴적인 부분도 있고 함께 어우러지려는 사랑과 공감의 부분도 있다는 것입니다. 마치 산과 바다와 강이 어우러져서 하나의 지형을 만들 듯이 우리의 정신 기구도 지형학적 구조로 이해해야 한다는 것입니다.

두 번째는 '경제성'입니다. 경제성의 원리에는 동일한 에너지를 각 공간을 차지한 각각의 심급들이 동일하게 사용한다는 전제가 깔려 있습니다. 예를 들어 이드가 사용하는 에너지가 있고 자아가

지그문트 프로이트

49

사용하는 에너지가 따로 있다면 서로 갈등을 일으킬 필요가 없겠지요. 하지만 동일한 에너지를 이드도 쓰고, 자아도 쓰려고 하기에 문제가 되죠. 만약에 자아가 에너지를 거의 다 가져가버리면 이드와 초자아는 나머지 에너지를 나누어 쓸 수밖에 없으니까 자아형 인간이 된다는 것이지요. 거꾸로 이드가 에너지를 독점하면 굉장히 동물적인 인간이 될 수 있습니다. 초자아가 강화되면 굉장히 도덕적이 될 것 같은데 초자아가 지나칠 정도로 도덕원리를 내세우다보면 오히려 현실을 왜곡할 수 있습니다. 우리 정신은 에너지의 일정량을 유지하려고 애쓰면서 늘 항상 서로 그것을 독점하려고 하는데 이게 바로 항상성 원리입니다. 에너지가 일정 정도 항상성을 유지하기 위해서는 양과 질의 전환이 있어야 합니다. 일정 정도의 양을 유지하고 만약 양이 너무 넘치면 방출을 해야 됩니다. 모자라면 채워야 되고요. 이것이 리비도의 경제성 원리입니다. 만약에 에너지가 너무 넘치면 과잉흥분 상태가 돼서 주체를 못하고 반대로 너무 모자라면 긴장 상태에 빠집니다. 그래서 정신 기구는 늘 자기를 평형 상태로 유지하려고 하는데 이것이 정신 기구의 본질입니다.

마지막으로 '역동성'입니다. 역동성은 정신 기구가 잠시도 멈추지 않는다는 겁니다. 정신 기구는 늘 안정과 갈등 속에서 왔다갔다하면서 평형성이 깨지기도 하고 다시 복원되기도 하지요. 그래서 역동성이란 관점에서 보면 고정된 인간의 본질은 존재하지 않습니다. 정신 기구는 자아, 초자아, 이드가 끊임없이 다투고 갈등하지만 또 자주 협력하면서 늘 역동적으로 움직입니다. 그래서 삶에는 늘 긴장과 새로운 자극이 존재할 수 있지요. 인간이 뭔가에 대해 끊임없이 욕망하고 서로 갈등하는 것도 이런 역동성의 표현입니다. 그리고 정신 기구의 역동성을 전제한다면 다양한 정신 증상에 대해서 좀 더 개방적으로 이해할 수 있습니다. 증상은 병의 증거가 아니라 우리 마음의 갈등이 겉으로 드러나는 지표들입니다. 쉽게 말해 증상을 겪는다는 것은 우리가 살아 있다는 증거지요. 증상이 없다면 우리는 죽은 인간입니다. 단지 증상이 너무 심해져 현실 적응에 장애를 일으킨다면 이를 완화시키기 위해 치료를 받아야 하지만 적절한 증상은 오히려 내부에서 끊임없이 역동적 에너지가 솟아난다는 것이기에 살아 있다는 증거입니다.

메타심리학의 세 가지 전제에서 보면 정상과 비정상 심리의 구분은 의미가 없습니다. 정신의학은 정상과 비정상을 구분하지만 정신분석학적 관점에서 보면 건강한 사람도 때에 따라선 비정상적이고 조금 일탈하는 모습을 보일 수 있습니다. 예를 들어 시험을 앞둔 고3 수험생들은 시험 부담이 너무 심해지면 강박증을 보일 수 있습니다. 원래 강박적인 기질이 있는 게 아니라 그런 상황에서 강박 증상이 나타나는 겁니다. 또 굉장히 낙천적인 사람도 뭔가 일이 잘 안 풀리면 비관적이 되면서 우울증에 빠질 수 있습니다. 그래서 프로이트는 '우리 모두가 신경증 환자'라고 얘기를 합니다. 신경증 환자는 병원에 있는 사람만이 아니라 우리 모두라는 것이지요. 우리가 정신장애라고 얘기할 수 있는 건 그것이 너무 지나쳐서 일상생활에 지장을 줄 때를 말합니다. 이런 개념을 정확히 이해하면 치료에 대해서도 생각이 바뀝니다. 치료는 증상을 제거하는 게 아니라 단지 정도를 완화시키는 것으로, 비정상을 정상으로 고치고 사회에 적응시키는 게 치료의 최종 목적이 아니죠. 정신분석은 이런 점에서 정신의학이나 심리학과 전제도 다르고 치료를 바라보는 관점도 다릅니다. 위에서 말한 것처럼 삶의 정신 과정을 총체적으로 살펴보는 것이 정신분석의 목표입니다.

정신 기구: 이드, 자아, 초자아

정신 기구는 문자 그대로 기구Apparat를 말합니다. 왜 문자 그대로라는 말을 쓰냐면, 프로이트가 《꿈의 해석》에서 그렇게 강조했기 때문입니다. 그럼 어떤 기구일까요? 보통 기구는 여러 장치들이 조합을 이루어 작동하며 고유한 법칙에 따라 움직인다는 게 프로이트의 생각이었습니다. 그 법칙은 크게 물리적 법칙, 화학적 법칙, 생물학적 법칙으로 나뉘고요. 이것들을 모은 게 바로 항상성 원리로 일정 수준으로 에너지를 유지하려는 것입니다. 정신 기구도 마찬가지로 그것이 안정적으로 작동하기 위해서는 항상성 원리가 필요합니다. 지금 생각하면 마음이 기구라는 생각이 뒤떨어진 이론처럼 보이지만 프로이트가 살았던 19세기를 지배했던 학문이 생화학과 물리학이라는 사실을 떠올려보면 이해가 됩니다. 프로이트는 이러한 세계관에 맞춰 인간의 정신을 설명하려고 했습니다. 사실 심리 현상을 에너지의 흐름만으로 설명하기에는 무리가 많지만 우리는 시대적인 상황을 염두에 두면서 프로이트의 문제의식 자체를 이해해야 합니다.

정신 기구 모델은 두 번에 걸쳐 바뀝니다. 프로이트는 《꿈의 해석》에서 의식, 무의식, 전의식 세 가지 심급을 가정하는데 이것은 조금 어려운 말로 서술적 무의식을 설명하기 위해서입니다. 왜냐하면 말실수나 농담처럼 무의식은 일상에서 자연스럽게 드러난다는 게 프로이트의 생각이었거든요. 의식과 무의식이 함께 작용하기 때문에 의식의 이면을 뒤집어보면 무의식 현상이 많이 발견된다는 것이지요. 프로이트는 1900년대 초에 《일상생활의 정신 병리학》,《농담과 무의식의 관계》등 서술적 무의식을 생생하게 보여주는 책을 발표합니다. 그리고 1920년대에 들어 프로이트는 환자를 치료하면서 이론을 대폭 수정하고 발전시켜 2차 정신 기구 모델을 내놓습니다. 1차 모델보다 2차 모델은 무의식의 역동성을 더 강조합니다. 우리에게 익숙한 자아, 초자아, 이드가 그것입니다. 비록 1차 모델이 2차 모델로 대체됐지만, 완전히 달라진 게 아니라 의식과 무의식의 구분은 여전히 중요합니다. 2차 모델을 중심으로 마음에 대해 살펴보겠습니다.

먼저 이드입니다. 프로이트는 이드를 정신의 본래 현실이라고 얘기합니다. 이드는 성 에너지로 가득 차 있기 때문에 이드의 중요한 목적은 그것을 발산하는 것입니다. 아이가 태어났을 때 거의 이드적인 것에 사로잡혀 있다고 보면 됩니다. 이드를 지배하는 것이 바로 쾌락원리고요. 우리는 이것을 철학이 말하는 쾌락주의나 일상적인 의미와 혼동하면 안 됩니다. 철학이 말하는 쾌락주의는 행복을 실현하기 위해서 쾌락을 주는 것과 불쾌가 주는 것을 구별해서 결국은 쾌락을 목적 자체로 추구하는 경향을 말합니다. 그래서 나중에 역설적으로 '쾌락주의의 역리'로 흐르는데 감각적인 것은 잠깐 쾌락을 주지만 결과적으로 더 고통을 주는 경우가 많거든요. 그러다보면 고통을 주는 걸 자꾸 피하고 억제하는 것이 더 행복을 실현하는 길이라는 깨달음을 얻게 됩니다. 처음에는 쾌락주의였는데 결국 금욕주의로 바뀝니다. 그리고 나중에는 육체적이고 순간적인 쾌락을 추구하는 것보다 절대적인 영혼의 쾌락을 추구하기도 합니다. 그래서 심지어는 쾌락주의자 중에는 자살을 예찬하는 사람도 있었어요. 자살을 해야 궁극의 평안이 오기 때문이지요. 정신분석이 말하는 쾌락주의는 이것과 다릅니다. 쾌락원리는 한마디로 장애물 없이 내부의 긴장을 직접 발산하면서 유기체가 만족을 추구하는 방식입니다. 그래서 이것을 1차 과정이라고도 말합니다. 배가 고프면 바로 뭔가를 먹으려는 것을 들 수 있는데요, 먹을 것이 없으면 환상을 통해서라도 그것을 충족시키려고 합니다. 그래서 이드가 만들어내는 것은 환청, 환각, 백일몽과 같이 직접적인 게 많습니다. 한마디로 이드는 무제한의 만족을 추구하면서 정신 기구의 욕망을 주도합니다.

그런데 성장하는 과정에서 이드는 자연스럽게 통제를 경험합니다. 왜냐하면 우리는 사회 속에서 여러 제약을 의식하면서 살아야 하기 때문에 본능적 욕구를 쾌락원리에 따라 무절제하게 발산하면 문제가 생깁니다. 예를 들어 소변이 급하다고 길거리에서 아무 때고 해결하다 보면 도덕적으로 비난을 받거나 심지어 처벌을 받을 수도 있습니다. 그래서 아이는 어느 순간부터 자기 본능을 조절할 필요성을 느낍니다. 현실과 본능의 긴장관계를 배우기 시작하는 거죠. 이제 외부 현실에 대해서 잘 알아야 하고, 욕망을 절충해 현실과 타협을 이룰 필요가 생깁니다. 이런 과정에서 생기는 두 번째 심급이 바로 자아입니다. 에고라고 불리는 것, 그래서 자아는 이드의 변형입니다. 자아가 따로 존재하는 게 아니라 이드가 현실에 적응하는 과정에서 외부 현실의 중계자로 만들어지는 거죠. 이게 굉장히 중요합니다. 지형성의 관점에서 보면 세 가지 심급은 다른 역할을 하지만 실은 같은 뿌리를 두고 있다는 겁니다. 그 뿌리가 바로 '쾌락원리'입니다. 그래서 자아도 본질적으로 이드의 욕구를 잘 조절해주기 위해서 나왔다는 것을 아셔야 합니다. 우리가 잘못 생각하면 자아는 이드를 억압하는 것처럼 생각하기 쉬운데 자아는 억압하는 게 아니라 합리적 방법으로 이드의 욕구를 충족시켜 줍니다. 예를 들어 이드가 "배고파, 당장 밥 먹자" 그러면 자아는 "조금만 기다려 봐, 지금 밥을 먹을 수 있는지 없는지 보자", 이렇게 상황판단을 하고 행동하게 만듭니다. "먹지 마"라고 말하는 건 '초자아'입니다. 초자아는 도덕원칙의 지배를 받기 때문에 만약 이드가 "배고파"라고 하면 "그것밖에 안 돼? 배고파도 참아", 라고 도덕적 잣대를 들이대죠. 자아는 그런 식으로 작용하지 않습니다. 자아를 지배하는 건 현실원리이지만 중요한 건 현실원리와 쾌락원리를 대립적으로 봐서는 안 된다는 겁니다. 쾌락원리를 잘 수행하기 위해서 현실원리를 만들어냈다고 봐야 합니다. 프로이트가 현실과 쾌락을 대립하는 것처럼 본다고 얘기하는 사람이 있으면 정신분석을 잘못 아는 거죠. 현실원리와 쾌락원리는 동전의 양면 같은 것입니다. 즉 현실원리의 이면에는 쾌락원리가 깔려 있다는 거죠. 자아는 우리가 보통 얘기하는 이성과 상식을 대변하지만 이드와 협력할 때도 많습니다.

자아가 만들어지는 과정은 특히 신체 이미지에 대한 동일시 덕분인데 아까 얘기했듯이 아이는 최초에는 신체와 외부 세계를 구별 못합니다. 이드적인 것과 뒤섞여 있는 상태이니까요. 그런데 어느 순간부터 자기 신체와 외부 현실이 다르다는 것을 알기 시작하면서 자신의 신체를 외부에서 떼어내 '나'라는 개념을 만들기 시작하는데 이것이 바로 자아의 출발점입니다. 프로이트의 이 생각은 굉장히 중요합니다. 왜? 자아가 원래부터 고정되어 있는 게 아니라 필요에 의해 만들어진 것이고, 이 말을 해석하면 자아는 늘 변할 수 있다는 것을 보여주기 때문입니다. 그렇기에 자아심리학이 주장하는 것처럼 자아를 너무 절대시 하거나 자아의 고유성을 가정하는 것은 위험합니다. 자아는 이드의 또 다른 얼굴이니까요.

세 번째 심급은 초자아입니다. 자아가 이드의 원초적 욕망을 현실 속에서 충족시키면서 분화되어 나왔다면 초자아는 사회적인 것에 기원이 있습니다. 사회적인 것을 대변하는 게 바로 부모죠. 즉 사회적 요구를 반영해 내면에 자리를 잡는 게 초자아입니다. 자아가 현실과 소통하는 중재자 역할을 한다면 타인과의 관계, 특히 사회로부터 오는 도덕적 압력에 대응해 초자아가 발생합니다. 초자아의 기원은 내 마음 속에서 울리는 부모의 목소리, 특히 무언가를 금지하는 목소리입니다. 아이는 '오이디푸스콤플렉스'를 극복하면서 초자아를 갖으며, 초자아는 아이의 최초 오이디푸스 욕망을 금지하는 데서 출발합니다. 프로이트는 금지의 두 가지 원천을 구별하는데 그중 하나가 권위자입니다. 이것은 아주 무서운 사람이 내리는 금지로, 행동을 포기하게 하지만 내면화를 시키지는 못합니다. 두 번째로 초자아가 명령하는 금지는 금지를 내면화시킵니다. "이렇게 하는 것은 절대 인간이 할 짓이 아니야" 이런 식으로요. 그래서 권위자가 금지를 명령했을 때는 겉으로 드러난 행동만 포기하지만, 초자아가 자리를 잡으면 이제 욕망을 자발적으로 포기할 뿐만 아니라 죄책감까지 생깁니다. 부모로 대변되는 부모의 목소리가 초자아의 기원을 이루면서 도덕의 출발점이 되지요. 그러므로 도덕이란 말에는 사회적 관계로부터 오는 압력이 전제가 됩니다. 프로이트가 후기에 가면서 사회적 관계나 집단심리에 대해 많이 연구하는 것은 우연이 아닙니다. 초자아의 기원이 사회적인 것에 있기 때문에 그 메커니즘을 조금 더 확장해서 설명할 필요가 있었던 것이죠. 내부적으로 보면 개인의 초자아이지만 사회적으로 확대된 초자아 형태를 찾는다면 종교를 들 수 있습니다. 종교의 기원을 프로이트는 오이디푸스콤플렉스를 동원해 설명합니다. 프로이트 이론이 재미있는 지점이 개인심리와 사회심리가 같이 간다고 보는 겁니다. 개인의 본성을 사회에 적용하면 사회심리학이 되는 거죠. 예를 들어 아이와 아버지의 관계를 사회에 적용하면 지도자와 군중의 관계로 설명되고, 오이디푸스콤플렉스를 사회적 관계에 적용하면 종교와 도덕의 역할을 이해할 수 있습니다. 사회심리학과 개인심리학이 같은 논리로 설명이 가능하다는 게 프로이트의 입장입니다.

이처럼 초자아는 도덕의 출발점을 이루고 사회의 기원이 됩니다. 초자아는 가장 강력한 역할을 하지만 사실 도덕원리만을 강조하다보면 현실을 왜곡할 수도 있습니다. 현실은 도덕적으로 이루어져 있지 않기 때문입니다. 그러다보니 현실을 비틀 수가 있는 거죠. 결국 자아가 가장 합리적입니다. 자아는 사회적인 관계도 아니고 본능도 아니고, 현실만을 고려하니까요. 보통 초자아는 자아와 손을 잡고 이드를 공격하지만, 이드랑 손을 잡고 자아를 거꾸로 공격할 때도 많습니다. 도덕성 같은 것을 기준으로 사람을 몰아붙이면서 괴롭히는 것을 생각하면 됩니다. 또한 중세 때 종교재판이 종교의 이름으로 사람을 잔인하게 죽이기도 했던 게 해당되겠네요. 도덕원리가 지나치게 강하면 맹목적 폭력으로 작용할 수도 있습니다.

자아, 초자아, 이드가 상호작용하면서 인간의 모습을 만듭니다. 중요한 점은 자아와 초자아, 이드 이 세 가지 관계는 상호의존적인 것이지 어느 하나만을 절대적으로 강조해서는 안 된다는 것입니다. 이는 임상 치료에도 적용할 수 있습니다. 왜 이 얘기를 하냐하면요. 프로이트가 후기에 가면 치료의 최종 목표가 무엇인지 고민하게 되는데요, 오늘날 나오는 많은 치료 이론이 프로이트의 이 문제의식을 빠트리고, 치료를 테크니컬한 면에서 편의적으로 다루는 경향이 많이 있기 때문이에요. 결국 프로이트는 정신의 기본 현실을 정신분석이 드러내면 드러낼수록 인간에 대해서 비관적 전망을 할 수밖에 없다는 결론을 도출합니다. 그게 바로 말기 프로이트의 모습입니다. 그렇지만 제자들이나 프로이트 직계로 봐서는 이건 굉장히 안 좋은 거죠. 치료의 과학성과 테크닉의 우수성에 대해 얘기를 해줘야지 '치료가 될까?' 이런 식으로 의문을 던지는 프로이트는 사실 부담스러운 존재죠. 그래서 나중에 보면 에로스Eros와 타나토스Thanatos 같은 프로이트의 후기 이론을 의도적으로 빠트리는 경우가 생깁니다. 그래서 치료에서 타나토스적인 것을 무시하고 자아를 중심으로 현실 적용을 강화하는 자아심리학 흐름이 생기는데 하르트만Heinz Hartmann(1894~1970) 같은 사람이 대표적입니다.

충동에 대하여

정신 기구가 역동적으로 작용하는 양상이 바로 '충동'입니다. 충동은 독일어로 Trieb이고 'treiben'이라는 동사에서 나왔습니다. 트라이벤은 '밀다, 움직이게 하다'는 뜻을 가지고 있지요. 한마디로 인간을 어떤 상태로 계속 떠밀고 가는 거죠. 충동이 바로 정신분석에서 말하는 성 본능에 해당하는데 생득적 행동인 본능Instinkt과 철저하게 구별해야 합니다. 근데 프로이트의 영어판 번역본에서 이것을 '본능'으로 번역했기 때문에 우리나라에서 번역된 프로이트의 책에는 다 본능으로 나와 있어요. 하지만 충동 개념을 전제하고 프로이트를 읽으면 더 분명하게 이해됩니다. 충동과 본능의 구별이 왜 그렇게 중요하냐면 본능은 타고난 것이고 생물학적으로 결정되는 동물적 행동 양상이지만, 충동은 인간만의 고유한 행동이기 때문입니다. 예를 들어 개는 발정기에 교미를 하려는 본능이 있습니다. 이건 개가 어떤 목적을 갖고 성관계를 해서 새끼를 낳으려는 것이 아니라 생득적이고 자연적인 프로그램입니다. 인간에게도 이런 점이 있습니다. 태어나면서부터 뭘 먹으려고 하고 피곤하면 자려고 하는 본능이 있죠. 인간이 본능만 따른다면 동물과 다를 게 없습니다. 근데 충동은 본능에서 출발하지만 본능에서 분화되면서부터 전혀 새로운 모습으로 자리를 잡습니다.

가령 구순 본능을 봅시다. 구순 본능은 말 그대로 먹으려는 본능이죠. 갓 태어난 아이는 입에다 무언가를 넣어주면 열심히 먹습니다. 그리고 쓴 걸 입에다 넣으면 뱉어버리죠. 아이는 태어나는 순간부터 동물처럼 구순 본능에 따라 행동합니다. 그런데 반복적으로 먹다 보면 먹는 행위 자체가 쾌락을 준다는 걸 경험하죠. 그래서 이제 입술의 쾌락 자체가 기억을 남기고 기억 흔적을 좇아 반복적으로 쾌락을 추구하면서 구순 본능에서 구순 충동이 갈라져 나옵니다. 그럼 이 둘은 어떤 차이가 있을까요? 아까 구순 본능이 생득적인 거고 유전적이라고 얘기했는데 그것만으로는 설명이 충분하지 않습니다. 구순 본능은 대상에 굉장히 의존적이라는 것을 강조해야 합니다. 예를 들어 아이가 배고파 울면 먹을 걸 줘야지, 영혼의 양식이라고 책을 주면 달래지지 않겠죠. 본능은 대상이 제한되어 있고 필요가 만족되면 딱 멈춥니다. 충족이 가능하죠. 대상의 제한성 그리고 충족 가능성이 본능입니다.

반대로 구순 충동은 쾌감의 기억 자체를 찾기 때문에 대상에 메이지 않습니다. 예를 들어 입의 만족은 처음에는 먹을 것을 통해 충족되지만 나중에 빠는 행위 자체에 몰두합니다. 그러면 이제 젖이 안 나오는 가짜 젖꼭지를 빨면서도 즐거워하는 거예요. 가짜 젖꼭지를 빼앗으면 손가락을 빨고, 손가락을 빼면 발가락을 빨고요. 그러다 더 크면 이제 손발을 못 빠니까 사탕 같은 것을 빨면서 입술이 느꼈던 원초적인 쾌락의 기억을 좇습니다. 성인이 되어 손가락이나 사탕을 빨고 다니면, 사회적 비난이 쏟아지잖아요. 그러면 이제 담배와 같이 입으로 할 수 있는 다른 쾌락을 추구하죠. 꼭 물리적 대상이 아니어도 됩니다. 우리 몸은 대단히 수용성이 크기 때문에 입과 연관된 모든 것을 구순 충동의 대상으로 삼을 수 있습니다. 말하는 것이나 욕하는 것도 입을 통해서 쾌락을 발산하는 거니까 구순 충동 대상이 됩니다. 따라서 구순 충동은 다양하게 문화적 양태로 발전할 수 있습니다. 이런 행동은 절대 본능으로 설명할 수 없지요. 그래서 특히 성 행동을 충동 개념을 통해 설명할 필요가 있다는 것입니다. 특히 라캉은 충동 개념을 본능으로 번역하는 게 문제가 있다고 비판하면서 그 차이를 강조합니다. 사실 번역의 문제는 아닙니다. 만약 욕망을 본능과 연결시킨다면 대단히 제한적이 되지만 충동에서 그 기원을 찾는다면 만족이 불가능하다는 결론에 도달합니다. 왜냐하면 원초적 만족의 기억들은 실제 기억이 아니라 영원히 도달할 수 없는 신화적인 것이기 때문입니다. 즉 실제로 원초적 만족이 있었던 게 아니라 환상 속에서 가정되는 거죠. 어떤 설명할 수 없는 만족이 있었던 것 같은데 그게 절대 되풀이될 수가 없다보니 끝없이 만족에 도달하기 위해 몸부림치는 것입니다.

충동은 보통 환상과 결합되어 목표를 추구해갑니다. 반면 본능은 환상과 결합될 일이 없죠. 환상은 현실이 아니라 현실을 상상적으로 재구성한 것입니다. 충동은 표상과 표상에 깔려 있는 정서적인 것이 함께 작용한 결과인데 이것이 환상을 만들기도 하고 이른바 '트라우마(외상)'를 만들기도 합니다. 예를 들어 내가 불쾌한 경험을 하면 우리는 불쾌감에서 벗어나기 위해 의도적으로 그 불쾌한 경험을 잊습니다. 쉽게는 아니지만 자꾸 잊어버리려고 하지요. 그런데 불쾌한 것의 표상, 즉 사건의 이미지는 잊히지만 불쾌함 자체의 정서적 흔적은 없어지지 않습니다. 이것이 남아서 다른 표상에 달라붙는 경우가 생깁니다. 가령 어렸을 적에 성폭행을 당한 여성이 있다고 가정합시다. 성폭행에 대한 기억은 자라면서 없어질 수 있습니다. 근데 성폭행을 당했던 순간 자기 몸이 경험한 느낌, 표상에 얽힌 어떤 불쾌하고 견디기 힘든 정서는 사라지지 않고 몸의 기억으로 남습니다. 그래서 그것과 연관된 다른 표상에 달라붙습니다. 검은 옷을 입은 사람에게 성폭행을 당했다면 그 후 다른 검은색 물체를 보면 알러지 반응을 일으킨다든지 하면서 검은 옷 자체가 억압된 정서를 불러일으키면서 트라우마를 반복합니다. 충동은 늘 이런 식으로 작용합니다. 충동은 환상 속에서 실제 기억과 무관하게 작용할 수 있다 보니 무한 욕망이 될 수 있고, 증상을 포함한 인간 특유의 행동들이 설명이 가능해지는 것입니다. 그런데 우리는 일상적으로 욕망을 욕구와 동일하다고 생각합니다. 욕구는 아까 얘기한 본능에 가깝습니다. 욕망은 인간적인 것이고 대상과 상관없으며, 충동에 뿌리를 두고 있습니다. 충동에 입각해서 정신 기구를 이해한다면 왜 성이나 욕망이 이렇게 문화권마다 다양한 모습을 띠고 또 절대 충족이 불가능한지 이해할 수 있겠지요.

프로이트는 후기에 "충동은 정신과 육체 사이의 경계선에 있는 경계 개념"(프로이트, 윤희기 옮김, 〈충동과 그 변화〉,《정신분석학의 근본 개념》, 열린책들, 2004, 107쪽)이라고 합니다. 이것이 중요합니다. 신체적인 거냐? 아니죠. 정신적인 거? 아니죠. 그럼 어디에 속하냐? 충동은 양쪽에 다 걸쳐 있습니다. 그래서 어떤 사건을 경험하면 표상이 발생하는데 이 표상의 근원을 추적하면 흔적이 있습니다. 육체에 각인된 이 흔적이 표상을 불러일으키는데 표상에 달라붙어 있는 흔적들은 떨어져서 나중에 계속 다른 표상에 달라붙어 되돌아옵니다. 이게 바로 꿈입니다. 꿈은 무언가 억압된 흔적들을 극적 이미지를 통해 다시 보여주기 때문에 중요합니다. 프로이트는 꿈이 인간의 무의식적 소원을 성취하게 해주는 전형적인 심리현상이라고 말했어요. 이 소원의 상당 부분이 바로 성적이고, 그것은 충동으로 설명할 수 있다는 것이 프로이트의 이론입니다. 이제 꿈에 대해 자세히 살펴보겠습니다.

꿈과 무의식의 작동 법칙

프로이트는 일상생활에서 무의식이 여러 가지 형태로 스스로를 드러낸다는 것을 확신하면서 그것이 '무의식의 형성물'이라고 했습니다. 무의식의 형성물의 가장 대표적 현상이 꿈입니다. 프로이트의 《꿈의 해석》은 제목 때문에 약간의 오해를 불러일으킬 수 있는데요, 마치 꿈을 해몽하는 책 같잖아요? 그런데 원어를 보면 그런 의미가 아닙니다. 트라움도이퉁Traumdeutung에서 도이퉁은 '어떤 의미'라는 뜻입니다. 근데 '꿈의 해석'이라고 하니까 마치 꿈을 풀어내는 책 같지요. 트라움도이퉁은 꿈이 만들어지는 과정과 꿈의 의미를 보여주는 책입니다. 물론 꿈을 풀 수 있는 일반 어휘가 있기는 합니다. 예를 들어 숲은 여성성과 관계가 많습니다. 서양 동화를 보면 숲과 연관된 게 많죠. 〈잠자는 숲 속의 미녀〉, 〈헨젤과 그레텔〉 모두 숲과 관련이 있는데 숲의 숨은 의미는 '여성성'입니다. 서양인들은 여성에 대해 이중적인 생각을 갖고 있어요. 여성은 두려움인 동시에 미지의 대상이죠. 프로이트가 '여자에 대해 도대체 자신은 아무 것도 모르겠다'는 말을 남기기도 했잖아요? 그래서 여성은 탐구하고 싶지만 뭔가 두려움을 주는 숲의 이미지로 표현됩니다. 또 하늘을 나는 꿈은 100% 성적 욕망의 표현입니

다. 억압된 성 충동을 마음껏 날면서 발산하고 싶은 거죠. 레오나
르도 다 빈치 Leonardo da Vinci(1452~1519)가 하늘을 나는 것에 관심이
많았던 것도 프로이트는 성적으로 억압됐었기 때문이라고 해석합
니다. 하지만 꿈을 이렇게 상징으로 풀기보다는 꿈이 만들어지는
법칙에 주목해야 하는데, 그것이 무의식의 일반 법칙이기 때문입
니다. 이 법칙은 '압축', '전치'로 정리할 수 있습니다.

압축과 전치는 꿈뿐 아니라 농담이나 말실수 같은 다른 무의식
적 형성물들을 설명해주는 중요한 원리입니다. 무의식의 일차 과
정은 압축과 전치로 설명할 수 있습니다. 꿈은 두 가지로 나뉩니다.
우선 표면적으로 기억할 수 있는 '드러난 꿈 내용'이 있는데 그것
은 보통 일관성이 없습니다. 갑자기 장면이 확 바뀌고, 막 날아오
르다가 뚝 떨어지고 시간과 공간이 막 뒤섞이죠. 그래서 언뜻 꿈
은 터무니없고 부조리한 것처럼 보입니다. 드러난 꿈 내용 밑에는
'잠재된 꿈 사고'가 있습니다. 잠재된 꿈 사고는 무의식에서 기원
하며 꿈을 만들어내고요. 이걸 드러난 꿈 내용으로 펼쳐 보입니다.
그럼 왜 두 가지가 서로 불일치할까요. 그것은 의식의 검열 때문
입니다. 무의식은 겉으로 드러나면 안 되는 것들이 많습니다. 억
압된 것이 다시 뚫고 나오려고 하는 게 꿈이기 때문에 억압이 눈
치 채지 못하게 교묘하게 바꿔서 다른 무대에서 연출을 하는 거죠.
꿈 작업은 압축과 전치를 통해 잠재된 꿈 사고를 드러난 꿈 내용
으로 바꾸는 작업이고, 꿈의 해석은 드러난 꿈 내용 속에서 잠재
된 꿈 사고를 찾아나가는 작업입니다. 꿈 작업은 잠을 자는 동안
이루어집니다. 그래서 낮 동안 경험한 것을 소재 삼아 무의식 안
에서 압축과 전치를 통해 가공 작업이 일어납니다.

'압축'은 쉽게 말하면 여러 이미지를 모아놓는 겁니다. 압축을 하는 이유는 경제성 때문입니다. 짧은 시간에 많은 이야기를 할 수 있기 때문이지요. 컴퓨터의 압축파일을 연상해보세요. 압축파일을 풀면 안에 파일들이 죽 있잖아요. 꿈의 이미지들을 보면, 겉으로는 단순해 보이는데 그 안에는 이미지와 이미지가 엇갈려 있습니다. 그래서 꿈에서 표현되는 이미지들은 실제 우리가 아는 이미지가 아닌 경우가 많고, 압축 메커니즘을 적용하면 그 직전, 또 그것보다 거슬러 올라가는 기억들이 복합적으로 얽혀 있는 경우가 많죠. 그 다음 꿈 사고에서 중요한 게 '전치'입니다. 전치는 쉽게 얘기하면 엉뚱한 이미지로 잠재된 꿈 사고를 표현하는 것입니다. 가령 앞서 예를 들었던 성폭행에서, 그 여성은 성폭행 기억을 떠올리기가 싫겠죠. 그럴 때 그 사람이 입었던 옷이나 다른 이미지가 나오는 겁니다. 그러면 의식은 눈치를 못 채죠. 예를 들어 검은 옷을 입은 사제가 등장한다든지……. 그래서 겉으로 보면 사소해보이고 아무 관련이 없어 보이는데 그것이 중요한 단서를 보여주는 경우가 많습니다.

이제 압축의 메커니즘을 예를 통해 설명하려고 합니다. 압축은 아까 얘기했듯이 경제성의 원리에 따라서 여러 이미지들을 중첩시키는 작용입니다. 그래서 꿈의 이미지는 중층결정 되어 있습니다. 알튀세르 Louis Althuser (1918~1990)가 '중층결정'이란 말을 많이 쓰지만 사실 프로이트가 원조입니다. 이데올로기가 중층결정 되어 있을 뿐만 아니라 원래 꿈의 이미지가 차곡차곡 쌓여 있다는 의미에서 쓴 건데요. 압축의 대표적 예로, '식물학 연구 논문'에 관한 꿈을 들 수 있습니다. 겉으로 드러난 꿈의 이미지, 즉 텍스트는 아주 단순합니다. 그러나 그 사이사이에서 텍스트들끼리 서로 지시하는 것들이 굉장히 복잡하기 때문에 프로이트는 그걸 큰 글자에 비유하죠. 책을 막 넘기다보면 큰 글자만 보이잖아요. 그러나 행간의 여러 작은 글자들이 있는 것처럼 압축된 이미지 속에는 또 다른 이미지들이 많이 깔려 있죠.

자, 식물학 연구 논문을 보겠습니다. 꿈에서 나(프로이트)는 식물학 연구 논문을 펼쳐들고 봅니다. 그런데 논문을 보니 원색 삽화와 말린 식물표본이 들어 있죠. 그것을 살펴보다 꿈에서 깹니다. 와! 되게 간단하죠. 이제 프로이트의 해석을 봅시다. 먼저 식물학 이미지가 어디서 왔는지 생각해보니, 전날 서점에서 본 식물학 책 때문이라는 생각이 들었습니다. 식물학과 관련된 뭔가가 억압되어 있기에 그것이 다시 꿈에 나타난 것입니다. 그래서 식물학 이미지를 죽 풀어나갑니다. 최근의 기억으로는 코카인cocaine이 있죠. 프로이트는 몹시 교수가 되고 싶어 했던 사람입니다. 그런데 안 되다보니 "아! 내가 이렇게 무능하구나" 싶었고 돈이 없어 6년간 결혼도 못 했어요. 그러니 그것이 얼마나 마음에 짐이 됐겠어요. 내가 반드시 성공해서 이름을 날려야겠다는 생각을 했겠죠. 천재인 프로이트도 자기가 둔한 사람이 아닐까 고민을 많이 했답니다. 그러니 여러분도 내용이 어려워도 위로를 받으세요. 그렇게 회의하는 과정에서 프로이트는 코카인 연구에 몰두합니다. 코카인을 마취약으로 써서 노벨상을 받는 상상을 하면서요. 그렇지만 실제로 코카인을 동료한테 썼다가 그 사람이 다른 병 때문에 죽었어요. 그래서 코카인 연구를 멈춥니다. 나중에 다른 사람이 코카인을 의약품으로 쓰는 것을 발표해서 돈도 얻고 명예도 얻습니다. 결국 프로이트에게 코카인 즉 식물학은 좌절을 상징합니다. 성공하고 싶었는데 실패한 한이 꿈에 나타난 거죠. 코카인이 직접 보이면 트라우마를 일으키니까 식물학 연구 논문으로 위장한 것입니다. 이것은 전치이기도 합니다.

식물학 논문에 숨어 있는 또 다른 이미지는 '꽃'입니다. 그럼 꽃은 무얼 뜻할까요? 프로이트의 부인이 꽃을 무척 좋아했답니다. 부인한테 꽃을 선물하고 싶었겠죠. 꽃을 선물한다는 것은 여유가 있다는 얘기죠. 그런데 부인한테 꽃을 잘 사주지 못해 늘 미안했습니다. 이와 중첩되어 생일인데 남편이 자기 생일도 기억을 못한다고 불평하는 여자 환자도 생각났어요. 또 플로라라는 이름을 가진 또 다른 여자 환자도요. 이처럼 꽃과 얽힌 여자 환자들의 얘기가 식물학 논문 속에 들어있는 거죠. 식물학 연구 논문이 그 자체로 보면 단순한데 과거의 코카인 기억, 자기 부인, 플로라라는 여자, 또 남편의 사랑을 못 받아서 불평했던 또 다른 신경증 환자들의 사례를 포함하고 있습니다.

두 번째로 원색 삽화를 봅시다. 원색 삽화는 보통 유아용 그림입니다. 그런데 학술 연구에 원색 삽화가 들어간 건 좀 격이 안 맞죠? 그럼 이 원색 삽화가 어디서 왔을까? 어렸을 적에 자기 아버지한테 크리스마스 때 받은 선물, 동화책이 생각납니다. 원색 삽화로 되어있었거든요. 이게 왜 생각났을까요? 프로이트는 장남이었습니다. 물론 배다른 형들이 있었죠. 프로이트가 오이디푸스 콤플렉스를 경험한 게 우연이 아닙니다. 그 배경까지 알아야 합니다. 아버지가 프로이트 엄마랑 결혼했을 때 엄마가 두 번째 부인이었어요. 이미 프로이트 아버지의 전처가 낳은 아들 둘이 있었는데 자기 엄마랑 나이가 똑같았지요. 그래서 어린 프로이트는 배다른 형하고 지금 우리 엄마가 무슨 관계가 있지 않을까 질투를 했고, 이게 오이디푸스콤플렉스의 단초가 됩니다. 아버지와 엄마를 놓고 경쟁한 게 아니라 배다른 형에 대한 어떤 경계심이 작용한 거죠. 아무튼 프로이트는 장남이어서 집안이 가난했는데도 부모님은 그에게 마음을 많이 썼어요. 그림책도 사주고, 여동생이 피아노를 잘 쳤는데 오빠 공부에 방해되니까 피아노를 치지 말라고 하면서 독방도 쓰게 했어요. 이웃집 할머니가 프로이트 엄마에게 이 아이는 장차 훌륭한 애가 될 거라고 하니까 엄마가 우쭐해서 넌 큰 인물이 될 거라고 늘 말했죠. 근데 프로이트는 아직 유명해지지도 않았고, 교수도 못 됐잖아요. 원색 삽화는 앞서 코카인 연구처럼 유아 때 부모의 기대가 좌절된 상황을 보여주는 이미지입니다.

또 하나 원색 삽화가 이렇게 학술 논문에 들어 있다는 것은 지금 자기가 당하는 현실을 상징적으로 보여줍니다. 기껏 정신분석 연구를 세상에 내놨는데 "그게 연구야? 유치하게!" 이런 식으로 동료나 이웃들로부터 받은 비난. 이런 상황이 원색 삽화가 들어간 식물학 연구 논문으로 나타난 것입니다. 오늘날에는 프로이트의《꿈의 해석》이 고전 중의 고전이 됐지만 당시에는 8년 동안 1만 부도 안 팔렸어요. 얼마나 냉대를 받은 겁니까? 자기는 야심만만하게 정신분석학이란 학문을 새로 개척했는데 동료들의 손가락질이나 당한 거죠. 이게 꿈에서는 원색 삽화가 들어간 식물학 논문으로 나온 겁니다. 이처럼 언뜻 보면 식물학 연구 논문 하나 밖에 없지만 앞뒤 맥락을 적용해 풀어보면 프로이트가 계속 고민했던 일들이 꿈에 고스란히 나타나 있습니다. 프로이트는 이런 메커니즘을 다른 꿈에도 똑같이 적용할 수 있다고 봅니다. 압축의 이미지를 적용하면 많은 얘기들을 끄집어 낼 수 있으니까요. 그래서 가장 빠르게 그리고 경제적인 방법으로 꿈의 이미지가 만들어져 표현이 되는 거죠.

꿈과 무의식의 두 번째 법칙은 전치입니다. 전치는 아주 엉뚱하게 보이는 혹은 하찮아 보이는 이미지에 다른 기억의 정서들이 가서 달라붙는 현상을 말합니다. 앞서 이야기했듯이 기억은 두 가지로 이루어집니다. 하나는 '표상Vorstellung'이고, 또 하나는 '정서Affekt'지요. 중요한 건 표상은 지워지거나 변형될 수 있는데 정서는 계속 남는다는 것입니다. 남아 있는 찌꺼기 같은 정서가 그때그때 다른 이미지에 달라붙어 표현되는 것이 바로 전치입니다. 그래서 전치를 적용하면 아까 얘기한 식물학 논문도 마치 과거의 사건을 보여주는 것처럼 해석할 수 있죠. 전치 사례로써 '늑대인간의 꿈'을 들 수 있어요. 왜 늑대인간이냐? 늑대로 변해서가 아니라 늑대 꿈을 꾸니깐 늑대인간이에요.

'크리스마스 전야쯤 됐을 것이다.' 이렇게 이야기를 시작합니다. 방에서 자고 있는데 갑자기 창문이 쫙 열리면서 밖에 있는 큰 호두나무 위에 늑대가 예닐곱 마리 있었대요. 하얀 늑대들이 나무 위에 올라가 자기를 뚫어져라 쳐다보는데 귀가 사냥개 귀처럼 쫑긋하고 꼬리가 엄청 컸다는 거예요. 그래서 너무 무서워서 꼼짝을 할 수 없다가 놀라 소리를 지르며 깼다는 것이죠. 늑대인간은 어렸을 때 이 꿈을 반복해서 꿨습니다. 자, 전치를 적용해 이 꿈의 이미지가 감추고 있는 비밀을 파헤쳐 볼까요. 일단 나무에 늑대들이 있는 게 아주 초현실적이죠. 늑대가 나무에 올라갈 수도 없거니와 더구나 하얀 늑대라니요. 그리고 귀도 쫑긋하고, 꼬리도 큰 하얀 늑대라잖아요. 먼저 하얀색이 주는 이미지가 있겠죠. 늑대인간이 어렸을 때 아버지와 양떼 목장에 갔는데 양들이 병에 걸려서 죽어가던 걸 기억합니다. 죽음과 연관된 이미지가 하얀색으로 나타난 것입니다.

다음 늑대는 무얼 감추고 있는 걸까요? 이제 일반적 문맥도 알아야하는데 유럽에는 늑대에 대해 구전되는 얘기가 많습니다. 우리의 옛이야기에 호랑이가 많이 등장하듯이요. 아까 예닐곱 마리라 그랬죠. 예닐곱 마리는 뭐냐. 〈늑대와 아기염소 일곱 마리〉 동화에 보면 아기염소가 다 잡아먹히고 막내 염소만 남는데 시계 속에 숨어 살아납니다. 늑대인간은 프로이트에게 분석을 받다가 늘 벽시계를 보는 버릇이 있었는데, 왜냐하면 다섯 시가 되면 발작을 일으켰기 때문입니다. 아마 자기가 늑대를 피해 시계 속에 숨은 아기 염소라고 생각한 모양입니다. 숫자 예닐곱은 늑대가 잡아먹은 염소 숫자에 본인을 더한 것이죠. 다섯 시는 로마 숫자 V입니다. 꿈에서는 귀가 쫑긋한 늑대로 나타났습니다. 뒤집으면 로마 숫자 V가 되지요? 그런데 왜 하필 다섯 시냐고 자꾸 물어보니 어렸을 적에 최초 성교를 목격했던 시간이 다섯 시였다고 말합니다. 이때 꿈의 늑대들처럼 꼼짝 않고 숨죽인 채 이 장면을 지켜봤다는 것입니다. 말이 안 되죠. 부모가 아이 옆에서 성교했을 일도 없거니와 실제 했다고 하더라도 두세 살 때 일을 기억한다는 게 말이 안 되잖아요. 그래서 최초 성교에 대한 기억은 늑대인간이 만들어낸 환상으로 해석합니다. 또 늑대인간은 유독 서 있는 늑대만을 무서워했습니다. 서 있는 늑대, 되게 비현실적이지 않아요? 서 있는 늑대는 염소를 잡아먹으려고 살금살금 가는 늑대 또는 성교 시 본 아버지의 자세를 연상시킵니다. 결국 늑대는 일련의 전치의 과정에서 자신을 잡아먹을 수 있고, 자신에게 성적으로 유혹과 위협을 주는 아버지에 대한 기억을 상징합니다. 물론 분석을 통해 그게 드러납니다.

이제 호도나무 얘기를 합시다. 나무 위에 늑대들이 있는데 '크리스마스 전야였던 거 같아요'라는 말 기억나시죠? 어떤 연관성이 있을까요? 나무 위에 뭔가 주렁주렁 매달려 있다면 크리스마스 트리를 떠올릴 수 있잖아요. 크리스마스 트리가 호두나무로 전치되어 나타난 것입니다. 그럼 크리스마스 트리에 얽힌 어떤 정서가 있을까요? 늑대인간의 생일이 크리스마스였던 거예요. 그래서 어렸을 적부터 자기는 크리스마스에 선물을 두 배로 받아야 된다고 부모에게 졸랐던 기억을 얘기합니다. 그러므로 꿈에 보이는 나무는 아버지가 보여주는 애정 같은 거죠. 늑대가 나한테 선물을 줬어야 한다는 소원이 호두나무의 열쇠입니다. 동시에 이 늑대(선물)는 나를 잡아먹지 않을까 두려움을 주기도 하고요.

결론적으로 얘기하면 간단해요. 늑대인간은 아버지에 대한 어떤 동성애적인 콤플렉스를 겪고 있는 것입니다. 동성애에 대한 방어, 이게 신경증과 정신병의 차이에요. 방어를 해서 방어에 성공하지만 그 대가로 신경증을 겪는데 이 불안의 표현이 바로 늑대 꿈입니다. 만약 동성애 콤플렉스 방어에 실패하면 어떻게 될까요? 그럼 방어심리를 일으켰던 원초적인 표상이 환상(꿈)을 거치지 않고 직접 우리를 지배하겠죠. 이게 바로 정신분열증입니다. 슈레버 박사의 경우는 망상에 시달렸지만, 신경증 환자들은 망상에 시달리지 않습니다. 왜냐, 그게 현실이 아닌 것을 알기 때문이죠. 그러면서도 자꾸 심리적으로 거기에 끌리기 때문에 그 콤플렉스를 물리치기 위해 늑대를 무섭게 만들어버리는 거죠. "나 늑대 싫어. 도망갈래" 이런 식으로요. 앞에서 최초 성교에 대한 것을 얘기했는데 최초 성교는 아버지와 엄마랑 성교하는 장면을 말합니다. 왜 그 장면이 떠올랐는지가 중요하죠. 늑대인간이 기억하는 성교장면은 엄마가 엎드려 있고 아버지가 뒤에서 하는 모습입니다. 이건 전형적으로 여성이 취하는 체위라고 늑대인간은 생각했어요. 아까 서 있는 늑대를 늑대인간이 무서워했는데 이 자세가 바로 아버지의 자세입니다. 늑대인간은 무의식적으로 나도 엄마처럼 저렇게 아버지의 사랑을 받고 싶다 생각하면서도, 나는 남자인데 이런 생각은 용납할 수 없다면서 갈등합니다. 이런 갈등이 불안을 만든 것입니다. 불안을 이겨내려다 보니까 늑대를 무섭게 만들어 공포증을 겪는데 이것은 전형적인 방어 작용입니다. 불안은 대상을 찾기 어렵지만 공포증은 그 대상만 피하면 되기 때문입니다. 이처럼 늑대인간의 꿈은 그가 겪고 있는 거세 콤플렉스와 오이디푸스콤플렉스를 잘 보여줍니다. 아버지에 대한 사랑과 공포의 이미지가 늑대인간이 어려서 들은 많은 늑대 얘기로 전치되어 나타난 것입니다. 이 공포의 이미지에는 죽음과 거세를 연상시키는 정서가 깔려 있고요. 물론 여기서 압축도 작용합니다. 이런 연관성은 분석을 통해 드러납니다.

정신분석의 의의와 쟁점

정신 과정은 결국 상호 작용하는 힘들의 충돌이자 타협의 연속입니다. 그것이 증상을 만들고 꿈이나 농담, 실착행위, 말실수 같은 무의식의 형성물을 낳습니다. 그리고 그 근저에는 쾌락원리와 현실원리가 깔려 있습니다. 우리 정신은 쾌락원리와 현실원리의 끊임없는 갈등 속에서 타협점들을 형성하면서 여러 가지 증상을 표현하는 역동적 존재입니다. 심리적 갈등이 가장 잘 드러나는 현상이 꿈입니다. 꿈은 결국 숨겨진 무의식적 욕망의 표현이고 증상도 마찬가지입니다. 나중에 라캉은 증상은 곧 사람이라고 말하기도 합니다. 우리가 겪고 있는 증상은 숨겨진 나의 본질과 무의식을 보여줍니다. 그렇기 때문에 증상을 덮어놓고 부정해서는 안 되고 증상을 통해서 본질, 숨겨져 있는 욕망을 그대로 찾아낼 필요가 있다는 것이죠. 그러면 증상이 완전히 제거의 대상이 되어서는 안 됩니다. 심리학이나 정신의학 치료의 문제점이 바로 이것이기도 합니다. 증상을 부정적으로 볼 것이 아니라 오히려 그것을 통해 진정한 자신을 발견할 필요가 있다는 것이죠. 프로이트가 원래 얘기하려고 했던 심적 현실이 우리가 경험하는 유일한 현실이고 심적 현실을 끊임없이 재구성하게 만들어주는 것은 고갈되지 않는 충동이라는 사고는 오늘날 현대 정신분석 이론에 계승됩니다. 이런 연속성과 단절 지점을 정확히 알 때 정신분석이 도대체 프로이트로 시작돼서 어떤 방향들로 나아가는지 볼 수 있겠죠.

　현대철학에서 정신분석의 의의는, 심리적 현실이 흔히 말하는 의식과 사유뿐 아니라 파토스적인 것과 무의식을 통해 더 많이 구성된다는 것을 알려줬다는 것입니다. 이것과 연관해 몸, 욕망, 충동, 성 이런 개념들이 중요하다는 것을 철학에 일깨워줬습니다. 현실은 의식과 무의식의 복합적 산물로 이루어지는 것이죠. 그중에서도 무의식이 더 결정적이고요. 우리는 무의식을 기초로 인간을 이해하고 의식을 절대화해서는 안 됩니다. 이것이 무의식 혁명입니다. 무의식적 욕망은 마지막에 가서는 쾌락원리를 넘어 죽음충동까지 발전할 정도로 강합니다. 그래서 1930년대 이후로 후기 프로이트는 죽음충동에 대해서 계속 얘기합니다. 그런데 여기서부터 프로이트 계승자들 간의 의견이 갈립니다. 아까도 얘기했듯이 죽음충동을 얘기하는 순간, 정신분석은 난해한 학문이 됩니다. 임상을 계속 하면서 이론을 발전시키다 보니 증상의 의미가 그렇게 단순하지 않고, 죽음충동이 쾌락원리 너머 무언가를 보여주는데 결국 정신분석은 그것을 더 탐구해야 한다고 프로이트가 강조하기 시작하기 때문입니다. 말기에 프로이트는 에로스와 타나토스라는 새로운 대립 쌍을 통해 인간의 삶을 설명합니다. 그런데 프로이트 제자들에게 타나토스는 너무 골치 아픈 개념입니다. 우리 삶에 쾌락원리로 설명이 되지 않는 또 하나의 악마적인 충동이 숨어 있다는 게 타나토스 이론의 핵심이니까요. 결국 제자들은 일정 부분 스승의 입장을 계승하기를 포기하죠. 그런데 타나토스를 끝까지 물고 늘어진 사람이 멜라니 클라인Melanie Klein (1882~1960)과 라캉입니다. 그 지점에서 이제 정신분석 목표나 치료의 방향이 달라집니다. 나중에 라캉에 이르면 치료가 불가능하고 정신분석의 최종 목표는 치료를 넘어선다는 식으로 이론이 발전하는데, 타나토스가 그 출발점이죠. 타나토스 이론을 강조하다보면 더 이상 현실 적응이나 자아 강화가 아니라, 어떤 헤아릴 수 없고 설명 불가능한 인간의 근원적인 충동에 대해서 그 자체로 드러내주는 것이 정신분석의 목표여야 한다는 결론까지 나옵니다. 물론 프로이트는 거기까지 얘기하진 않고 타나토스와 에로스라는 두 가지로 자기 연구의 마지막 문을 닫지만요. 그것이 이후 현대 정신분석 이론의 큰 쟁점입니다. 이점은 프로이트 이후 멜라니 클라인, 안나 프로이트, 라캉 등 많은 정신분석자들 사이에서 논쟁의 지점이 됩니다. 이 글의 결론은 결국 무의식이 인간의 본질이고, 그것으로 우리는 숨겨진 우리 존재의 참 모습을 발견할 수 있다는 것입니다. 물론 이 길은 저항과 의식의 방어를 뚫는 지난한 물음과 탐구를 통해 이루어지는 것입니다. 이런 면에서 정신분석은 진정한 나를 찾는 지적 여정입니다.

···

더 읽어보면
좋은 책

피터 게이, 정영목 옮김, 《프로이트 I·II》, 교양인, 2011.

프로이트 평전이지만 단순한 연대기적 서술이 아니라 그의 사상이
탄생한 배경, 사상의 발달 과정을 주요 에피소드와 함께 살피면서
이해할 수 있게 해준다. 프로이트의 주요 저서와 개념, 그리고 그
책의 배경에 대해서도 개괄적이나마 해설하고 있다. 이것을 통해
프로이트가 고민한 문제들을 이해하면서 정신분석 이론을 더 심층
적으로 이해할 수 있을 것이다.

김석, 《프로이트&라캉》, 김영사, 2010.

프로이트와 그의 비판적 계승자이자 정신분석을 새롭게 혁신한 라
캉이 부딪치고 합쳐지는 주요 사상적 접점을 함께 이해할 수 있
는 책으로, 어느 정도 정신분석에 조예가 있는 독자들에게 추천하
고 싶다. 내용은 어렵지 않지만 정신분석학의 주요 쟁점과 논쟁의
배경을 파악하려면 프로이트와 라캉을 어느 정도 알고 있어야 하
기 때문이다. 이론적 접점뿐 아니라 정신분석의 핵심 이론과 개념
을 둘러싼 지형을 대강이나마 알 수 있게 해주는 것이 이 책의 장
점이다.

•••

지그문트 프로이트, 윤희기·박찬부 옮김,《정신분석학의 근본 개념》,
열린책들, 2003.

국내에 번역된 프로이트 전집은 영역본의 중역인데다 번역도 부
정확한 곳이 많지만, 프로이트의 사상을 직접 살피기 위한 문헌으
로 활용하기에는 적당하다. 보통 프로이트의 저서 중에《꿈의 해
석》을 많이 권하지만 프로이트의 메타심리학에 관한 논문이 수록
된 이 책도 중요성 면에서 떨어지지 않는다. 연구자들이 많이 참고
하는〈나르시시즘 서론〉,〈본능과 그 변화〉,〈쾌락원칙을 넘어서〉,
〈자아와 이드〉등 중요한 논문이 있으니 꼭 읽어보기를 권한다. 이
책을 읽은 후 프로이트의 사회심리 이론을 공부하고 싶다면《문명
속의 불만》(김석희 옮김, 열린책들, 2004)을 추천한다.

장 라플랑슈·장 베르트랑 퐁탈리스, 임진수 옮김,《정신분석 사전》,
2005.

정신분석 용어는 그 자체의 고유한 의미와 역사가 있기에 일상 개
념처럼 대충 이해하면 오해를 할 수 있다. 정신분석 이론을 충실하
게 공부하는 방법 중 하나가 전문용어들을 볼 때마다 사전을 참조
하면서 그 의미를 정확히 파악하는 것이다. 이 책은 프로이트 정신
분석 사전으로 가장 권위를 인정받는 책이다. 조금 개념이 어렵지
만 반복적으로 읽다보면 프로이트의 사상을 이해하는 데 큰 도움
이 될 것이다.

프리드리히 니체가
제시한
미래철학의 서곡,
관계론

—

백승영

프리드리히 니체
Friedrich Nietzsche(1844~1900)

프리드리히 빌헬름 니체는 1844년 목사 가문의 장남으로 태어났다. 1864년에 본Bonn 대학에서 신학과 고전문헌학 공부를 시작한다. 다음 해 라이프치히 대학으로 옮겨 쇼펜하우어의 《의지와 표상으로서의 세계》를 발견하고 철학에 매료된다. 1869년 바젤대학 고전어 및 고전문학 원외교수로 위촉되고, 그 후 라이프치히 대학에서 박사학위를 취득한다. 1870년 바젤 대학 고전문헌학 정교수가 된다. 고전문헌학계의 총아였던 니체는 이미 문헌학에 대해 짙은 회의를 품고 있었기에, 철학으로의 방향전환을 적극적으로 모색한다. 그 모색은 쇼펜하우어 철학과 낭만적 염세주의의 색채가 가득한 《비극의 탄생》이라는 첫 철학적 저술로 표출된다. 이후 니체는 철학자로서 대담한 행보를 이어가며 《반시대적 고찰》, 《인간적인 너무나 인간적인》, 《아침놀》, 《즐거운 학문》을 연이어 출간한다.

또한 '긍정의 철학'으로 대표되는 그의 후기 철학은 철학의 고전뿐만 아니라, 당대의 심리학이나 범죄학, 법학 등을 넘어 생리학이나 물리학 등의 자연과학에 이르는 폭넓은 관심과 독서를 통해 준비된 것이다. 그 결과물들이 《차라투스트라는 이렇게 말했다》, 《선악의 저편》, 《도덕의 계보》이다. 《차라투스트라는 이렇게 말했다》의 4부 집필을 마치면서 니체는 《힘에의 의지》를 자신의 주저이자 이론서로 기획하기 시작한다. 하지만 3년에 걸친 그 기획을 결국엔 포기하고 준비했던 자료들을 주제별로 묶어 출간시킨다. 바그너 비판과 현대성 비판을 연계시킨 《바그너의 경우》와 《니체 대 바그너》, 데카당스 현대성과 그리스도교 비판을 매개한 《우상의 황혼》과 《안티크리스트》, 탁월한 철학적 자서전인 《이 사람을 보라》, 철학적 산문시 《디오니소스 송가》가 그 산물이다. 1888년 말 불행의 징조가 보이기 시작하고, 1889년 1월의 토리노에서의 졸도 사건 이후 10년간 강도를 더해가는 정신착란의 상태로 지낸다. 1900년 8월 25일 긴 어둠의 길로 들어선다.

본문에서 인용한 니체의 글은 니체 전집인 KGW: 《니체 전집》 *F. Nietzche, Werke, Kritische Gesamtausgabe* G. Colli & M.Montinari(Hg.), Berlin/New York, 1967ff에서 인용한다.

미래철학의 서곡과 관계론

19세기 말, 니체는 자신의 철학을 '새로운 철학'의 '시작'이라고 생각했습니다. 그의 진단은 적중했지요. 니체 철학이 갖고 있던 독보적 미래성은 곧 오늘날의 현대성이 됐기 때문입니다. 그가《선악의 저편》에 달아주었던 부제 '미래철학의 서곡 Vorspiel der Philosophie der Zukunft'은《선악의 저편》을 넘어서 그의 철학 전체의 성격을 규정합니다. 니체가 제시했던 탈형이상학적 전회, 본질주의와의 결별, 중심주의 모델 및 절대주의 모델의 파기, 다원주의 모델을 통한 일원론 극복 프로그램, 그리고 실체론으로부터 관계론Relationalismus●으로의 전환 등은 철학의 제 영역에서 발생한 현대적 지각변동의 단초이자 토대가 됐습니다. 이중에서도 실체론으로부터 관계론으로의 전환은 니체 철학의 정체성을 보여주는 결정적 역할을 합니다. 물론 니체 철학은 수많은 얼굴을 갖고 있는 다면체 철학입니다. 하지만 청년기의 낭만적이고도 염세적인 멜랑콜리를 지워버린 성숙한 니체 철학은 '긍정의 철학'을 대표 얼굴로 갖고 있습니다. 긍정의 철학은 존재하는 모든 것을 운동하고 변화하고 생성하는 것으로 설명하고, 생성적 성격을 갖는 모든

● **관계론**

관계론 모델은 철학 영역을 넘어서도 소쉬르의 언어학 및 기호학, 코헨의 색채 이론, 만하임이나 호이슬링의 관계(론)적 사회학, 그리고 양자역학에서도 발견된다. 관계성에 대한 인식은 (동양 사유에서는) 불교의 특징이기도 하다. 그것은 '상호의존적 발생' 혹은 '관계적 발생'이라는 연기緣起, pratityasamutpada의 사전적 정의에서도 이미 확인된다. "이것이 있으면 저것이 있고, 이것이 일어나면 저것이 일어난다. 이것이 없으면 저것이 없고, 이것이 소멸하면 저것이 소멸한다."《상응부경전》 II, 65, 70, 78 등)

것에 대한 유보 없는 긍정 가능성을 철학적으로 확보해내는 것을 과제로 삼고 있습니다.

이 과제는 존재론에서부터 시작하여 인식론, 도덕론을 거쳐 사회·정치론 및 법론에 이르기까지 그의 철학 전체에서 수행되며, 거기서 관계론 패러다임은 토대적 사유의 역할을 합니다. 그것도 서양철학의 역사를 통틀어 전무후무한 형태인, '힘에의 의지 Wille zur Macht의 관계론'으로 말입니다. 이 관계론은 독립적 개체성이 불가능하다는 것을 보여주면서 상대주의라는 다원성의 아포리아를 해소하는 다원주의를 제공하고, 부분과 전체에 대한 우선순위 없는 공속관계를 보여주면서 전체주의적 위험이 사라진 부분과 전체의 모델을 제시하는 아주 흥미로운 사유입니다. 그런데 이보다 더 흥미로운 점은 그것이 존재하는 모든 것에 대한 '인정'과 '긍정'을 실천적 파토스로 요청한다는 점입니다. 그래서 생성적 세계와 인간에 대한 무조건적 긍정 가능성을 철학적으로 확보하려는 니체 철학의 과제 수행에 이 관계론 모델은 토대이자 핵심적인 역할을 하는 것입니다.

철학적 관계론은 '존재하는 모든 것(사물이든 사건이든 사태든)은 그 존재와 본성과 의미가 관계적 구축의 형태로 이해돼야 한다'는 기본 입장을 갖고 있습니다. 그래서 그것은 실체론(및 본질론)에 대한 근본적인 대립 관점입니다. 이런 관계론적 사유는 서양철학사에서 제법 오랜 전통을 갖고 있습니다. 그것은 헤라클레이토스Heraclitus of Ephesus(BC 540?~BC 480?)의 만물유전설로까지 소급되고, 니콜라우스 쿠사누스Nicolaus Cusanus(1401~1464)가 이미 체계적인 시도를 보여줬지요. 하지만 실체론과 본질론을 대체하는 기능을 일정 정도의 체계성을 갖춘 형태로 보여준 사유 모델로서는 근대철학과 함께 등장합니다. 그러나 라이프니츠Gottfried Wilhelm von Leibniz(1646~1716)의 탈실체론적 시·공간 이론 및 살아 있는 힘 vis activa 개념, 개체들의 연관connexio에 관한 스피노자Baruch de Spinoza(1632~1677)의 이해는 물론이고, 리케르트Heinrich Rickert (1863~1936)의 대상 이론에서도 여전히 실체론적 사유 방식은 잔재합니다. 니체의 관계론은 이런 잔재를 완전히 해소시키고 관계론의 긍정적 측면을 적극적으로 구성하는 역할을 담당합니다. 이후 현대철학의 제 영역은 관계론 모델을 본격적으로 활용하고요. 구조주의와 포스트구조주의는 물론이고, 하이데거의 후기 철학과 들뢰즈Gilles Deleuze(1925~1995)의 존재론, 현상학과 해석학, 화이트헤드Alfred North Whitehead(1861~1947)의 과정철학은 그 전형적인 경우라고 할 수 있습니다. 물론 현대철학의 제 영역이 보여주는 관계론 모델은 니체의 그것과 동일시할 수도 없고, 동일시해서도 안 됩니다. 하지만 니체의 관계론이 관계론의 현대적 모델의 형성에 서곡 역할을 했다는 것은 분명한 사실입니다.

힘에의 의지라는 방법 개념,
관계론의 기본 입장을 제시하다

니체가 제시한 관계론의 토대 개념은 '힘에의 의지Wille zur Macht'입니다. 힘에의 의지 개념은 니체가 쇼펜하우어Arthur Schopenhauer(1778~1860)의 의지철학과 라이프니츠의 자연철학, 마키아벨리 Niccolò Machiavelli(1469~1527)와 투키디데스Thukydides(BC 460?~BC 400?)의 권력 개념, 그리고 힘 - 질료 논쟁과 동역학적 세계관 및 생리학 등의 당대의 자연과학 및 자연철학의 성과를 수용해서 구성한 것으로, 니체는 이 개념을 자신의 전 철학을 관통하는 유일한 설명 원리로 사용합니다.(그래서 니체 철학은 총체적 환원주의라는 비판에서 자유로울 수 없습니다) 존재론, 인식론, 도덕론, 예술론 및 미론, 사회·정치·법론에 이르기까지 예외는 없습니다. 니체의 파편적 글쓰기나 체계에 대한 불신, 외관상의 우후죽순에도 불구하고, 그의 이론철학과 실천철학의 핵심 테제가 이론적 정합성을 확보하는 것은 결코 우연이 아닙니다.

니체에게 이 세계는 다수plural의 힘에의 의지들의 거대한 관계 네트워크입니다. 힘에의 의지는 주지하다시피 '항상 힘 상승과 강화와 지배를 추구하는 의지작용'입니다. 지배와 더 많은 힘 그리고 더 강해짐에 대한 추구는 의지들에 내재하는 본성입니다. 즉 모든 의지는 힘의 상승과 강화 및 지배를 추구하지요. 그래서 힘에의 의지는 다른 의지들 외부에 독립적으로 존립하는 제3의 의지가 아닙니다. 오히려 의지들은 그것이 의지인 한에서 힘 상승을 추구하며, 그래서 모든 의지를 힘에의 의지라는 명칭으로 부를 수 있는 것입니다. 세계는 이런 힘에의 의지들이 구성해내는 관계 - 세계인 것이고요.

이 세계는 힘에의 의지다. 그 외의 아무 것도 아니다. 너희 역시 이 힘에의 의지다. 그 외의 아무 것도 아니다.(《유고》 KGW VII 3 38[12], 339)

[힘에의 의지] 세계는 본질적으로 관계 – 세계다.(《유고》 KGW VIII 3 14[93], 63)

이런 힘에의 의지의 존재적 특징 및 역동적 운동 방식은 니체적 관계론의 특징을 집약적으로 보여줍니다.(힘에의 의지는 활동과 운동이 바로 존재 양식인 한에서 존재적 특징과 운동 방식을 분리할 수는 없지만, 설명의 필요성으로 인해 구분해서 다루기로 합니다) 먼저 힘에의 의지가 보여주는 존재적 측면에서의 특징은 그것이 비실체적 – 비원자적이라는 것입니다. 힘에의 의지가 실체적 존립을 할 수 없다는 것은 두 가지 의미에서입니다.

첫째, 힘에의 의지의 관계 네트워크에서 특정 힘에의 의지 A의 '자존적'인 존립은 불가능합니다. A의 존재는 나머지 힘에의 의지들 전체와의 '힘 싸움Machtkampf으로서의 관계 맺음'을 통해서 비로소 가능하기 때문입니다. '항상 힘 상승과 강화와 지배를 추구하는' 의지작용은 힘 싸움관계와 그 힘 싸움의 대상들이 있어야만 지속됩니다. 자신의 힘을 행사하게 해주고 힘 상승의 느낌을 얻게 해주는 적수와 이 적수들과의 힘 경쟁관계를 필요로 한다는 것이지요. 이렇듯 힘에의 의지 A가 힘에의 의지일 수 있는 것은 다른 힘에의 의지들 덕분이며, 힘에의 의지의 존재 자체가 관계적이기에, 그것은 단수로는 존립할 수 없는, '힘에의 의지들'인 것입니다. 둘째, 힘에의 의지는 의지작용을 불러일으키고 의지작용이 사라진 후에도 남아 있는 그 무엇이 아닙니다. 그래서 의지작용의 담지자이면서 의지작용과 분리되어도 존속하는 '행위자actor'로서의 자존성을 확보할 수 없습니다. 힘에의 의지는 '의지작용' 즉 행위이자 작용일 뿐입니다. 마치 '번개'처럼 말이죠. 번개는 구름, 먼지, 습기, 염분 등이 긴밀하게 상호작용하여 응축 시킨, 대기 중의 전기 방전 현상인 '번쩍임'이지요. 그래서 움직임이자 행위일 뿐입니다. 이 '번쩍임'이라는 행위의 담지자 역할을 하면서, 번쩍임이 사라진 후에도 존속하는 '번개'라는 행위자-실체는 존재하지 않습니다.

그것은 마치 사람들이 번개를 섬광에서 분리하여 후자를 번개라 불리는 어떤 주체의 활동이며 작용이라고 가정하는 것과 마찬가지다. (…) 그러나 그러한 기체는 존재하지 않는다: 활동, 작용, 생성 뒤에는 어떤 존재도 없다.(《도덕의 계보》 I 13: KGW VI 2, 293)

비록 우리가 사용하는 언어 문법이 '번개가 번쩍인다'라고 하면서, 마치 번개를 '번쩍임'의 담지자이자 행위자-실체로 표상하도록 유도해도, 그것은 주어-술어 문법에서 연유된 의미론적 습관일 뿐 사태에 대한 적확한 표현은 아닙니다. 우리의 언어에서 주어-술어 문법은 늘 술어의 주체 역할을 하는 주어를 필요로 하고, 그것에 해당하는 것이 없을 경우에는 가주어it, es라도 만들지요. 그만큼 우리의 주어-술어 문법 습관은 견고하며, 그 습관이 우리에게 술어-행위의 담지자이자 행위자인 주어-주체를 상정하게 하는 것입니다. 하지만 '번개가 번쩍인다'라는 문법이 실제로 의미하는 것은 '번쩍임' 외에는 아무 것도 없습니다. 물론 '힘에의 의지가 작용한다'고 표현할 수는 있습니다만, 번개가 번쩍임으로부터 분리되는 행위자-실체가 아니듯이, 힘에의 의지도 마찬가지이며, 그래서 '힘에의 의지가 작용한다'는 표현 역시 의미론적 습관일 뿐입니다. 이렇듯 힘에의 의지가 실체가 아니기에 그것은 당연히 원자적 존립 방식도 갖지 않습니다. 즉 이러 저러한 개체로서의 힘에의 의지 A, B가 먼저 독립적으로 존재하고, 그 이후에 다른 힘에의 의지들과 관계를 맺거나 관계를 끊거나 하는 것이 아니라는 말입니다. 오히려 힘에의 의지들은 앞서 제시했듯이 다른 힘에의 의지들과의 힘 싸움관계를 통해서만, 그리고 그 힘 싸움관계가 지속되는 한에서만, 힘에의 의지로서 존립할 수 있는 것입니다. 힘에의 의지의 존재 자체가 보여주는 이런 관계적 측면은 힘에의 의지의 운동 방식을 통해 좀 더 선명해집니다.

힘에의 의지는 '관계적 역동성Dynamismus'이라는 특징을 갖는 운동을 합니다. 힘 싸움이 갖고 있는 관계적 운동 때문입니다. 힘에의 의지 A의 운동은 A의 내부와 A의 외부(나머지 힘에의 의지들 B, C, D… 등 전체)와의 '동시적'이고 '쌍방향적'인 '상호관계'의 결과입니다. A에 고유한 A만의 내적 원인이 따로 있어서 그것만이 A를 움직이게 하거나, A가 맺고 있는 외적관계만이 원인으로 작용하여 A를 촉발시키는 것이 아니죠. 또한 A의 이른바 내적 원인이 먼저 움직이고, 그것이 외부의 작용을 나중에 촉발하거나, 혹은 그 반대의 경우도 발생하지 않습니다. 오히려 A의 운동은 유기적으로 연계되어 있는 나머지 세계 전체와의 '동시적'이고 '쌍방향적인' '상호작용'으로서의 '힘 싸움관계'가 불러일으킵니다. 따라서 A는 전적으로 내부로부터만 나오는 운동을 할 수도 없고, 전적으로 외부에 의해 촉발되는 운동을 할 수도 없습니다. 게다가 A의 이른바 '내적' 원인이라는 것도 이미 형용모순입니다. 내적 원인이라는 것 역시 외부 세계와 시간적으로 동시에 일어나는 상호관계의 산물이기 때문이죠. 이런 동시적 상호관계는 곧 A에게서 내부와 외부의 구분 자체를 말할 수 없게 만듭니다. 내부와 외부의 구분 자체가 형용모순인 것입니다. 작용과 반작용, 능동과 수동이라는 구분도 마찬가지입니다. 시간상으로 먼저 작용을 가하고, 그 작용에 대응하는 반작용으로서의 운동이라는 것, 순수한 능동적 운동과 수동적 운동이라는 것은 동시적이고 쌍방향적인 상호관계로서의 힘 싸움에서는 불가능합니다. 힘에의 의지의 운동은 이렇듯 외적관계inter-relation와 내적관계intra-relation, 작용과 반작용, 능동과 수동이 분리 불가능하게 '혼융'되고 '융합'되어 verschmelzen 있는 매우 독특한 운동이지요. 이런 운동을 하기에 특정 힘에의 의지 A가 움직였다는 것은 곧 그것이 속해 있는 관계세계 전체가 동시에 움직였다는 것을 의미할 수밖에 없습니다.

이런 운동 방식, 즉 동시적 – 쌍방향적 – 상호작용으로서의 힘 싸움 방식은 '힘'을 매개로 하는 역동적인 것입니다. 니체는 이 운동 방식을 전통적인 운동 설명 장치와 언어를 사용하지 않고 철학적으로 설명해야 하는 부담을 안게 됩니다. 운동에 대한 전통적인 설명 모델의 근본 패러다임들인 인과론이나 기계론은 힘에의 의지의 역동성을 설명할 수 없다는 판단 때문입니다.(다음 절의 〈인과론 및 기계론과의 결별〉 참조) 니체는 새로운 철학적 개념들을 고안하려고 많은 고민을 합니다. 하지만 이미 사용되고 있는 설명 범주를 전혀 사용하지 않는 새로운 언어를 창출해내는 것은 결코 쉬운 일이 아니지요. 니체가 처했었던 다른 상황, 즉 '본질essence'이라는 단어 자체가 생성의 법칙에 위배되기에 사용하지 않으려 했지만, essence가 갖고 있는 의미를 표현해줄 다른 표현 방식을 찾기가 쉽지 않아 다시 essence라는 단어를 사용할 수밖에 없었던 상황과 유사합니다. 아마도 그는 우리나라 복분자 광고에 등장한 회사 사장님처럼 머리를 긁적거리며 '좋기는 좋은 건데 도대체 설명할 방법이 없네'라고 중얼거렸을지도 모르겠습니다. 언어 습관의 위력과 언어의 한계를 제대로 느끼면서 말이죠. 니체가 힘에의 의지를 설명하면서 비개념적이고도 비철학적으로 들리는 표현들, 예를 들어 서로 얽혀서 안으로 침투해 들어가는 '상입Ineindaner', 혹은 모든 에너지가 한데로 응축되었다가 분출되는 '폭발Explosion', 혹은 '파토스pathos' 등을 동원하는 것도 바로 이런 이유에서입니다.

차례차례Nacheinander의 문제가 아니다. 오히려 상입의 문제이며, 개개의 것들이 이어지는 시점에서 원인과 결과로 서로를 조건 짓지 않는 과정의 문제인 것이다.(《유고》 KGW VIII 1 2[139], 134)

힘에의 의지는 존재도 아니고 생성도 아니다. 오히려 파토스가 가장 원초적인 사실이며, 이것으로부터 비로소 생성과 작용이 발생한다.(《유고》 KGW VIII 3 14[79], 51)

힘에의 의지의 관계론의 또 다른 특징은 힘 싸움의 양식에서 확인됩니다. 힘 상승과 지배를 원하는 힘 싸움에서는 힘의 정도에 따른 질서가 형성됩니다. 이기고 지는 의지들이, 지배하고 지배 당하는 의지들이 있는 것이죠. 하지만 거기서의 지배와 피지배의 관계는 일시적입니다. 힘의 질서가 결정되는 그 순간 힘에의 의지들은 다시 힘 상승과 지배를 추구합니다. 그것은 힘에의 의지의 또 다른 운동법칙인 '힘 소비의 극대경제 Maximal-Ökonomie des [Kraft]verbrauchs'와 '힘에의 의지의 자신의 본성으로의 영원회귀 Ewige Wiederkehr des Gleichen' 덕분입니다. 즉 힘에의 의지는 힘 상승과 지배를 위해 자신이 가지고 있는 에너지를 최대한 발휘합니다(힘 소비의 극대경제). 이것은 힘에의 의지의 본성이자 작용법칙입니다. 그런데 힘 소비의 극대경제는 특정 순간에만 구현되는 것이 아니라, '늘' '매 순간' 구현됩니다. 자신의 최대 상태에 도달한 바로 그 순간 힘에의 의지는 자신의 본성으로 다시 돌아오기(힘에의 의지의 자신의 본성으로의 영원회귀) 때문입니다('힘에의 의지의 자신의 본성으로의 영원회귀'는 '힘에의 의지의 본성에 따른 활동'에 대한 수사적 표현입니다. 또한 영원회귀 사유는 니체 철학에서 다양한 방식으로 등장하며, 다양한 기능을 합니다. 힘에의 의지의 작용법칙으로서의 기능은 그중 하나입니다. 자세한 것은 백승영,《니체, 디오니소스적 긍정의 철학》, 215~230, 362~378쪽 참조) '항상' 더 많은 힘을 원하고 지배를 원하는 자신의 본성으로 말이죠. 그래야 힘 소비의 극대경제가 다시 추구될 수 있습니다. 이렇듯 힘 소비의 극대경제가 중단 없이 지속될 수 있는 것은 힘에의 의지의 자신의 본성으로의 중단 없는 회귀 때문입니다. 이런 방식으로 힘 소비의 극대경제와 영원회귀는 동전의 양면관계를 형성하면서 힘에의 의지의 운동 방식이 되는 것입니다. 힘 싸움관계가 '늘' '저항하는 복종과 명령'이라는 형식을 갖는 것도 바로 이런 이유에서입니다. 물론 힘의 순간적인 질서가 형성되는 힘 싸움에서는 A가 계속 이길 수도 있습니다. A가 다른 의지들보다 더 큰 힘을 계속해서 유지하는 것도 가능하기 때문입니다.

이런 방식의 운동에서 A는 그것이 힘에의 의지인 한에서 결코

B나 C의 무화나 멸절을 의도하지 않습니다. 비록 A의 B에 대한 명령과 지배가 압제적이거나 폭압적으로 이루어질 수는 있습니다만, B를 완전히 패퇴시킬 수 없지요. 그렇지 않다면 A와 B의 힘 싸움관계가 종결돼버릴 것이며, '저항하는 복종'도 '힘 사용의 극대경제'도 일어나지 않을 것이기 때문입니다. B 없이 A 혼자만의 힘 싸움관계라는 것은 없지요. 그리고 B 없이 A만의 홀로서기는 A가 힘에의 의지임을 포기하는 것과 같습니다. A가 힘에의 의지인 한에서, 즉 '늘' 힘의 강화와 상승과 지배를 추구하는 의지작용인 한에서 대적적 힘의 존재는 필수불가결한 것입니다. 게다가 A의 힘 상승에 대한 추구는 그것에 대적하는 B의 힘이 크면 클수록 더욱 커집니다. 그래서 B의 대적적 힘을 강화시키고 고무시키고 촉발시키는 것이 A에게 더 유리합니다. 경쟁자가 훌륭할수록 나를 발전시키려는 욕구가 더 강해지는 것과 마찬가지지요. 그래서 힘에의 의지들의 세계에서는 A가 진정한 B의 적이라면, A는 B의 진정한 벗입니다. 이런 상황에서 A는 B의 존재를 존중하고, B의 지속적인 힘의 상승을 꾀하지 않을 수 없습니다. 그 역도 마찬가지입니다. 일종의 윈-윈 게임이 벌어지는 것이지요.

힘에의 의지들이 이루어내는 관계세계는 바로 이런 모습입니다. 동시적이고 쌍방향적인 상호작용과 적에 대한 적극적 인정. 이것이 니체가 제시하는 관계론의 핵심입니다.

인과론 및 기계론과의 결별

힘에의 의지의 운동이 '동시적 – 쌍방향적 – 상호작용'이 이루어내
는 역동적 운동이기에, 그것은 전통적인 운동 설명 모델이 전제했
던 기본 패러다임들, 예컨대 전통적인 인과론 모델이나 기계론 모
델로는 설명될 수 없습니다. 먼저 전통적인 인과론은 두 가지 측
면에서 힘에의 의지의 '생기生起,Geschehen(=힘에의 의지의 활동) 현상
자체를 망각'하는 해석 방식일 뿐입니다.

> 원인과 결과에 대한 믿음은 핵심 사항을 언제나 망각한다: 생기 자체를.
> 《유고》KGW VIII 3 14[81], 52)

첫째, '행위자 모형'을 전제하기 때문입니다. 아리스토텔레스 이
후 인과율의 고전적 형태는 원인을 일종의 행위자actor로 상정합
니다. 그것은 특정 행위와 운동을 야기시키고 촉발시키는 것, 즉
접촉작용action-at-contact의 담지자이며, 행위나 운동과 분리될 수
있고, 그 행위나 운동이 중지되어도 여전히 존립하는 그 무엇입니
다. 그래서 행위자 모형은 곧 행위자 – 실체를 전제합니다. 하지만
힘에의 의지에서는 의지작용과 분리되고, 그것을 촉발시키는 실
체적 행위자 역할을 하는 '그 무엇'이 없습니다. 의지는 그것이 더
많은 힘을 추구하는 의지인 이상, 비록 명사형으로 표현되어 있더
라도 늘 동사일 뿐이기 때문입니다. 둘째, 원인과 결과 모형은 조
건지음과 조건지어짐의 관계에 있습니다. 그래서 능동과 수동, 작
용과 반작용이 구분되고 분리됩니다. 이런 관계는 일방향적입니다.

하지만 생기의 운동은 쌍방향적입니다. 셋째, 전통적인 인과율은 시간의 선후관계를 전제합니다. 원인이 되는 사태는 결과적 사태보다 선행합니다. 하지만 힘에의 의지의 운동은 '동시적'인 운동입니다. 이런 이유에서 전통적인 인과론 모델은 힘에의 의지의 관계적 역동성을 설명하는 장치로 사용될 수 없습니다.

기계론의 경우도 마찬가지입니다. 18세기까지 유지되던 데카르트적 기계론 프로그램이나 물리학의 역동적 원자주의가 보여준 기계론은 힘에의 의지의 역동적 운동에 대한 적절한 설명을 제공할 수 없습니다. 먼저 데카르트가 제시하고 18세기 프랑스에서 만개한 기계론은 힘을 포함하지 않고 물체의 운동을 분석하는 방식인 운동학Kinematics입니다.(반면 동역학적 설명 모델은 힘을 고려하며, 그 시작은 뉴턴입니다. 그는 지표면에서 모든 물체에 보편적으로 적용하는 특정 힘(만유인력)을 인정합니다.) 《철학원리》에서 데카르트는 물리 현상을 '압력'과 '충돌'의 관계를 토대로 하는 운동과 자기보존명제로 환원하려고 합니다. 모든 운동은 외적 원인이 그것을 변화시킬 때까지 그 상태를 유지하려 하고, 운동은 직선적 형태로 이어지며, 충돌에서 운동의 크기는 유지된다는 것이죠. 이처럼 기계론은 '압력과 충돌'('원자들의 춤')이라는 관계를 전제합니다. 하지만 힘에의 의지의 운동은 탈행위자 모형을 전제하고, 힘 싸움관계를 특징으로 하는 운동을 하기에, 기계론 모델은 적용될 수 없습니다.

그러므로 세계에 대한 기계론을 이론적으로 견지하려면 (…) 두 가지 허구를 유보 조건으로 달아두어야 한다: 운동 개념과 원자=단일성 개념.(《유고》 KGW VIII 3 14[79], 51)

뉴턴이 만유인력의 힘을 인정하고, 그 힘의 사용을 원격 작용 action at a distance으로 상정한 이후, 데카르트적 프로그램은 동역학 프로그램에 의해 대체됩니다. 그런데 이 프로그램은 '질료'들 사이에 끌어당기고 충돌하는 '힘'에 의해 모든 현상을 설명하려고 하는 역동적 원자주의 Dynamischer Atomismus를 형성시킵니다. 니체가 '질료에 대한 힘의 승리'라고 이해했던 보스코비치 R. Boscovich(1711~1787)마저도 질료적 '원자' 개념을 사용하면서 역동적 원자주의의 대표주자가 되지요.(《선악의 저편》 12: KGW VI 2, 20) 이런 역동적 원자주의라는 물리학적 – 자연철학적 운동 설명 방식 역시 힘에의 의지 운동을 적절하게 표현해줄 수 없습니다. 힘에의 의지는 질료적 원자로서의 개체가 아니기 때문입니다. 오히려 그것은 의지의 힘이며, 그것도 처음부터 다른 의지의 힘들과 연계되어 한데 모여 응축되어서 '폭발'하는 것 같은, 서로 얽혀 침투해 들어가는 '상입'과 같은 운동을 하기 때문입니다.

> 여기서 [기계론]는 무언가가 움직이게 한다는 것이 우리 생각의 밑에 언제나 깔려 있다. — 그것이 작은 덩어리 — 원자라는 허구이건, 아니면 언제나 작용을 가하고 있는 어떤 것이 여전히 생각되고 있는 것이다.(《유고》 KGW VIII 3 14[79], 50)

전통적인 인과론이나 기계론이 이렇듯 힘에의 의지의 생기 현상에 대한 적절한 설명 방식이 아니라면, 도대체 우리는 왜 그런 해명 방식을 사용했던 것일까요? 니체는 그 이유를 두 설명 방식이 갖고 있는 해석적 유용성에서 찾습니다. 즉 그것들은 매우 복잡한 생기의 세계를 형식화하고 정식화하여 우리에게 이해 가능하게 알려주는 기호이자 해석이라는 것입니다. 그것은 특정 생기 현상에 맞닥뜨렸을 때 우리가 느끼는 낯설음을 제어하고 공포를 해소시켜, 우리의 삶의 조건으로 활용할 수 있게 만듭니다. 그렇다면 인과론이나 기계론이라는 해석적 기호가 갖고 있는 필연성이라는 것도 선험적 근거나 논리적 정당성이 제공하는 것이 아니라, 유용성에 입각한 그러니까, '실용적 필연성'에 불과한 것입니다.

관계론이 제시하는 내재적 필연성
그리고 결정론과의 차이

힘에의 의지의 역동운동은 세계의 모든 계기와 사건 및 사태의 필연성을 주장하는 매우 강한 논거의 역할을 합니다. 힘에의 의지의 세계에서는 우연이 없습니다. 물론 불필요한 것도 없습니다.("모든 것이 단적으로 연결되고 조건지어진 현실 세계 안에서 무엇인가에 대해 유죄판결을 내리고 그것을 없는 것으로 생각한다는 것은, 모든 것을 없는 것으로 생각하고 유죄판결을 내린다는 것을 의미한다."《유고》 KGW VIII 3 14[153], 130) 그 세계의 모든 계기와 사태는 '필연'이며, 그것도 '자족적(자기 목적적-자기 충족적) 필연성'을 확보하지요. 니체가 자신의 철학적 과제 중의 하나로 "우연의 지배로부터 벗어나는 것"(《이 사람을 보라》,《나는 왜 이렇게 좋은 책들을 쓰는지》 아침놀 2: KGW VI 3, 328)을 제시하는 것도 결코 우연이 아닙니다. 이런 과제는 전통적인 형이상학적 이분법 및 일원론 철학에 대한 니체의 심층적인 불만 때문에 설정된 것입니다. 형이상학적 이분법이란 세계를 존재(의 세계)와 생성(의 세계)으로 이원화하고, 전자에 후자에 대한 존재적·인식적·가치적 우위를 부여하는 사유 방식입니다. 이런 이분법은 (초월적) 목적론과 공고하게 결합되어 있습니다. 그래서 존재에 완전성, 필연성, 목적 그 자체라는 의미를 부여하고, 생성에는 불완전성, 우연성, 목적에 이르는 과정이나 수단이라는 성격을 부여하지요. 우리가 살고 있는 이 세계는 생성법칙이 작용하고 있기에, 과정이나 단계로서의 의미, 존재의 필연성에 의존해서 확보되는 우연성을 갖게 됩니다. 플라톤의 이데아론이나 중세의 신 중심 철학을 생각해보면 이해가 되실 겁니다. 이데아나 신이라는 명칭을 지닌 플라톤Platon(BC 427~BC 347)과 토마스 아퀴나스Thomas Aquinas(1224~1274)의 '존재'는 생성적 현상 세계의 존재 근거이자 의미 근거이자 가치 근거 역할을 하지요. 이런 사유 방식은 생성하는 현상 세계에 대한 부정의식을 유도합니다.

세계의 내재적 필연성을 확보하려 했던 일원론 철학의 경우에도, 여전히 자족적 필연성을 확보하지는 못했다고 니체는 생각합니다. 스피노자의 철학처럼 말이죠. 스피노자는 근대철학에서 최초로 이원론을 벗어나 내재적 일원론을 제시하면서 니체로부터 '선배' 칭호를 얻기도 하지만, 그의 내재성의 철학에서 양태의 필연성은 실체의 필연성에 의존하기에, 양태로서의 이 세계는 여전히 자족적 필연성을 확보하지 못합니다. 그래서 니체는 스피노자의 철학에도 이원론의 잔재가 양상만 달리할 뿐 지속되고 있다고 생각하는 것입니다. 이런 사유 전통이 니체는 유감스러웠습니다. 우리가 살아가는 세계는 이 세계, 생성적 세계일 뿐인데, 어째서 우리는 우리에게 유일한 이 세계의 자족적 필연성을 확보하려 하지 않는 것일까? 어째서 우리는 이원론이나 그 잔재에 만족한 채로, 우리에게 유일한 이 세계의 의미와 가치를 축소하는 것일까? 어째서 우리는 이 세계를 그 자체로 최고의 것으로, 그 자체로 바랄 만한 것으로 긍정하려 하지 않는가? 이것이 전통철학에 대한 니체의 불만 가득한 의구심이었고 그런 철학은 전도되어야 한다고 생각했던 것이죠.

니체 철학은 이 세계를 긍정하는 철학이고자 합니다. 그래서 이 세계의 '자족적' '필연성'을 확보하려 합니다. 이것은 두 가지 절차를 통해 진행됩니다. 먼저 힘에의 의지의 동시적 상입이라는 운동을 구성해내는 각 계기들(힘에의 의지들)은 그것들이 이루어내는 세계 전체에 동등한 자격으로 참여합니다. 거기서는 힘의 크고 작음이 전혀 문제시되지 않으며, 동등한 의미와 가치를 지닙니다. 그래서 힘에의 의지들의 세계에서는 '하나'의 중심은 없고, 중심은 '어디에나' 있는 것이지요. 모든 계기가 중심이기에 없어도 되는 것도 없습니다. 또한 각 계기들의 동등한 참여는 철저히 힘에의 의지의 작용법칙에 입각한 합법칙성을 보여줍니다. 그 합법칙적 운동은 예외를 허락하지도, 임의적으로나 자의적으로 변경될 수도 없습니다. 우연으로 보이는 것도 결국은 힘에의 의지의 합법칙적 관계망의 원격작용action at a distance의 결과일 뿐입니다. 이렇듯 세계의 모든 계기와 사건은 힘에의 의지의 합법칙적 운동이 보증하는 필연성을 확보합니다. 거기서는 니체의 표현처럼 '불가능한 것은 결코 가능할 수 없습니다'. 힘에의 의지가 힘에의 의지의 본성과 작용법칙에 따르지 않는 경우는 없다는 말입니다.

세계의 운행 및 그 밖의 모든 것에서도 영원한, 동일한 생기의 절대적 필연성은 생기에 대한 결정론을 말하는 것은 아니다. 그것은 단지 불가능한 것은 결코 가능할 수 없다는 점을 표현할 뿐이다. (…) 그리고 특정 힘은 바로 그 특정 힘 외의 다른 것일 수 없다는 점을 표현할 뿐이다. 그 힘은 저항하는 어떤 힘 양자에 자신의 힘에 합당하지 않은 방식으로는 힘을 방출하지 않는다는 점을 표현할 뿐이다. 생기와 필연적 생기는 동어반복이다.(《유고》 KGW VIII 2 10[138], 201f)

이렇게 확보된 필연성은 내재적 필연성이자, 자기 목적적이면서도 자기 구성적인 필연성입니다. 어떤 외재적 목적과의 관계에서 비로소 확보되는 필연성도 아니고, 외재적 필연성의 보증을 받아야만 하는 반쪽짜리 필연성도 우연성도 아니며, 특정 외재적 목적을 달성하기 위한 과정이나 단계도 아닙니다. 이 세계가 자족적 필연성이 지배하는 곳이기에, 이 세계는 더 이상 불완전한 세계일 수도 없습니다. 이렇게 해서 니체는 완전성-불완전성, (외적)목적-수단, (외적)목표-단계 도식을 갖고 있는 (초월적-외재적) 목적론적 이원론 사유와 그 잔재를 완전히 벗어납니다. 이런 내용이 차라투스트라라는 페르시아 현자의 입을 빌어 다음처럼 표출되는 것이지요.

신*은 올곧은 것 모두를 왜곡하고 서 있는 것 모두를 비틀거리게 만드는 사상이다. 뭐라고? 시간이 사라져버렸고, 사멸하는 모든 것은 한낱 거짓일 뿐이라고? (…)
유일자, 완전자, 부동자, 충족자 그리고 불멸자에 대한 이러한 가르침 모두를 나는 악이라고 부르며 인간 적대적이라고 부른다!

일체의 불멸의 존재, 한낱 비유에 불과하다! 그런데 시인들은 너무도 많은 거짓말을 하고 있다.

최상의 비유라고 한다면 마땅히 불멸이 아니라 시간의 흐름과 생성에 대해 이야기해야 한다. 그런 비유는 일체의 사멸하는 것들에 대한 찬미가 되어야 하며, 정당화가 되어야 한다!(《차라투스트라는 이렇게 말했다》 II, 〈지복의 섬에서〉, KGW VI 1, 106)

힘에의 의지의 생기세계의 필연성은 물론 '힘에의 의지에 의해 모든 것이 결정된다'는 주장을 가능하게 합니다. '힘에의 의지에 의한 결정'은 그런데 전통적인 결정론 모델과 구분할 필요가 있습니다. '힘에의 의지에 의한 결정'은 앞서 설명했듯 힘에의 의지의 합법칙성 및 필연성, 달리 말하면 '불가능한 것은 가능하지 않다'는 의미이기 때문입니다. 그래서 모든 것이 '인과적으로' 결정되기에, 자유 선택의 가능성은 배제된다는 의미의 결정론, 그리고 모든 것이 '처음부터 미리' 결정되어 있어서 능동적인 변화 가능성은 배제된다는 의미의 숙명적 결정론과는 다릅니다. 힘에의 의지의 세계에서는 의지들의 합법칙적 관계가 모든 것을 결정하지만, 그 관계 자체는 쌍방향적이고 동시적인 상호관계이며, 관계 맺는 부분 계기들에 의존적이어서, 그때그때 새롭게 구성되고 변화 가

● 신

여기서의 신은 현상세계의 존재 근거와 의미 근거와 가치 근거 역할을 했던 철학적 신과 종교적 신 일체를 의미합니다. 그 대표적인 것을 니체는 이원론의 존재에 해당하는 것과 그리스도교 신으로 생각합니다.

능합니다. 힘에의 의지의 세계는 힘에의 의지들의 자유로운 선택이자 열려져 있는 과정인 것입니다.

힘에의 의지의 관계론, 그 현대성

힘에의 의지의 관계론은 한편으로는 상생공존의 방식을 존재론의 관점에서 제시하면서, 다른 한편으로는 존재하는 모든 것들에 대한 적극적인 '인정'과 '긍정'을 실천적 에토스로 요청합니다. 이 세계의 모든 것이 동등한 의미와 가치를 지닌 중심이라는 것, 어떤 것도 자존적 실체나 독립적 개체일 수 없다는 것, A의 존립에는 그와 동시적-쌍방향적 상입이라는 힘 경쟁을 벌이는 대적적 힘들의 존재가 필수적이라는 것, 이 세계에는 우연도 불필요한 것도 없다는 것 등을 말하기 때문입니다. 세계가 이런 것이라면 대적적 힘으로서의 모든 것에 대한 적극적인 인정과 긍정은 존재론의 보증을 거친 실천적 요구라고 할 수 있습니다.

이런 관계론은 개인과 세계에 대한 탈근대적인 모델을 제시하는 것이기도 합니다. 개인은 세계 전체와의 동시적 상호작용에 의해 공동으로 구성되는 개인communal Individuals이고, 세계도 공동으로 구성되는 세계communal World입니다. 이것은 개인과 세계에 대한 근대적 모델로부터 완전한 전회를 이루는 새로운 모델이지요. 근대적 개인은 일종의 원자적-실체적 개인입니다. 즉 원자적인 '나'의 존립이 먼저 전제되고, 타인과의 관계 맺음은 그 후의 일이며, 그 관계의 유무에 무관하게 '나'는 '나'로서 존립합니다. 근대적 사유는 바로 이런 개인관을 토대로 개인과 공동체와의 문제를 해결하려 합니다. 하지만 니체의 관계론은 이런 원자적-실체적 모델 자체를 폐기합니다. 힘에의 의지로서의 세계가 공동으로 구성된 세계이듯, '나'도 마찬가지입니다. 나도 힘에의 의지의 하나이기 때문이죠. 그래서 나는 홀로 존립할 수 있는 자존적 실체도 원자적 개체도 아닌 것입니다. 나의 '무엇'과 '어떻게'는 전체와 나의 상호작용의 결과입니다. 나의 행위도 오로지 나만의 행위가 아닙니다. 세계 전체가 그 행위 구성에 동시적으로 함께 관여합니다. 나는 이렇듯 관계적 나, 공동으로 구성되는 나인 것입니다. 이런 관계적 존재 방식은 니체의 '신체 혹은 몸Leib' 개념을 통해서도 확인되고, 니체가 인간의 사회성의 근거로 제시한 '힘 경제적 가치의 측정과 교환'을 통해서도 확인됩니다.(《도덕의 계보》 II 1, 8: KGW VI 2, 307, 321~322) 신체적 존재들의 힘경제적 관계 맺음은 호불호의 선택사항이 아닙니다. 인간이 결핍 존재이기에 연계를 맺는다는 플라톤류의 자연성도 여기서는 해당되지 않습니다. 또한 'homo homini lupus est'여서 자유를 담보로 안전을 보장받는다는 근대적 계약 이론도 적용될 수 없습니다. 인간은 '본성상' 이미 '힘 경제적 가치의 측정과 교환을 하는' 관계적 존재이고, 그런 한에서 나는 '본성상' 이미 공동적 나인 것이지요. 공동적 개인과 공동적 세계. 바로 이것이 근대적 패러다임을 완전히 벗어나고 싶어하는 니체가 제시한 나와 세계의 모습입니다. 이렇듯 처음부터 상호적으로 구조화된 개인과 공동체에 관한 개념을 제시하기에, 개인과 공동체를 대립관계로 설정하면서 등장하는 여러 철학적 문제의 해소도 가능합니다. 또한 공동적 개인은 근대적 개인보다 더 큰 자기 책임과 세계에 대한 책임을 느끼게 될 것입니다. 자기 자신이 세계의 모습을 같이 형성하고 변화시키는 여러 중심 중의 하나이기 때문이지요.

힘에의 의지의 관계론이 보여주는 탈근대성은 부분과 전체에 대한 전체주의적 시각의 위험을 상쇄시키는 데서도 찾아볼 수 있습니다. 일반적으로 관계론적 사고는 부분에 대한 전체의 선행성과 우월성 주장으로 이해될 가능성이 있습니다. 하지만 관계론적 사고가 본질적으로 전체주의적인 것은 아니며, 니체는 바로 그런 경우를 보여주고 있습니다. 부분만 전체에 의해 규정되는 것이 아니라 전체도 부분에 의해 '동시적-쌍방향적으로' 규정되기 때문입니다. 이런 우선순위 없는 공속관계는 필연성에 대한 논의에도 그대로 적용할 수 있습니다. "내 가장 내적인 본성이 가리키는 것처럼 모든 것은 필연적이다"(《니체 대 바그너》 Epilog: KGW VI 3, 434)라는 고백처럼 니체의 철학은 존재하는 모든 것의 필연성을 확보하려 했지요. 그런데 모든 것의 필연성에 대한 인정은 각 계기의 비교 불가능하고 교환 불가능한 개별성과 특수성에 대한 주목으로는 충분하지 않습니다. 그것이 맺고 있는 전체와의 연계가 동시에 주목되어야만 합니다. 그래야 전체 속에서, 전체와 함께, 전체를 전제하는 특수와 개별의 필연성이 비로소 드러날 수 있는 것입니다. 따라서 특수에 대한 인정은 전체에 대한 인정 없이는, 필연성에 대한 인정은 곧 관계성에 대한 인정 없이는 불가능합니다. 니체가 힘에의 의지의 관계론 모델을 구성하기 위해 심혈을 기울인 이유는 바로 그런 구조를 보증하기 위해서였습니다.

힘에의 의지의 관계론은 더 나아가 다원성이 갖고 있는 상대주의라는 아포리아를 해소하기도 합니다. 현대성의 특징이기도 한 다원주의는 늘 상대주의의 위험에 노출되어 있습니다. 이 문제를 니체는 기호학이나 언어철학의 도움 이전에 존재의 관계성으로부터 해명해내고 해소합니다. 이런 존재적 다원주의는 인식적-가치적 측면에서 발생하는 다원주의의 아포리아도 해소시키지요. 원자적 개인들의 단독적 인식과 단독적 가치의 산출 가능성 자체가 이미 부정되기 때문입니다.(이것은 관점주의 인식론의 핵심 명제입니다. 《니체, 디오니소스적 긍정의 철학》, 4부 참조) 이런 내용을 갖고 있는 니체의 관계론에 대한 가장 간결하고도 적절한 표현이 있습니다.

> 있는 것은 아무 것도 버릴 것이 없으며, 없어도 좋은 것은 없다.(《이 사
> 람을 보라》 GT3: KGW VI 3, 309)

'아모르 파티'에 대한 요청

힘에의 의지의 관계론은 아모르 파티amor fati라는 매우 특수한 종류의 운명에 대한 사랑을 요청합니다. 아모르 파티는 '전체 세계의 필연성'에 대한 사랑이자, 그 필연적 세계를 담보해내고 관계적 질서를 '같이 만들어가는' 우리 자신의 '운명에 대한 사랑'입니다. 물론 아모르 파티의 일차적 의미는 (자신의 삶을) 스스로 구성해가고 스스로 책임을 지는 자신의 운명에 대한 사랑이자, 그런 운명을 만들어가는 자신의 창조 의지에 대한 사랑입니다. 하지만 이것이 다가 아닙니다. 아모르 파티는 독자적 개체로서의 자신

에게만 오로지 집중하고, 자신의 개별적 삶만을 독립적으로 구성해가는 사랑이 아니기 때문입니다. 아모르 파티의 진정한 의미는 나와 세계 전체의 운명을 같이 짊어지는 사랑이라는 데에 있습니다. 그것이 바로 나와 세계에 대한 운명적 사랑, 필연성과 관계성에 대한 사랑인 것이지요. 그래서 니체는 다음처럼 말할 수 있는 것입니다.

> 무언가를 소중하게 여기고 사랑할 수 있기 위해 나는 그것을 존재하는 모든 것과 절대적으로 필연적으로 묶여 있는 것으로 파악해야 한다. (《유고》 KGW VII 2 26[117], 179)

> 인간에게서의 위대함에 대한 나의 정식은 아모르 파티다. 필연성을 견뎌내는 것도 아니고 은폐하는 것도 아니라. — 모든 이상주의는 필연성 앞에서의 은폐다. — 오히려 그것을 사랑한다.(《이 사람을 보라》〈나는 왜 이렇게 똑똑한지〉 10: KGW VI 3, 295)

이런 사랑에 에로스와 아가페의 구별을 적용할 수 있을까요? 이런 사랑에 이성과 감성의 이원적 구별을 전제한 분류를 할 수 있을까요? 필연성에 대한 운명적 사랑, 전체와의 연계에 대한 운명적 사랑, 그래서 전체를 책임지려는 운명적 사랑에? 대답은 부정적입니다. 아모르 파티라는 특수한 사랑의 귀속처는 그렇다면 어디일까요? 그 사랑이 필연성과 관계성에 대한 사랑이라면, 힘에의 의지의 역학이 구성해내는 관계세계에 대한 사랑이며, 그것은 곧 그 관계세계를 함께 만들어가는 힘에의 의지들에 대한 인정이

자 긍정일 것입니다. 그렇다면 아모르 파티는 곧 힘에의 의지들에 대한 사랑이라고 할 수 있겠지요. 하지만 그것은 그 의지로부터 나오는 사랑이기도 합니다. 힘에의 의지가 바로 그런 운명적 사랑을 하는 것입니다. 그렇지 않다면 관계세계를 함께 구성해나가기는커녕 원자적 실체처럼 살아가려 할 것이고, 힘의 역동성은 파편화되어 기계적 인과론의 적용 대상이 되어버릴 것입니다.

이렇듯 아모르 파티는 의지의 활동이고 의지의 사랑입니다. 그런데 아모르 파티의 귀속처를 의지로 본다는 것은 니체에게 신체로서의 인간이 총체적으로 그 사랑을 수행한다는 것과 같은 말입니다. 신체로서의 인간은 힘에의 의지라는 규제적 원리가 이성성과 감성성과 육체성 일체를 인도하면서 불가분적으로 엮어내는 총체적인 존재이기 때문입니다. 아모르 파티는 그래서 정서적 차원의 사랑으로나 이성적 사랑으로 환원시킬 수 없는, 인간이 온몸으로 하는 총체적 사랑입니다. 그리고 그런 사랑은 의지적 노력의 대상이기도 합니다. 그런 사랑이 실제로 추구되지 않는다면, 필연성과 관계성에 대한 인정이자 개체와 전체의 우선순위 없는 공속성에 대한 긍정은 실현되기 어렵습니다. 이렇듯 아모르 파티라는 특수한 종류의 사랑은 사랑하려는 의지의 소산이기도 한 것입니다.

아모르 파티에 대한 의지, 필연성에 대한 사랑, 필연성을 같이 구성해내는 나 자신을 포함한 모든 것들에 대한 사랑은 곧 그것들에 대한 인정과 긍정에 대한 다른 표현이며, 가언적인 인정과 긍정이 아닌, 정언적인 '디오니소스적' 인정과 긍정입니다. 세계의 제 계기들, 불필요하다거나 우연이라거나 무의미하다고 여겨졌던 것 일체를 자족적이자 자기 구성적 필연성의 한 부분으로 받아들이는 인정과 긍정, 그래서 '있는 것은 아무 것도 버릴 것이 없으며 없어도 좋은 것은 없다'라고 말하게 되는 인정과 긍정인 것입니다. 힘에의 의지의 관계론은 이런 방식으로 긍정의 철학이자 긍정하려는 의지의 철학의 핵심적인 내용을 보여주는 것입니다.

한 철학자가 도달할 수 있는 최고의 상태: 삶에 디오니소스적으로 마주 선다는 것: 이것에 대한 내 정식은 운명애다.(《유고》 KGW VIII 3 16[32], 288)

···

더 읽어보면
좋은 책

니체에 대한 관심을 반영하듯 니체 철학에 대해서는 권유할 만한 자료가 많다. 그것들을 모두 소개하고 싶지만, 여기서는 몇 권만으로 한정한다.

백승영, 《니체, 디오니소스적 긍정의 철학》, 책세상, 2005.

니체 철학의 방법론, 존재론, 인식론, 도덕론 예술론을 '긍정의 철학'의 제 영역으로 체계화시켜 제시한 책이다. 사회정치론이나 법론 등 실천철학 부분이 포함되어 있지는 않지만, 니체 자신의 철학적 과제 설정과 그 과제 수행의 과정을 구체적으로 확인해볼 수 있다.

백승영, 《니체》, 한길사, 2011.

계몽가이자 교육자이며 철학적 치료사라는 니체의 자화상을 니체 철학의 주요 주제들을 통해 부각시킨 책이다. 《니체, 디오니소스적 긍정의 철학》의 내용을 철학적 계몽과 교육 및 치유의 기획으로 재해석했고, 여기에 사회·정치론과 법론의 핵심 내용들도 추가했다.

김정현, 《니체, 생명과 치유의 철학》, 책세상, 2006.

형이상학, 근대성, 종교 비판, 진리 및 생명 사상 등을 주요 주제로, 니체의 영향을 받은 현대 철학자들과 논쟁하면서 니체의 궤적을 보여주는 책이다. 니체 철학이 갖고 있는 치료적 기능을 참된 나,

•••

참된 종교, 참된 생명 등을 찾아내면서 확인시켜준다.

마르틴 하이데거, 박찬국 옮김, 《니체 I, II》, 도서출판 길, 2010, 2013.

하이데거의 니체 연구를 총망라한 책으로, 하이데거의 후기 철학을 이해하기 위한 지침서 역할도 한다. 니체를 시인 - 철학자라는 위치에서 비로소 위대한 철학자 반열로 옮겨 놓은 이 책은 1970~80년대 니체 연구에 대단한 지적 자극을 주었다. 하지만 '서양 형이상학과 허무주의의 완성자 니체'라는 그의 주장과 힘에의 의지의 형이상학을 나치 사상과 연계시키는 그의 시도는 부정적 평가의 대상이다.

월터 카우프만W. Kaufmann, 《Nietzsche: Philosopher, Psychologist, and Antichrist》(1950), Princeton University Press, 1974.

영어권에서 여전히 니체 철학 입문서의 권위를 잃지 않고 있는 책이다. 니체 철학에 대한 최근 연구가 반영되어 있지 않아 한계가 뚜렷하지만, 니체 철학의 근본 물음에 대한 정확한 통찰력이 돋보인다.

현상학의 창시자,
에드문트 후설

—

이남인

에드문트 후설
Edmund Husserl(1859~1983)

에드문트 후설은 현상학의 창시자로 1859년 4월, 오스트리아에서 태어났다. 라이프치히 대학, 베를린 대학, 빈 대학 등에서 철학, 수학, 물리학, 천문학 등을 공부한 후, 1882년 수학 분야에 대한 연구로 박사학위를 취득했고, 수 개념에 관한 논문으로 교수자격을 취득했다. 1900/1901년에 현상학의 문을 연《논리 연구》를 출간했고, 이 저서 덕분에 괴팅겐 대학에 교수로 초빙 받아 1916년까지 재직했다. 1913년에 《이념들 I》을 출간했으며, 1916년 프라이부르크 대학에 정교수로 초빙 받아 1928년에 정년퇴임 한 후 1938년 그곳에서 타계했다.

후설이 생전에 출간한 저술은 《논리 연구》,《엄밀학으로서의 철학》,《이념들 I》,《논리학》,《위기》,《내적 시간의식의 현상학》 등으로 많지 않다. 대신 그는 4만여 쪽에 달하는 엄청난 양의 미발간 유고를 남겼다. 후설의 유고는 후설이 타계한 후, 나치에 의해 소실될 위험에 처했으나 벨기에의 반 브레다L. van Breda 신부가 1938년에 구출해서 벨기에 루뱅대학에 후설 아르키브를 설립하고, 1950년에 편찬 작업을 시작해서 후설 전집Husserliana으로 출간해왔다.

이 글의 많은 내용은 다음에 들어 있다.

- 이남인, 《현상학과 해석학》, 서울대학교출판부, 2004/2013.
- 이남인, 〈후설 현상학에서의 의식〉, 서울대학교 철학사상연구소 엮음,
  《마음과 철학》(서양편 하), 서울대학교출판문화원, 2012.

실증주의 비판과 후설의 현상학의 이념

미국 인디아나 대학의 하트J.Hart 교수는 후설의 현상학을 수많은 거봉을 품고 있는 웅장한 산맥에 비유합니다. 하트 교수는 비교적 늦게 후설의 현상학을 본격적으로 공부하기 시작했는데, 후설의 현상학이라고 생각했던 거봉을 하나 넘고 나니 그 다음에 또 다른 거봉이 나오고, 그 거봉을 넘고 나니 또 다른 거봉이 나오는 식으로 웅장한 산맥이더라는 겁니다. 그런데 많은 사람들은 후설의 현상학이 이처럼 수많은 거봉을 품고 있다는 사실을 모르고, 맨 앞에 보이는 거봉을 후설의 현상학이라고 생각하곤 합니다.

실제로 후설의 현상학은 웅장한 산맥이기 때문에 그것이 그 후에 나온 다양한 현상학 및 현대철학에 엄청난 영향을 미칠 수 있었습니다. 한마디로 후설의 현상학은 유럽 현대철학의 여러 흐름들이 그로부터 뻗어 나온 커다란 둥치라 할 수 있지요. 후설은 셸러 Max Scheller(1874~1928), 하이데거, 사르트르, 메를로-퐁티 Maurice Merleau-Ponty(1908~1961), 슈츠 Alfred Schutz(1899~1959), 레비나스 Emmanuel Levinas(1906~1995) 등 수없이 많은 현상학자들에게 영향을 줬습니다. 현대 해석학이라고 하면 가다머와 리쾨르 Paul Ricoeur(1913~2005)를 떠올리는데 이 두 철학자 모두 후설로부터 지대한 영향을 받았습니다. 가다머는 1900년생인데, 제가 독일에서 유학할 당시 연세가 그처럼 많으신 분이 독일 현상학회에 나와서 현상학 연구에 참여하고 이끌어가는 모습을 보고 커다란 감명을 받았습니다. 프랑스 철학자인 리쾨르는 해석학자로 알려져 있지만 프랑스 현상학에서 아주 중요한 위치를 차지합니다. 프랑스 현상학 연구의 주요 거점인 파리에 있는 후설 문고는 리쾨르의 주도로 설립된 것이지요. 또한 후설은 아도르노, 호르크하이머, 마르쿠제Herbert Marcuse(1892~1979), 하버마스 등의 비판적 사회 이론에도 커다란 영향을 미쳤습니다. 아도르노의 박사논문은 후설의 현상학을 주제로 하고 있지요. 하버마스 책을 읽어보면 후설 얘기가 많이 나옵니다. 데리다Jacques Derrida(1930~2004)도 국내에서는 주로 해체주의자로 알려져 있지만, 그의 철학은 후설의 현상학의 연장선상에서 나온 것입니다. 만약 1930년대 독일에서 나치가 정권을 잡지 않고 제2차 세계대전만 일어나지 않았더라면 세계철학의 판도는 지금과는 전혀 다른 모습을 보였을 거라고 생각합니다.

　서두가 길었는데요. 우선 후설의 현상학이 등장하게 된 배경부터 살펴보기로 하겠습니다. 후설은 현상학적 관점에서 의미론, 언어 이론, 논리철학, 수리철학, 자연철학, 정신철학, 윤리학, 공간론, 시간론, 노에시스 - 노에마 평행론, 명증 이론, 이성론, 수동적 종합의 이론, 연상 이론, 초월론적 주관론, 지향성 이론, 운동감각론, 신체론, 생활세계론, 현상학적 환원론 등 수없이 많은 철학 이론을 발전시켰습니다. 그런데 이 많은 이론들은 대부분 이해하기가 어렵습니다. 물론 어려운 만큼 그것들을 하나하나 깨우쳐가는 것은 참으로 커다란 즐거움을 주지요. 그러나 그것들을 다 이해했다고 하더라도 만일 현상학이 출범하게 된 동기를 이해하지 못하면 의미가 없지요. 저 많은 이론들의 참된 의미를 이해하기 위해서는 무엇보다도 현상학이 무엇을 추구했으며 인류 지성사에서 어떤 의미를 가지고 있는지 이해할 필요가 있습니다.

　현상학의 이념을 정립하면서 후설은 데카르트René Descartes

(1596~1650)로부터 영향을 받았습니다. 데카르트는 학문 전체를 한 그루의 나무에 비유합니다. 나무의 뿌리에 해당하는 것이 형이 상학이고, 둥치에 해당하는 것이 자연학이며, 그로부터 뻗어 나오는 가지들에 해당하는 것이 실용 학문이라고 생각했지요. 그중에서 실용 학문은 현실과 직접 관계하면서 현실문제를 해결합니다. 데카르트는 실용 학문의 예로 기계학, 의학, 도덕학 등을 들었습니다. 그런데 이러한 실용 학문들이 가능하기 위해서는 순수 학문인 자연학이 있어야 합니다. 데카르트는 자연학에 자연의 근본원리를 다루는 학문을 비롯해 물리학, 천문학, 지구과학, 생물학, 인간학 등 여러 가지가 포함된다고 봤지요. 또한 이 모든 자연학이 가능하기 위해서는 형이상학이 있어야 한다고 생각했어요.

후설 역시 이러한 데카르트의 구상을 받아들여 학문 전체를 나무와 유사한 것으로 생각합니다. 학문이라는 나무의 가지에 해당하는 것을 실용 학문으로 보았고요. 현재 대학에서 연구되고 있는 학문들로 예를 들어보면 이공 계열의 공학, 의학, 농학 등과 인문사회 계열의 법학, 경영학, 행정학 등이 실용 학문에 해당합니다. 그리고 실용 학문들 밑에 학문이라는 나무의 둥치에 해당하는 순수 학문들이 있는데, 이것들은 다시 '순수 경험과학들', '영역적 존재론', '형식적 존재론' 등 세 가지로 나뉩니다. 순수 경험과학들은 실용 학문들의 이론적 토대가 되는 학문인데, 이공 계열의 물리학, 화학, 생물학과 인문사회 계열의 언어학, 문학, 사학, 정치학, 경제학, 사회학, 심리학 등이 그에 해당한다고 할 수 있습니다. 영역적 존재론은 순수 경험과학들 밑에서 그것이 가능하기 위한 영역적인 본질적 전제들을 다루는 학문입니다. 영역적 존재론의 대표적인 예로 물리적 대상 영역에만 타당한 물리학적 시간론, 물리학적 공간론 등을 들 수 있지요. 그리고 형식적 존재론은 모든 대상 영역들에 타당한 본질적 전제들을 다루는 존재론입니다. 형식적 존재론에는 대표적으로 형식논리학을 들 수 있는데, 그 이유는 형식논리학의 법칙들은 모든 대상 영역들에 대해 타당성을 지니기 때문입니다. 그리고 후설은 이러한 세 가지 순수 학문들 밑에 초월론적 현상학이 있다고 생각했지요. 초월론적 현상학은 존재하는 대상들이 경험되고 구성되는 방식을 연구하는 것으로 이 모든 학문들의 뿌리에 해당한다고 할 수 있습니다.

그런데 데카르트와 마찬가지로 후설에게도 학문 전체는 나무처럼 하나의 유기체였어요. 그런데 학문의 나무에서 뿌리에 해당하는 것, 즉 데카르트가 형이상학이라고 부른 것 또는 후설이 초월론적 현상학이라고 부른 것은 가장 엄밀한 의미에서 '철학'에 해당합니다. 그런데 나무의 뿌리가 썩으면 나무가 살아갈 수 없듯이 학문의 나무에서 뿌리에 해당하는 철학이 위기에 처하면 학문 전체가 위기에 처하고 더 나아가 인류의 삶 전체가 위기에 처하게 되겠지요. 실제로 철학의 위기가 학문 전체의 위기를 낳았고, 학문 전체의 위기가 인간 삶 전체의 위기를 낳게 되어 결국 인간의 삶 전체가 위기에 처하게 되었다는 것이 바로 현대에 대한 후설의 진단입니다.

그러면 삶의 위기의 최종적인 원천인 철학의 위기라는 말은 구체적으로 어떤 의미일까요? 철학의 위기란 바로 철학이 병들었다는 것을 뜻합니다. 후설은 20세기 들어 실증주의Positivismus가 발호하면서 철학의 위기가 나타났다고 생각했어요. 후설에 의하면 실증주의는 실증 과학이 모든 학문의 토대가 될 수 있다고 주장하는 그릇된 철학입니다. 물리학적 실증주의는 물리학적 방법이 모든 학문의 방법으로 통용될 수 있다고 주장하지요. 즉 화학, 생물학 등 자연과학뿐 아니라, 사회학, 심리학, 정치학, 경제학, 문화인류학 등의 사회과학, 더 나아가 언어학, 문학, 사학 등의 인문학까지도 모두 물리학적 방법을 토대로 하여 일종의 물리학으로 정립될 수 있다고 생각하는 철학적 입장입니다. 그러니까 모든 대상을 물리적 인과관계의 망 속에 존재하는 것으로 간주하면서 관찰, 실험, 측정, 수량화 같은 물리학적 방법을 통해 연구할 수 있으리라고 생각하는 것이 물리학적 실증주의입니다. 이에 따르면 학문은 모두 일종의 물리학, 즉 응용물리학이 되고 맙니다. 심각한 문제가 있는 것이지요. 물리학적 방법으로는 파악할 수 없는 것들이 수없이 많습니다. 결국 실증주의는 자연과학적 방법으로 인식되지 않는 다양한 현실의 사태를 파악할 수 없게 되면서 일면적인 철학으로 전락합니다. 그래서 후설의 현상학은 이러한 실증주의를 극복하고 참다운 철학을 정립함으로써 현대 학문뿐 아니라 궁극적으로는 인간의 삶의 위기를 극복하려는 목표를 갖고 있습니다.

여기서 유의해야 할 것은 실증주의와 실증 과학이 서로 다르다는 사실입니다. 실증주의는 철학이고, 실증 과학은 과학입니다. 그리고 현상학은 바로 잘못된 철학인 실증주의를 비판하지요. 그러나 현상학이 실증 과학 자체를 비판하는 것은 아닙니다. 오히려 과학이 왜 과학이며 그 정체와 의의가 무엇인지, 더 나아가서 한계가 뭔지를 해명하는 게 현상학입니다. 그렇기 때문에 현상학이 과학을 무시한다거나 과학을 비판한다는 것은 오해에 불과합니다.

현상학은 그릇된 철학인 실증주의를 비판할 뿐이지, 실증 과학 자체를 비판하지 않습니다.

물리학적 실증주의는 물리학적 방법만을 유일하게 타당한 방법으로 간주하면서 현상이 지닌 다원성을 망각하는 그릇된 철학입니다. 물리학적 실증주의가 일원주의 철학이라면, 현상학은 현상의 다원성을 적극적으로 인정하는 다원주의 철학이지요. 이제 의식에 대한 연구를 예로 들어 현상학이 어떻게 다원주의를 옹호하고 그러한 한에서 실증주의와 어떻게 구별되는지 살펴보도록 하겠습니다.

물리학적 실증주의는 모든 여타의 대상들과 마찬가지로 의식 역시 물리학적 방법 내지 자연과학적 방법을 통해서 남김없이 연구될 수 있으며 여타의 연구 방식은 없다고 생각합니다. 현상학 역시 의식이 물리학적 방법을 통해서 연구될 수 있다는 사실을 인정합니다. 그러나 현상학은 의식이 물리학적 방법을 통해서 남김없이 해명될 수 있다고 생각하지 않습니다. 바로 이 점에서 현상학은 물리학적 실증주의와 구별됩니다. 그러면 이 점을 세 가지 서로 다른 태도, 즉 '자연과학적 태도', '현상학적 심리학적 태도', '초월론적 현상학적 태도'에서 의식을 연구할 경우를 검토하면서 살펴보기로 하지요.

의식에 대한 뇌과학적 연구

우선 자연과학적 태도에서 의식을 연구하는 경우를 살펴보겠습니다. 우리는 자연과학적 태도를 취하면서 의식을 자연과학적 대상으로 연구할 수 있습니다. 의식을 생리학적 입장에서 연구할 수도 있고 분자생물학의 입장에서 연구할 수도 있으며 진화생물학의 입장에서 연구할 수도 있습니다. 최근에는 뇌과학이 의식에 대한 새로운 자연과학적 연구로서 각광을 받고 있기도 하지요.

그런데 의식을 자연과학적으로 연구하는 이 모든 과학은 자연과학적 방법을 사용한다는 점에서 공통점이 있습니다. 의식을 물리적 인과관계의 망 속에 들어있는 것으로 간주하고 실험, 관찰, 측정, 수리화의 방법 등을 사용해 의식에 대한 연구를 수행합니다. 물리학을 모범으로 해서 전개되는 것이지요. 물리학이 물리 현상을 연구할 때와 마찬가지로 모든 과학은 의식을 연구하기 위하여 관찰, 실험, 측정, 수량화의 방법을 사용하고 필요할 경우 고도의 성능을 지닌 관찰 장비와 실험 장비를 동원하기도 합니다.

이 점을 뇌과학을 예로 들어서 보겠습니다.(이 부분은 조지프 르두 지음, 강봉균 옮김, 《시냅스와 자아》, 도서출판 소소, 2005, 17~18쪽을 참고) 뇌과학은 모든 의식 활동을 뉴런, 전기적 충격, 신경섬유, 시냅스, 신경전달물질, 수상돌기 등의 개념을 통해 설명합니다. 뉴런은 신경세포를 말합니다. 뇌 속에는 수없이 많은 신경세포가 있지요. 시냅스는 뉴런들 사이에 있는 작은 틈입니다. 뉴런과 뉴런은 딱 붙어 있는 게 아닙니다. 뉴런과 뉴런 사이에는 작은 틈이 있는데, 바로 이 틈을 시냅스라 부르지요. 그런데 하나의 뉴런이 활성화되면 전기적 충격이 나타나고 이 전기적 충격이 뉴런의 신경섬유를 타고 내려와 마지막으로 말단(축색 말단)에서 화학물질인 신경전달물질을 분비합니다. 그런데 이 신경전달물질이 시냅스를 통해 한 뉴런에서 다른 뉴런으로 건너가지요. 그러면 이 신경물질은 다른 뉴런의 수상돌기를 통해 그 뉴런으로 전달됩니다. 그리고 신경전달물질을 전달받은 뉴런이 활성화되지요. 이것이 시냅스 작동입니다. 시냅스 작동과정을 통해 신경전달물질을 전달받은 뉴런이 활성화되면, 이 뉴런에서 또 다시 전기적 충격이 나타나고 이 전기적 충격이 뉴런의 신경섬유를 타고 내려와 말단에서 화학물질인 신경전달물질을 분비하게 되고, 신경전달물질이 시냅스를 건너 또 다른 뉴런으로 건너가 시냅스 작동이 이루어집니다. 이런 식으로 수없이 많은 뉴런들 사이에 시냅스 작동이 이루어지면서 의식이 작동하게 되지요.

뇌과학은 모든 의식 활동이 시냅스 작동을 통해서 일어난다는 사실을 해명합니다. 이러한 입장에선 어떤 사람의 의식은 뇌 속에 들어 있는 뉴런들 사이의 상호연결 패턴을 반영하고 있으며 이런 점에서 의식은 곧 시냅스라고 말할 수 있습니다. 여기서 알 수 있듯이 뇌과학은 인간의 의식 활동을 뉴런, 전기적 충격, 신경섬유, 시냅스, 신경전달물질, 수상돌기 등과 더불어 물리적 인과관계의 망 속에 놓여있는 것으로 간주하면서 의식 활동을 해명합니다.

뇌과학이 물리학과 커다란 차이가 없다는 사실은 뇌과학이 의식을 연구하는 방법을 살펴보면 더욱더 분명해집니다. 뇌과학은 뉴런이 활성화되는 과정, 전기적 충격의 형성 과정, 전기적 충격이 신경섬유를 타고 내려오는 과정, 신경전달물질의 분비과정, 신경전달물질이 시냅스 사이의 공간을 건너가는 과정, 그것이 수상돌기에 결합하는 과정, 시냅스 작동이 이루어지는 과정 등을 해명하기 위하여 뇌를 관찰하고 필요할 경우 실험을 해야 하며 그를 위해선 다양한 관찰 장비와 실험 장비를 사용합니다. 물리학 역시 대상을 관찰하기 위해 실험을 하고 그를 위해 다양한 관찰 장비와 실험 장비를 사용하지요. 그러한 점에서 뇌과학은 물리학과 조금도 다르지 않다고 할 수 있습니다. 둘 사이의 차이는 연구하는 대상뿐이지요. 그리고 물리학 분야에서 고도의 성능을 지닌 새로운 실험 장비, 관찰 장비가 발명되면 어떤 일이 나타날까요? 두말할 것도 없이 연구에 비약적인 진전이 있겠지요. 뇌과학도 마찬가지입니다. 고도의 성능을 지닌 실험 장비, 관찰 장비가 발명되면 뇌과학 연구에 있어서 커다란 진전이 있습니다. 왜 그럴까요? 지금까지 볼 수 없었던 새로운 것들을 볼 수 있으니까 그렇겠지요.

이처럼 물리학과 유사하기 때문에 일종의 자연과학이라 할 수 있는 뇌과학은 나름의 방식으로 의식의 신비를 해명할 수 있습니다. 뇌과학뿐 아니라 의식에 대한 다양한 자연과학적 연구는 의식의 다양한 신비를 해명할 수 있지요. 그리고 의식에 관한 다양한 자연과학적 연구는 인류의 삶을 위하여 아주 중요한 의미를 지닙니다. 예를 들어 뇌과학은 우울증 등 의식과 관련된 여러 가지 병을 치료할 수 있는 길을 우리에게 제시해줄 수 있습니다. 앞서 시냅스 작동에 대해서 말씀드렸는데, 시냅스 작동과정에서 다양한 신경전달물질들이 분비됩니다. 그런데 다양한 신경전달물질들이 적절하게 분비되어야 정상적인 의식 활동이 가능합니다. 그러나 분비에 이상이 생기면 의식 활동에 이상이 올 수 있지요. 특정한 물질이 너무 적게 분비될 경우 우울증이 생긴다거나 또 다른 물질이 너무 과다하게 분비될 경우 강박증이 생긴다거나 하는 식입니다. 예를 들어 도파민dopamine이라는 신경전달물질의 분비가 과다할 경우 조울증 또는 정신 분열증이 나타나고 도파민 분비가 너무 적을 경우 우울증이 나타납니다. 이처럼 인간의 의식 활동, 마음의 활동은 신경전달물질의 지배를 받습니다.

따라서 신경전달물질에 대한 연구는 의학적으로 중요한 의미를 지닙니다. 가령 도파민이 과다하게 분비되어 조울증이 나타나면 도파민 분비를 억제하는 약을 처방해줘야 하고, 도파민 분비가 너무 적어 우울증이 나타나면 도파민 분비를 활성화시키는 약을 처방해줘야 하겠지요. 뇌과학의 연구성과가 의학적으로 잘 활용되면 뇌과학은 인류에게 행복을 안겨줄 수 있습니다. 여러 가지 정신 질환으로 고통 받는 많은 사람들에게 큰 도움을 줄 수 있잖아요. 물론 잘 활용될 때 그런 것이고, 그릇된 방향으로 활용될 경우 인류에게 커다란 재앙을 안겨줄 수도 있지요.

현상학은 뇌과학을 비롯하여 의식에 대한 다양한 자연과학적 연구가 가능할 뿐만 아니라 그것이 지닌 의의를 충분히 인정합니다. 의식에 대한 자연과학적 연구는 넓은 의미에서 현상학의 한 분야라고 할 수 있습니다. 그 이유는 우리가 자연과학적 태도를 가지고 의식에 접근할 경우, 그것은 물리적 인과관계의 망 속에서 자신의 모습을 드러내는 자연현상으로 해명될 수 있으며, 자연현상으로써의 의식 현상은 여타의 현상들과 마찬가지로 현상학의 연구 주제이기 때문입니다.

현상학적 관점에서 본 의식에 대한 연구

그러나 현상학은 자연과학이 의식을 연구할 수 있는 유일한 학문이라고 생각하지 않습니다. 그 이유는 자연과학처럼 외적 관찰과 실험을 통하지 않고서도 의식의 구조를 해명할 수 있는 길이 있기 때문이지요. 자연과학에 대해 아무것도 모를 때도 우리는 의식에 대해 많은 것을 알고 있다는 사실에 주목할 필요가 있습니다. 우리는 매 순간 기쁨, 슬픔, 배고픔, 충만함, 허전함 등 수없이 많은 의식을 느끼지요. 이러한 사실은 현대를 살아가고 있는 우리에게만 해당하는 것이 아닙니다. 자연과학이 등장하기 이전에 살았던 사람들도 마찬가지였어요. 그들 역시 다양한 유형의 의식에 대해 알고 있었음은 두 말할 필요도 없지요. 그리고 성인들만 자신의 의식에 대해서 알고 있는 것이 아닙니다. 어린 아이들도 자신이 기쁠 때 자신이 느끼는 기쁨에 대해 알고, 괴로울 때 자신이 느끼는 괴로움에 대해 알고 있습니다.

이처럼 일상적으로 살아가면서 의식에 대해서 경험하고 있는데, 우리는 도대체 어떤 능력을 통해서 의식을 경험하는 것일까요? 이때의 능력이란 바로 마음의 능력, 즉 의식의 능력을 말합니다. 그 이유는 우리가 무엇을 아는 것은 의식을 통해서이고 이는 우리가 의식에 대해 알 경우도 마찬가지이기 때문입니다. 이제 제 질문이 조금 더 분명해졌지요. 제 질문은 도대체 우리는 어떤 의식의 능력을 통해서 우리의 의식에 대해서 알 수 있냐는 것입니다. 그러면 이 질문에 대한 답을 찾기 위해서 우선 물리학자들이 어떤 의식의 능력을 통해서 물리학적 지식을 획득하는지 살펴보기로 하지요.

물리학자들은 물리학적 대상을 연구하기 위해서 그것을 경험할 수 있어야 합니다. 대상을 경험하지 않고서는 그에 대해 연구할 수 없기 때문이지요. 그렇다면 우리는 수없이 많은 경험을 하는데, 물리학자가 물리학적 대상을 연구하기 위해서 필요한 경험은 어떤 경험일까요? 바로 물리학적 대상에 대한 외적 지각입니다. 물리학적 대상은 외적 지각이라는 능력이 없이는 경험될 수 없지요. 그러면 외적 지각은 무엇인가요? 그것은 다름 아닌 눈, 코, 귀, 입, 피부 등 외적 감각기관을 통한 대상에 대한 경험을 뜻합니다. 물리학자들이 고성능의 실험 장비를 사용하여 대상을 관찰할 경우에도 그것은 궁극적으로 외적 감각기관을 통한 대상에 대한 경험, 즉 외적 지각입니다. 그리고 외적 지각이 없이는 그 어떤 물리학자도 물리학적 대상을 연구할 수 없지요. 이러한 점에서 외적 지각의 능력은 물리학적 연구가 가능하기 위한 필수적인 요소라고 할 수 있습니다. 물론 물리학적 연구가 가능하기 위해서는 외적 지각의 능력뿐 아니라, 판단 능력, 추론 능력, 상상 능력 등 무수히 많은 능력들이 필요합니다. 그러나 이 모든 다른 능력들도 외적 감각의 능력이 없으면 물리학적 대상들에 대해 아무것도 알수 없지요. 그러한 점에서 외적 지각은 물리학적 연구를 위한 필수조건이라고 할 수 있습니다.

그러면 우리가 의식에 대해 경험할 경우 이것은 어떤 능력이 있기 때문에 가능한 것일까요? 방금 살펴본 외적 지각의 능력 때문일까요? 그렇지 않습니다. 내 마음속에서 일고 있는 이 기쁜 마음은 그 어떤 외적 감각을 통해서도 경험할 수 없습니다. 아무리 눈이 좋더라도 눈을 통해서 나의 기쁜 마음을 볼 수 없지요. 물론 우리는 각자의 기쁜 마음을 코를 통해서 냄새 맡을 수 있는 것도 아니고, 귀를 통해서 들을 수 있는 것도 아닙니다. 그렇다고 혀를 통해서 맛을 볼 수 있는 것도 아니요, 피부를 통해서 감촉할 수 있는 것도 아니지요. 아무리 눈, 코, 귀, 입, 피부를 잘 활용해도 우리는 우리의 마음에 대해 아무것도 알지 못합니다.

그러면 도대체 어떤 의식의 능력을 통해서 우리의 마음에 대해서 알 수 있을까요? 여기서 우리는 방금 살펴본 오감을 통한 지각의 능력, 즉 외적 지각의 능력과는 구별되는 또 다른 능력이 우리의 의식 안에 있고 바로 이 새로운 능력을 통해서 우리의 의식을 알게 되는 것이라는 사실에 주목할 필요가 있습니다. 바로 철학자들은 이 능력을 내적 지각의 능력 또는 반성의 능력이라고 부릅니다. 우리의 의식을 경험할 수 있는 이러한 고유한 의식의 능력을 내적 지각의 능력이라고 부르는 이유는, 그것이 우리의 마음 안에 있는 의식을 경험할 수 있는 능력이기 때문이지요. 그리고 그것을 반성의 능력이라 부르는 이유는 바로 그것이 우리의 의식을 되돌아보는 능력이기 때문입니다. 바로 외적 지각의 능력과는 구별되는 내적 지각이라는 고유한 능력을 통해서 우리는 우리의 의식에 대해서 경험할 수 있는 것이지요.

그리고 이처럼 일상적으로 삶을 살아가면서 내적 지각의 능력을 통해서 의식에 대해 알고 있기 때문에 이러한 앎을 토대로 우리는 의식에 대해 체계적이며 학문적인 지식을 획득할 수 있습니다. 이처럼 내적 지각의 능력을 토대로 의식의 신비를 해명하려는 학문이 바로 후설이 발전시킨 '현상학적 심리학'과 '초월론적 현

상학' 등 의식에 관한 현상학입니다. 그러면 이제 현상학적 심리
학에 대해 살펴보기로 하지요.

의식에 대한 현상학적 심리학적 연구

현상학적 심리학은 후설이 자연적 태도라고 부르는 일상적인 삶
의 태도에서 전개됩니다. 현상학적 심리학의 중요한 목표 중 하나
는 내적 지각의 능력을 통해서 다양한 유형의 의식의 본질을 해
명하는 데 있습니다. 여기서 본질은 그 무엇을 그 무엇으로 만들
어 주는 것, 다시 말해 그것 없이는 어떤 것으로 불릴 수 없는 것
을 뜻합니다. 앞서 우리는 외적 지각의 능력과 내적 지각의 능력
이 서로 다르다는 사실을 살펴보았는데, 이러한 차이는 이 두 의
식이 서로 다른 본질을 가지고 있기 때문입니다. 우선 이 두 의식
은 지향하는 대상이 서로 다르지요. 외적 지각은 오감을 통해 지
각할 수 있는 외적 대상을 향하고 있는데 반해, 내적 지각은 오
감을 통해 지각되지 않는 우리의 의식을 향하고 있습니다. 또 외
적 지각은 틀릴 수 있지만, 내적 지각은 그렇지 않습니다. 예를 들
어 외적 지각의 경우 내가 어떤 것을 보고 갈색이라고 생각했는데,
갈색이 아닐 수 있지요. 그러나 내적 지각의 경우 내가 나의 기쁨
을 의식한다면 기쁨에 대한 나의 의식이 틀릴 수는 없습니다.

　그러나 우리의 마음에는 앞서 살펴본 외적 지각과 내적 지각만
있는 것이 아닙니다. 그 이외에도 수없이 많은 의식들이 있지요.
예를 들어 우리는 '2 더하기 2는 4다', '삼각형의 세 각 합은 180

도다' 등을 비롯해 수없이 많은 수학적 사실들을 알고 있습니다. 그러면 우리는 무엇을 통해서 이러한 사실들을 알 수 있을까요? 앞서 살펴본 외적 지각의 능력 덕분일까요? 그렇지 않습니다. 외적 지각의 능력이 있는 생명체라고 해서 곧바로 수학을 할 수는 없지요. 수학적 사실이 외적 지각의 능력을 통해 경험된다면 외적 지각의 능력을 갖고 있는 개나 고양이 역시 수학을 할 수 있을 텐데, 고양이나 개가 수학을 한다는 얘기는 들어본 적이 없습니다. 물론 내적 지각도 아닙니다. 내적 지각은 우리의 의식을 경험하는 능력이기 때문이지요. 여기서 우리는 외적 지각, 내적 지각 등과 구별되는 고유한 능력이 있기 때문에 우리가 수학적 사실을 경험할 수 있음을 알 수 있습니다. 어떤 철학자들은 이러한 능력을 수학적 직관 능력이라고 부릅니다. 수학적 직관 능력은 앞서 살펴본 여러 가지 의식들과는 구별되는 본질을 가지고 있습니다.

또 우리는 자기 자신의 의식뿐 아니라 타인의 의식에 대해서도 알 수 있는 능력이 있습니다. 우리는 누가 울고 있을 경우 그가 슬퍼한다는 것을 알지요. 물론 타인의 의식에 대한 앎은 정확하지 않거나 틀릴 수도 있습니다. 외적 지각을 통한 외적 지각 대상에 대한 지식이 틀릴 수 있는 것과 마찬가지라 할 수 있지요. 그런데 타인의 마음을 아는 능력은 앞서 살펴본 세 가지 의식, 즉 외적 지각, 내적 지각, 수학적 직관 능력 등과는 구별됩니다. 타인의 의식을 아는 능력은 타인의 얼굴표정, 신체동작, 말 등을 토대로 타인의 의식 상태를 해석하면서 이루어지지요. 이러한 점에서 그것은 다른 의식들과는 구별되는 본질을 가지고 있습니다.

이처럼 서로 구별되는 다양한 의식 유형들 각각의 본질을 해명하는 일이 현상학적 심리학의 목표 중 하나입니다. 그러나 이러한 네 가지 유형의 의식만 있는 것이 아닙니다. 기억, 예상, 상상, 후회, 기쁨, 슬픔, 판단, 추론, 의지, 본능 등 수없이 많은 유형의 의식이 존재하지요. 현상학적 심리학은 이 각각의 의식의 본질을 해명하는 것을 목표로 삼습니다.

현상학적 심리학의 또 하나의 중요한 목표는 모든 의식에 공통적인 요소, 즉 의식의 본질을 해명하는 데 있습니다. 후설은 의식의 본질이 지향성에 있다고 생각합니다. 우리 의식은 대상을 의식하면서 그것을 향해있는데 이처럼 대상을 의식하면서 그것을 향하고 있는 의식작용이 지향성입니다. 가령 내 앞에 있는 책상을 보고 이 책상은 갈색이라고 지각할 경우, 갈색인 이 책상을 향한 나의 의식작용이 지향성이지요. 내가 아름다운 꽃을 감상하고 있을 경우 이 꽃을 감상하는 나의 의식작용 역시 지향성이고요. 내가 그 무엇을 상상할 경우 이처럼 상상하는 의식작용도 지향성입니다. 이처럼 모든 의식은 지향성을 가지고 있으며 바로 이 지향성이 모든 의식을 의식이 될 수 있도록 해주는 요소인 본질입니다.

앞에서 외적 지각, 내적 지각, 수학적 직관 능력, 타인 지각 등 네 가지 유형의 의식에 대해 살펴보았습니다. 이것들은 모두 의식인데 그 이유는 이것들이 모두 지향성을 가지고 있기 때문입니다. 그러면 이것들은 어떤 지향성을 가지고 있을까요? 외적 지각은 외부 대상, 예를 들어 나무, 풀, 돌, 숲 등을 향하고 있는 지향성을 가지고 있지요. 내적 지각은 자신의 의식을 향하고 있는 지향성을 가지고 있습니다. 수학적 직관은 수학적 대상을 향하고 있는 지향성을 가지고 있고, 타인 지각은 타인의 의식을 향하고 있는 지향성을 가지고 있습니다. 그리고 기억, 예상, 상상, 후회, 기쁨, 슬픔, 판단, 추론, 의지, 본능 등도 나름의 지향성을 가지고 있는데, 이 각각이 어떤 지향성을 가지고 있는지는 여러분이 스스로 생각해보기 바랍니다. 현상학적 심리학은 다양한 과제를 가지고 있는데, 그에 대한 보다 더 자세한 내용은 제 책인《현상학과 해석학》(서울대학교출판문화원, 2004/2013)의 1장을 참고하기 바랍니다.

의식에 대한 초월론적 현상학적 연구

이제 초월론적 현상학에 대해 살펴볼 차례입니다. 지금까지 우리는 서로 다른 본질을 가지고 있는 다양한 유형의 의식이 존재한다는 사실을 살펴보았습니다. 참 흥미로운 일이지요. 그런데 이 못지않게 흥미로운 것은 이처럼 다양한 의식들 각각이 나름의 방식으로 우리가 대상을 경험할 수 있도록 해준다는 사실입니다. 예를 들어 외적 지각은 우리가 외적 지각 대상을 경험할 수 있도록 해주고, 내적 지각은 우리가 각자의 의식을 경험할 수 있도록 해주며, 수학적 직관은 우리가 수학적 대상을 경험할 수 있도록 해주고, 타인 지각은 우리가 타인의 의식을 경험할 수 있도록 해주지요. 이처럼 각각의 의식이 그에 해당하는 대상을 경험할 수 있도록 해주는 과정을 후설은 '초월론적 구성'이라고 부릅니다. 초월론적 현상학은 바로 대상의 초월론적 구성의 구조를 해명함을 목표로 삼습니다. 초월론적 현상학에 의하면 우리에게 경험되는 대상이 그러한 의미를 지닌 대상으로 경험되는 이유는 그것을 경험하도록 해주는 나름의 의식이 있기 때문이며, 이러한 점에서 의식과 대상 중에서 우선권을 가지는 것은 의식입니다. 어떤 의식이 있기 때문에 우리가 경험하는 대상이 그러한 의미를 지닌 대상으로 경험된다는 것이지요.

그런데 초월론적 현상학은 개별적 대상의 구성뿐 아니라, 세계의 구성도 해명하고자 합니다. 초월론적 현상학에 의하면 개별적 대상뿐 아니라, 세계 역시 나름의 의미를 지닌 것으로 구성됩니다. 그런데 세계가 나름의 의미를 지닌 것으로 구성되는 이유는 세계를 향한 의식, 즉 세계의식●이 존재하기 때문입니다. 바로 이 세계의식이 세계를 구성하는 장본인입니다.

세계가 구성되는 것이라고 하니까 의아해하는 사람이 있을 수도 있습니다. 이러한 의아심을 풀기 위해서는 두 가지 종류의 세계를 구별해야 합니다. 세계란 무엇인가요? 사람들은 보통 '있는 것들의 총체'라고 답하지요. 옳은 답입니다. 돌, 나무, 풀, 산, 강, 바다, 지구, 달, 해, 별 등 이 모든 것들의 총체가 세계지요. 그러나 초월론적 현상학에서 세계의식을 통해서 구성되는 세계는 '있는 것들의 총체'로서의 세계가 아니라, 주체가 경험하는 의미로서의 세계를 뜻합니다. '있는 것들의 총체'로서의 세계와 주체가 경

● **세계의식**
세계의식은 후설의 후기 철학의 중요한 주제 중의 하나로 주체가 삶을 살아가면서 암묵적으로 세계에 대해 가지고 있는 의식을 말한다. 예를 들어 주체는 삶을 살아가면서 세계를 포근한 세계, 축복 받은 세계, 지루한 세계 등으로 암묵적으로 의식하는데, 세계에 대한 이러한 암묵적 의식이 세계의식이다. 세계를 향한 암묵적인 의식인 세계의식은 개별적 대상을 향한 의식과 구별된다. 그러나 세계의식은 언제나 개별적 대상에 대한 의식과 동시에 존재하면서 개별적 대상에 대한 의식에 영향을 미치기도 하고 그로부터 영향을 받기도 한다.

험하는 의미로서의 세계는 서로 다릅니다. 초월론적 현상학이 해명하고자 하는 것은 바로 의미로서의 세계입니다.

그러면 의미로서의 세계가 실제로 세계의식을 통해 구성된다는 사실을 살펴볼까요? 여러분들 각자는 현재 나름대로의 의미로서 세계를 경험하고 있습니다. 어떤 분들은 축복받은 세계라는 의미를 지닌 세계를 경험할 것이고, 어떤 분들은 권태로운 세계라는 의미를 지닌 세계를 경험할 것이며, 어떤 분들은 세계를 장밋빛 세계로, 어떤 분들은 빛바랜 세계로 경험할 수도 있습니다. 그러면 우리가 이처럼 각자 다른 의미를 지닌 세계를 경험하는 이유는 무엇일까요? 그것은 바로 각자가 서로 다른 삶을 살아가면서 서로 다른 세계의식을 가지고 있기 때문입니다. 세계의식을 공유하고 있는 사람들은 의미로서의 세계 역시 공유하고 있다고 할 수 있습니다. 이러한 예는 의미로서의 세계는 실제로 세계의식을 통해서 구성되고 있음을 잘 보여줍니다.

의미로서의 세계가 실제로 세계의식을 통해서 구성되고 있음을 보여주는 또 다른 예를 살펴볼까요? 여러분들 각자는 10년 전에는 지금과 다른 의미로서의 세계를 가지고 살았을 것입니다. 예를 들어 여러분 중에 결혼한 지 10년이 안 된 분들이 있다면 지금의 세계와 10년 전의 세계는 전혀 다른 의미가 있겠지요. 10년 전의 세계에는 배우자가 없었을 테고 그에 따라 의미로서의 세계 역시 지금과는 전혀 달랐겠지요. 물론 20년 전에는 10년 전과는 또 다른 의미로서의 세계를 경험하며 살았을 것이고, 30년 전에는 20년 전과는 또 다른 의미로서의 세계를 경험하며 살았을 것입니다. 그러면 이처럼 각 시기마다 의미로서의 세계가 다르게 경험되는 이유는 무엇일까요? 주체의 삶이 다르고 그에 따라 세계의식이 다르기 때문입니다. 이러한 사실 역시 의미로서의 세계는 주체가 가지고 있는 세계의식을 통해 구성된다는 사실을 잘 보여줍니다.

그런데 이처럼 여러분들 각자가 지금 가지고 있는 의미로서의 세계, 10년 전, 20년 전, 30년 전에 가지고 있었던 의미로서의 세계가 각기 다르다는 사실은 의미로서의 세계의 중요한 한 속성을 잘 보여줍니다. 그 속성이란 바로 의미로서의 세계가 부단히 변화한다는 사실입니다. 의미로서의 세계는 고정된 것이 아니라 끊임없이 변화하지요. 그 이유는 의미로서의 세계를 구성하는 장본인인 우리 각자가 가지고 있는 세계의식이 끊임없이 변화하기 때문입니다. 이런 점에서 세계의식과 더불어 그를 통해 구성되는 의미로서의 세계는 흘러가는 강물에 비유할 수 있습니다. 끊임없이 흘러가는 강물에 들어가 있을 때 우리는 어느 순간도 동일한 물을 경험할 수 없습니다. 말하자면 우리는 매 순간 다른 강물을 경험하는 것입니다. 흘러가는 강물에 대한 경험과 마찬가지로 세계의식과 의미로서의 세계 역시 끊임없이 변화합니다. 여러분이 이 글을 읽기 전에 가지고 있었던 세계의식 및 의미로서의 세계와 현재 이 시점에 여러분이 가지고 있는 세계의식 및 의미로서의 세계는 동일한가요, 서로 다른가요? 물론 서로 다르지요. 저는 둘이 하늘과 땅처럼 다르기를 바랍니다. 그래야 제가 보람이 있지 않겠습니까?

이처럼 주관은 세계의식을 비롯해 다양한 의식을 통해서 의미로서의 대상과 세계를 구성합니다. 후설은 이처럼 의미로서의 대상과 세계를 구성하는 주관을 '초월론적 주관'이라고 부릅니다. 지금까지 대상과 세계의 구성에 대해 말했는데, 바로 초월론적 주관이 의미로서의 대상과 세계를 구성하는 장본인이지요. 초월론적 현상학은 바로 초월론적 주관, 초월론적 주관의 다양한 의식들, 그리고 그를 통해 구성되는 의미로서의 대상과 세계를 상호연관 속에서 해명함을 목표로 하는 철학입니다. 초월론적 현상학이 의미로서의 대상과 세계, 더 나아가 그의 구성적 뿌리이자 원천인 초월론적 주관을 다루는 학^問이기 때문에 후설은 초월론적 현상학을 가장 근원적인 철학으로 간주합니다.

초월론적 주관과 관련해서 할 이야기가 너무 많지만 생략하기로 하고 이것 한 가지만 말씀드리기로 하겠습니다. 초월론적 주관은 의미로서의 대상과 세계를 구성하는 창조적인 주관입니다. 즉, 의미로서의 대상과 세계를 창조하는 원천, 창조의 샘입니다. 또한 초월론적 주관은 한순간도 쉬지 않고 의미로서의 대상과 세계를 창조하고 재창조해 나갑니다. 그런데 이러한 초월론적 주관은 무엇을(누구를) 뜻하는 걸까요? 다름 아닌 우리들 각자 자신입니다. 우리들 각자는 초월론적 주관으로서 그처럼 매 순간 창조적인 존재로서 살아가고 있습니다. 그러나 불행하게도 우리는 일상성에 물들어 살아가면서 우리 각자가 그처럼 창조적인 존재라는 사실을 미처 깨닫지 못하고 있지요. 이 글을 통해서 여러분들 각자가 얼마나 창조적인 존재인지 깨닫고, 앞으로 매 순간 의식적으로 창조적인 삶을 살아가시길 바랍니다.

지금까지 뇌과학, 현상학적 심리학, 초월론적 현상학을 중심으로 후설의 현상학에 대해 살펴보면서 후설의 현상학이 일원주의라 할 수 있는 실증주의와는 달리 다원주의를 생명으로 하는 철

에드문트 후설

131

학이라는 사실을 확인했습니다. 현대 인류가 처한 총체적인 위기는 다원주의를 생명으로 삼는 현상학을 통해서 극복될 수 있다는 것이 후설의 생각입니다.

　그러나 지금까지 살펴본 후설의 현상학은 후설의 현상학 전체와 비교해보면 빙산의 일각에 불과하지요. 이 글을 시작하면서 후설의 현상학을 수없이 많은 거봉들을 품고 있는 거대한 산맥에 비유했는데, 우리는 지금까지 이 산맥의 일부만을 경험한 것에 불과합니다. 사실은 저 산맥 중에서 우리의 시야에 들어온 것들도 지면의 제약 때문에 자세하게 살펴보지 못했습니다. 후설의 현상학에 대해서 더 자세하게 이해하려면 우리가 살펴본 주제들도 더 자세하게 살펴보아야 하고, 그것들과 연결된 다른 많은 주제들도 살펴볼 필요가 있습니다. 현상학적 판단 중지와 현상학적 환원 등의 현상학적 방법, 노에시스 - 노에마 상관관계, 명증 이론, 이성의 현상학, 내적 시간의식의 현상학, 공간구성 이론, 연상의 현상학, 운동감각 이론, 생활세계의 현상학, 현상학적 윤리학, 현상학적 형이상학, 현상학적 관념론 등등 살펴보아야 할 주제들이 참 많습니다. 이러한 점에서 이 글은 후설의 현상학에 대한 맛보기라 할 수 있습니다.

　강의를 마치면서 오늘 강의 서두에서 강조한 내용, 즉 현상학의 일차적인 목표는 그릇된 철학인 실증주의를 비판하고 현대 인류가 처한 위기를 극복할 수 있는 길을 모색하는 데 있다는 사실을 다시 강조합니다. 그리고 다시 한 번 여러분들 각자가 부단히 의미로서의 대상과 세계를 창조해나가는 초월론적 주관이라는 사실을 깨닫고, 이제부터 의식적으로 창조적인 삶을 살아가시길 바랍니다.

...

더 읽어보면
좋은 책

에드문트 후설, 최경호 옮김,《순수 현상학과 현상학적 철학의 이념들》, 문학과지성사, 1997.

후설이 1913년에 출간한 책으로 사실학과 본질학, 현상학적 환원의 문제, 지향성의 구조, 노에시스와 노에마 상관관계, 반성의 구조, 의식의 다양한 유형들, 명증성, 이성과 진리 등 현상학의 다양한 주제들을 다루고 있다.

에드문트 후설,《현상학적 심리학 강의》, 신오현 옮김, 민음사, 1992.

근대 심리학의 발전과정을 간략하게 소개하고 그를 비판하면서 등장한 딜타이의 심리학을 비판적으로 고찰한 후, 현상학적 심리학이 다른 정신과학 및 자연과학과 어떻게 다른지 살펴가면서 현상학적 심리학이 어떤 학문인지 해명하고 있다. 이 책은 현상학적 심리학의 정체를 추적하면서 현상학적 환원, 지향성, 시간성, 모나드로서의 주관성 등 현상학의 핵심 개념들을 해명하고 있다.

한전숙,《현상학의 이해》, 민음사, 1996.

이 책은 후설의 현상학 전체에 대한 체계적인 연구서로서 현상학적 운동, 현상학의 이념, 기술적 심리학, 선험적 현상학, 생활세계적 현상학 등을 다루고 있다. 후설의 현상학을 전체적으로 개관하기에 좋은 책으로서 지향성, 순수의식, 신체, 키네스테제, 선술어적 경험, 생활세계, 의식 등 현상학의 기본 개념들을 해명하고 있다.

이남인, 《현상학과 해석학》, 서울대학교출판부, 2004/2013.

이 책은 후설의 초월론적 현상학과 하이데거의 해석학적 현상학을 비교한 연구서다. I장은 현상학의 이념을 다루고 있고, II장과 IV장은 각기 후설의 초중기 현상학의 근본 구도와 후기 현상학의 근본 구도를 다루고 있다. 그런데 이 세 개의 장에서는 현상학적 심리학과 현상학적 심리학적 환원, 초월론적 현상학과 초월론적 현상학적 환원, 지향성, 초월론적 주관, 관념론과 실재론, 구성 등 후설의 현상학의 주요 주제들을 다루고 있다.

로자 룩셈부르크와
혁명의 변증법

한형식

로자 룩셈부르크
Rosa Luxemburg(1871~1919)

로자 룩셈부르크는 폴란드 출신의 맑스주의 혁명가로 제2인 터내셔널 시기에 독일 사민당을 중심으로 활동했다. 나중에 독일 공산당KPD으로 발전하는 스파르타쿠스단을 조직했다. 1919년 1월, 베를린에서 일어난 봉기에 적극 가담했다가 실패하고 살해됐다.

그녀는 베른슈타인의 수정주의를 비판한 책인《개량이냐 혁명이냐》로 명성을 얻었다. 이후 레닌과 함께 반전, 반제국주의 투쟁에 앞장섰다. 1차 러시아혁명의 경험을 바탕으로 쓴《대중파업》, 수정주의로 기울어가던 칼 카우츠키를 비판한《이론과 실천》을 남겼다. 그 후 자본주의 붕괴의 필연성을 과학적으로 증명하기 위한《자본의 축적》, 제국주의 전쟁의 위기 앞에서 사회민주주의자들의 동요를 비판한《유니우스 팜플렛》을 잇달아 발표했다. 러시아혁명이 성공한 직후에 나온《러시아혁명》을 통해 레닌과 몇 가지 쟁점을 두고 논쟁하기도 했다. 사망 후 그녀의 노선은 좌익 공산주의 혹은 평의회 공산주의로 계승됐다.

로자 룩셈부르크를 맥락 속에서 다시 보기

로자 룩셈부르크에 대해서는 제가 이전에 《맑스주의 역사 강의》라는 책에서도 다룬 적이 있습니다.(한형식 지음, 그린비, 2010, 141, 159~161, 247쪽) 그 책에서는 교과서적으로 그러니까 로자 룩셈부르크가 그 당시 맑스주의 진영 안에서 어떤 역할을 했고, 어떤 주장을 했는지 텍스트를 중심으로 정리했지요. 오늘은 조금 다른 관점에서 로자 룩셈부르크를 소개하려고 합니다. 다른 관점이라는 것은 맥락 속에서 로자 룩셈부르크에 접근한다는 의미입니다.

여기에는 두 가지 의미가 있습니다. 우선 역사적 상황에 대한 이해 없이 로자(룩셈부르크라고 하는 것이 원칙이지만 한국에서의 관례에 따라 이후에는 간편하게 '로자'라고 부르겠습니다)의 주장을 문자 그대로 이해해서 자의적인 해석을 붙여서는 안 된다는 의미입니다. 이것은 좋게 말하면 현대적 해석이라고도 할 수 있겠지만, 사실은 어떤 구절들로부터 영감을 받아서 자기 생각을 펼친 것일 뿐입니다. 로자가 살았고 실천했던 상황에 대해 면밀하게 알지 못하면 그를 정확하게 이해하기가 힘들어요. 이것은 모든 학자들, 사상가들에게 적용되겠지만 맑스주의 전통에 있는 사상가들에게는 특히 더 그렇습니다. 왜냐하면 이들은 연구실에서 학문만 한 게 아니라 대개 실천적 활동과 결부되어 지적인 작업을 했기 때문입니다. 또 그들에게는 반드시 정치적으로든 이론적으로든 상대자가 있을 수밖에 없습니다. 맑스와 엥겔스 이래로 맑스주의 사상가들의 저작들은 상대자와의 논쟁의 결과로 나온 것입니다. 따라서 상대자를 염두에 두지 않고 이런 텍스트를 일방적으로 읽으면 오해가 발생할 수밖에 없겠죠.

두 번째 의미는 로자 사상 내에서의 맥락을 봐야한다는 것입니다. 어떤 텍스트를 처음부터 끝까지 읽는 것과 어떤 구절들만 읽는 것은 이해의 정도가 상당히 다르겠죠. 로자의 주장들은 로자 사상의 전체적 맥락 안에서 이해해야 진의가 제대로 드러나지 않을까요? 로자의 사상 속에는 얼핏 보기에 모순된 것처럼 보이는 요소들이 공존합니다. 다른 여러 요소들을 배제하고 일부만이 로자가 주장한 것이라고 이해해서는 곤란합니다.

1960년대 후반 이후의 서유럽이나 1990년대 이후 한국에서는 맥락에서 벗어난 로자 수용의 사례가 많이 있었습니다. 두 경우 모두 로자와 레닌Vladimir Il'ich Lenin(1870~1924)의 논쟁을 강조합니다. 즉 로자의 사상 전체를 조망하기보다 레닌과 어떻게 다른가에 집중하는 경우가 많았지요. 레닌은 러시아혁명을 성공으로 이끌고 스탈린으로 이어지는 하나의 흐름을 만들잖아요. 서구의 좌파들 가운데 특히 68혁명을 계기로 등장한 신좌파들은 맑스주의를 계승하면서도 소련의 스탈린주의와는 다른 길을 간다고 생각했습니다. 그리고 자신들의 노선의 원천을 로자에게서 찾았습니다. 그들은 레닌-스탈린으로 이어지는 현실사회주의 국가의 맑스주의와 로자에게서 유래하는 자신들의 맑스주의가 본질적으로 다르다는 주장을 하기 위해서 레닌과 로자 사이의 차이를 강조하게 되죠. 시간이 지나면서 신좌파의 다수는 자유주의적인 경향으로 기웁니다. 그래서인지 로자를 상당히 자유주의적으로 해석했습니다. 1990년대 이후 한국에서 로자를 다룬 글들도 자유주의적 해석이 많습니다. 대표적으로 이진경이나 임지현의 해석이 그렇죠. 역사학자들의 관점에서 이런 식의 로자 수용에 대해 비판이 제기되기도 했습니다.(주정립, 〈로자 룩셈부르크의 현재성 - 임지현의 '로자 읽기' 비판〉, 《역사비평》, 2002년 가을호(통권 60호), 289~309쪽 등을 참조)

제가 보기에 로자 사상에 대한 이런 식의 수용이 지닌 가장 큰 문제는 혁명의 조건으로서 객관적 토대●에 대한 강조가 사라지고 주관적 조건●만을 중요시하는 경향입니다. 로자의 사상이 지닌 맑스주의자로서의 특징은, 무엇보다도 혁명이 주객관적 조건이 변증법적으로 통일됨으로써만 가능하다는 생각을 했다는 점입니다. 그런데 맥락 없는 수용은 로자를 경제결정론자 혹은 자유주의적인 의지주의의 사상가라는 양립할 수 없는 두 얼굴을 가진 이로 왜곡시킵니다. 이런 오류를 넘어서 맥락 속에서 로자를 이해하는 것이 맑스주의적으로 바람직한 접근일 것입니다.

제2인터내셔널의 네 가지 논쟁

로자 사상의 역사적 배경은 제2인터내셔널입니다. 이것이 로자가 죽을 때까지 활동했던 주 무대였습니다. 제2인터내셔널 전반에 대해 설명하기는 힘들고, 그 안에서 일어났던 네 가지의 큰 논쟁

● **객관적 토대와 주관적 조건**
맑스는 자본주의에서 사회주의로 이행하는 혁명이 일어나려면 두 가지 조건이 함께 갖춰져야 한다고 본다. 또 이 둘은 별개로 존재하지 않고 변증법적으로 통일돼야 한다고 생각했다. 자본주의 생산양식이 더 이상 존속될 수 없는 경제적 상황이 오는 것이 사회주의 이행의 객관적 토대다. 그러나 자본주의의 붕괴만으로는 사회주의가 오지 않는다. 노동자계급 중심의 주체적인 혁명운동이 존재해야 사회주의는 가능하다.

만을 살펴보겠습니다.

첫 번째로 '수정주의 논쟁'이 있었어요. 19세기 말이 되면서 맑스주의를 계승한 노동운동 진영 안에서 맑스주의의 이론 일부를 수정해야 한다고 주장하는 집단이 등장했고 이들과 맑스주의의 정통성을 고수하려는 집단 사이에 논쟁과 갈등이 일어납니다. 두 번째는 '제국주의 논쟁'입니다. 이 당시는 서유럽 자본주의가 제국주의화하는 시기였어요. 그래서 맑스주의자들에게는 제국주의를 어떻게 바라보고, 어떻게 대응할 것인지가 중요한 과제였죠. 이때 수정주의 진영에 속했던 사람들은 대체로 제국주의를 찬성하는 입장이었습니다. 반면 맑스주의의 원래 입장을 고수했던 사람들(나중에 혁명적 사회민주주의자로 불리는 사람들)은 당연히 제국주의에 반대합니다. 세 번째가 '총파업 general strike● 혹은 대중파업 논쟁'입니다. 총파업을 맑스주의적인 운동 방식으로 승인하느냐, 그렇지 않느냐를 둘러싸고 논쟁이 벌어진 것이죠. 네 번째가 '반전 논쟁'이에요. 맑스주의는 기본적으로 평화를 중요하게 생각하니까 전쟁을 반대하겠죠. 특히 제국주의화된 강대국들이 약소 국가들을 억압과 착취의 대상으로 삼는 전쟁에는 더욱 그렇습니다. 맑스 스스로도 한 사회 안에서 한 계급이 다른 계급을 억압하고 착취하는 것을 반대하는 것과 마찬가지로 한 국가가 다른 국가를 착취, 억압하는 것을

처음 읽는 동일 현대철학

● **총파업**

총파업은 원래 아나키스트들이 사용한 용어다. 맑스주의 진영 내에서 총파업을 중요한 전술로 받아들여야 한다는 목소리가 커지면서 헨리에타 롤랑-홀스트의 제안으로 대중파업이라는 용어를 사용하기 시작했다. 두 용어의 실질적 의미는 다르지 않다. 로자의 《대중파업》에서도 총파업과 대중파업이 구별 없이 사용되고 있다.

원칙적으로 반대했어요. 하지만 20세기 초가 되면 맑스주의 운동의 주류들이 제국주의 전쟁을 찬성하게 됩니다. 결정적으로 1914년 제1차 세계대전을 앞두고 독일 사회민주당 소속 국회의원들은 전쟁 찬성으로 돌아섭니다. 반대했던 유일한 의원이 로자와 함께 살해당했던 칼 리프크네히트 Karl Liebknecht (1871~1919)였고요.

　로자는 이 네 가지 논쟁의 중요한 당사자의 한 사람으로 이론적, 실천적 활동을 펼칩니다. 특히 로자가 제2인터내셔널의 중요한 이론가로 떠오는 계기는 수정주의 논쟁 때문입니다. 수정주의 이론을 대표한 사람이 에두아르트 베른슈타인 Eduard Bernstein(1850~1932)●이고요. 로자와 베른슈타인 논쟁의 핵심은 자본주의가 붕괴될 것이냐 아니냐의 문제였지요. 앞의 네 가지 논쟁들의 근저에도 자본주의의 붕괴에 대한 입장 차이가 깔려 있습니다. 수정주의자들이 정통 맑스주의자들과 근본적으로 다른 점은 자본주의가 계속된다는 믿음이 있었다는 것입니다. 베른슈타인은 자본주의가 위기를 극복하는 '적응 수단'을 가지고 있다고 판단했습니다. 그가 그렇게 판단했던 근거는 첫 번째로, 맑스가《공산주의 선언》에서 이야기했던 자본주의 붕괴의 전조라고 불리는 현상들이 1870년대를 기점으로 서유럽 일부 국가들에서는 다른 양상

● 에두아르트 베른슈타인
독일의 사회주의 정치인이며 이론가. 수정주의적 맑스주의와 그것을 계승한 20세기 사회민주주의의 기초를 마련한 인물이다. 맑스 이론의 영향력을 유지시키면서 수정하는 것이 그의 의도였지만, 사실상 그의 작업은 맑스주의의 기본 전제들 자체를 부정하는 것이었다. 폭력에 대한 불신, 이론의 경시, 혁명적 단절보다 지속적 발전을 강조하는 태도가 그의 특징이다. 이후 그의 수정주의는 로자 룩셈부르크 등에 의해 철저하게 비판받았다.(베른슈타인의 사상에 대해서는 베른슈타인, 강신준 옮김,《사회주의의 전제와 사민당의 과제》, 한길사, 1999를 참조하라)

으로 나타났기 때문입니다. 영국과 독일 같은 선진 자본주의 국가에서는 자본주의가 위기를 겪으면서도 붕괴되지 않고 살아남습니다. 두 번째로 맑스의 예상과는 달리 노동자들이 갈수록 빈곤해지는 것이 아니라 조금씩이지만 실질 소득이 상승했습니다. 상층 노동자계급, 상층 자영농, 도시의 중간계급들, 관리자들이 자본주의가 더 오래 살아남을 수 있으며, 노동자들의 상황이 실질적으로 향상될 가능성이 있다고 본 주요한 집단들이었고 수정주의자들은 주로 이들의 이해관계를 대변했지요.

그렇다면 자본주의는 어떻게 위기 속에서도 살아남을 수 있었을까요? 또 독일이나 영국에서 노동자들의 실질 임금이 올라갔다면 그 돈은 어디서 난 걸까요? 오늘날의 우리는 선진 자본주의 국가들이 식민지에서 수탈한 초과이윤이 그 원천임을 알고 있습니다. 식민지에서 수탈한 이윤 일부가 제국주의 국가의 노동자계급에게도 돌아간 것이지요. 여기서 수정주의 논쟁과 식민지 논쟁이 밀접하게 연관이 되어 있음을 알 수 있습니다. 수정주의의 물질적 토대가 제국주의에 있기 때문입니다. 제국주의를 옹호하고 그 틀 안에서 선진국 상층 노동자계급의 이익을 보장받으려 했던 수정주의자들에 맞서 제국주의라는 틀로 자본주의를 새롭게 이해해야 하고 자본주의 붕괴의 필연성은 변함이 없다고 주장한 이들이 바로 로자와 레닌이었습니다. 당시에 이들은 스스로를 '혁명적 사회민주주의자'●라고 불렀지요.

이제 수정주의자들과 혁명적 사회민주주의자들이 왜 그렇게 다른 입장을 가지게 되었는지를 살펴봅시다. 독일 근대철학에서는 '변증법'이라는 말을 자주 사용합니다. 변증법은 형식 논리적으로는 양립할 수 없는 두 명제가 양립한다는 데서 출발합니다. 오히려 두 명제 중 하나만 존재하는 게 불가능하다고 보지요. 맑스가 그랬던 것처럼 로자도 변증법을 중요한 방법론으로 사용해요. 특히 혁명을 설명하는 데 있어서 그렇습니다. 철학적 관점에서 보면 수정주의자들은 비변증법적 접근을 한다는 것이 로자의 판단이었습니다. 실제로 베른슈타인은 변증법을 비판해요. 맑스주의가 현실에 걸맞지 않는 이론이 된 책임이 변증법적 방법론에 있다고 본 거죠. 베른슈타인은 변증법을 거부하고 실증주의적 방법론을 주장했습니다. 로자는 반대로 변증법적 접근만이 혁명의 조건을 이해할 수 있게 해준다고 생각했습니다.

혁명의 변증법은, 사회주의 혁명이 두 가지 모순되는 조건이 변증법적으로 통일돼야 일어난다는 의미를 지닙니다. 혁명의 변증법에서 두 가지 조건은 주관적인 측면과 객관적인 측면입니다. 로자가 보기에 수정주의자들이 맑스주의를 이탈하게 되는 출발점은 바로 자본주의의 자동 붕괴라는 객관적 조건에만 매달렸기 때문이고요. 제2인터내셔널의 주류들은 자본주의가 저절로 망하면 어떤 노력을 하지 않아도 사회주의가 저절로 올 거라고 생각했습니다. 혁명을 위한 노동자계급의 주체적 실천보다는 객관적 조건

● **혁명적 사회민주주의자**

19세기 후반의 맑스주의자들은 스스로를 '사회민주주의자'라고 불렀다. 사회민주주의자들의 주류가 수정주의로 변질되면서 혁명을 주장했던 사람들은 자기들을 이들과 구별하기 위해서 '혁명적 사회민주주의'라는 말을 사용했다. 그리고 러시아혁명 직후에 레닌의 제안으로 공산주의라고 칭하게 된다. 수정주의는 오늘날 서유럽 사민주의로 계승됐고, 공산주의는 소련이나 구 동부권에서 갖고 있던 이념을 지칭하게 됐다. 혁명적 사회민주주의자들은 대체로 제국주의 전쟁이 필연적으로 발생할 것이라고 생각했다. 이 입장을 대변했던 사람들 중에 가장 대표적인 두 사람이 로자와 레닌이다.

의 성숙을 기다리는 것이 낫다는 '대기주의'가 지배적 분위기였지요. 역사적으로는 시가전을 중심으로 한 무장봉기가 불가능해지고 의회주의 전술을 채택한 독일 사민당이 급성장을 했던 당시의 정치적 조건이 수정주의를 강화시켰던 것입니다. 말로는 자본주의의 붕괴를 이야기하지만 실제로는 의회주의 전술에만 의지해 부분적인 개량에 만족하는 것이 당시 수정주의자들의 입장이었지요. 다시 말해 혁명의 객관적 조건만을 중요시했기 때문에 그 객관적 조건이 실현될 기미가 보이지 않자 혁명 자체를 포기하게 된 것입니다.

로자가 혁명의 주관적 측면을 강조한 건 바로 이런 이유 때문입니다. 로자의 의도는 수정주의자들의 대기주의를 비판하려 했던 것이지, 객관적 조건 없이 주관적인 실천만으로 혁명이 가능하다고 보았던 것은 아닙니다. 로자는 우선 혁명의 객관적 조건이 사라졌다는 수정주의자들의 판단이 제국주의를 옹호하는 거짓 논리이며 자본주의의 붕괴라는 객관적 조건은 구체적 양상의 변화에도 불구하고 여전히 관철됨을 보이려 했습니다.

왜 수정주의자들은 제국주의를 옹호하고 혁명을 부정하는가?: 혁명의 객관적 조건

로자의 중요 텍스트 중에 한국에서는 잘 언급되지 않았던 책이 《자본의 축적》(황선길 역, 자본의 축적, 지만지, 2013)이에요. 이 책은 자본주의가 왜 필연적으로 붕괴될 수밖에 없는가를 경제학적으로 해명하고 있어요. 맑스는 《자본론》 2권에서 '재생산 표식'이라는 것을 제시합니다. 이 식은 자본주의의 재생산 메커니즘을 설명하기 위한 것입니다. 그런데 자본주의는 처음 만들어진 규모로 계속 유지된 게 아니라 확대돼 왔잖아요. 맑스는 어떤 원리에 의해 자본주의가 확대재생산 되는지를 식으로 표현한 거예요. 로자는 이 부분을 비판적으로 극복하려 했습니다. 확대재생산을 하려면 생산에서 나온 잉여가치 중에 일부가 다시 재생산으로 투입돼야 해요. 잉여가치를 다 써버리면 생산을 위한 재투자가 안 되잖아요. 예를 들어 공장에서 생산 설비를 늘리지 못하면 확대재생산이 안 됩니다. 로자가 보기에 맑스는 이 잉여가치가 어디에서 나오는지 설명하지 못한다는 것입니다. 그래서 이것을 자신이 해명하려 했지요.

　로자는 비자본주의적 영역으로부터 초과적인 이윤을 빼앗아오지 않으면 자본주의의 확대재생산을 위한 재원이 확보되지 않는다고 봅니다. 한 나라 안에서도 비자본주의적인 전통 농업 부문과 자본주의적인 산업 부문이 공존합니다. 이런 비자본주의적인 부분을 자본주의 속으로 편입시키고 여기에서 발생하는 초과이윤으로 확대재생산이 일어난다는 것입니다. 그런데 로자는 20세기 초 서유럽 국가 안에서는 비자본주의 영역이 더 이상 남아 있지 않다고 봐요. 그래서 확대재생산을 위해서는 제국주의로 나갈 수밖에 없다고 설명합니다. 제국주의의 식민지 점령을 통한 비자본주의 영역의 흡수도 마무리됐다고 판단하고요. 이제 제국주의 국가들 간에는 남의 식민지를 빼앗기 위한, 즉 식민지를 재분할하기 위한 전쟁만이 남았다는 것이 로자가 당시 정세를 이해한 기본 틀이었습니다.

로자의 《자본의 축적》은 두 가지 의미에서 중요한데요. 첫 번째는 혁명의 객관적 조건을 해명하는 점에서, 두 번째는 제국주의의 필연성에 대해 설명한다는 점에서 그렇습니다. 특히 제국주의에 대한 이해는 수정주의자들과 혁명적 사회민주주의자들을 가르는 중요한 기준 중의 하나입니다. 수정주의자들은 제국주의를 정당화하려고 했어요. 그래서 그들은 자본가계급의 노골적인 식민지 옹호 논리를 거의 그대로 받아들였습니다. 식민지 수탈을 정당화하는 제국주의자의 가장 전형적인 논리는, 자신들이 후진적이고 야만적인 지역을 문명화하기 위해 식민지를 지배한다는 것입니다. 기독교, 근대 계몽주의, 자본주의적 생산 양식이 이들이 말하는 문명의 내용입니다. 즉 근대 유럽이 정상적인 사회이고 이와 다른 사회나 지역은 비정상적이고 후진적인 사회이므로 유럽화 되어야 한다는 사고방식이지요. 이를 유럽 중심주의라고 부를 수 있겠죠. 일본이 조선을 점령한 덕분에 근대화가 가능했다는 소위 식민지 근대화론도 같은 논리입니다.

그들은 식민주의자들의 논리를 더욱 발전시킵니다. 베른슈타인 같은 수정주의자들은 제국주의 자체가 나쁜 것이 아니라 일부 잘못된 식민지 정책과 잔인한 식민지 관리들이 문제라고 봅니다. 따라서 식민 지배를 윤리적으로 관리할 수 있다면 식민지 민중에게도 더 좋을 수 있고 이 일을 잘할 수 있는 사람들이 바로 사회주의자들이라고까지 주장합니다. 이들의 주장은 "더 높은 문명은 더 많은 권리를 가진다"라는 유명한 명제를 전제로 하고 있지요. 수정주의자들은 가장 높은 문명인 사회주의로의 이행을 위해서라도 후진적 식민지를 선진국들이 지배하는 것이 필요하다고 보았습니다. 물론 이런 주장은 그들이 누리게 된 경제적, 정치적 조건의 향상이 제국주의에 기반을 두고 있음을 알았기 때문에 나온 것입니다. 수정주의자들이 제국주의 국가의 상층 노동자계급의 이익을 위해 식민지 민중을 배신한 것이죠. 이것이 수정주의와 혁명적 사회민주주의의 결정적 차이이자 20세기 내내 서유럽 사민주의와 나머지 지역의 사회주의를 갈라놓은 지점입니다.

베른슈타인의 《사회주의의 전제와 사민당의 과제》 전반부가 맑스주의를 비판하고 수정주의 노선을 정당화하는 내용을 담고 있다면, 후반부에는 제국주의를 옹호하는 논리가 상세하게 기술되어 있습니다. 제국주의의 찬성 논리와 수정주의는 이론적으로 연결된 것입니다. 유럽 사회 안에서의 수정주의 노선은 제국주의라는 대외적 측면과 동전의 양면과 같은 관계여서 어느 하나만을 따로 떼어서 주장할 수 없습니다. 따라서 로자가 《자본의 축적》을 통해 말하려고 했던 것은, 수정주의에 대한 비판은 제국주의를 해명함으로써만 온전히 수행될 수 있다는 점입니다. 자본주의가 비자본주의 영역을 자본주의로 편입시키는 것으로만 자본주의의 확대재생산이 가능하고 또 자본주의의 붕괴도 그 과정에서 일어나는 것임을 과학적으로 입증하려 했던 것이 로자의 의도입니다.

그렇다면 로자는 자본주의의 붕괴가 어떻게 일어난다고 보았을까요? 로자는 혁명의 객관적 조건으로서의 자본주의의 붕괴는 경제적 붕괴로 나타나지 않고, 정치적 충돌을 통해 나타날 것이라고 보았습니다. 세계적인 규모의 전쟁의 형태로 말입니다. 그가 판단하기에 지구상에는 이미 비자본주의 영역이 거의 남아 있지 않았습니다. 선진 제국주의 열강들에 의해 전 세계가 거의 분할되었다고 본 것입니다. 따라서 제국주의 국가들 중에서도 후발 제국주의 국가들은 자본주의의 확대재생산을 위해서 다른 제국주의 국가들이 지배하는 식민지를 재분할 하는 것 외에는 방법이 없습니다. 당시의 제국주의 국가들 앞에 남은 역사적 과정은 식민지를 재분할하기 위한 충돌이었습니다. 그게 바로 세계적인 규모의 제국주의 전쟁이 닥칠 것이라고 로자가 판단한 이유입니다. 불행히도 실제로 그렇게 됐고요.

　당시 유럽의 대부분의 사람들은 큰 전쟁이 임박했다는 두려움에 사로잡혀 있었다고 합니다. 하지만 의외로 맑스주의자들 가운데에는 제국주의 전쟁이 결코 일어나지 않을 것이라고 본 사람들도 있었습니다. 제국주의 국가들이 서로 간의 전쟁으로 입게 되는 피해보다 독점 자본들이 담합을 통해 이윤을 보장받듯이 서로 타협해서 이윤을 보존하는 게 더 유리하니까 폭력적으로 충돌하지 않을 거라는 이유에서입니다. 이런 주장을 한 대표적인 사람이 칼 카우츠키 Karl Johann Kautsky(1854~1938)입니다. 그는 〈초제국주의론〉이라는 팜플렛에서 이런 논리에 근거해 제국주의 전쟁을 통한 자본주의의 붕괴를 주장했던 로자와 레닌의 입장을 간접적으로 비판합니다. 재미있는 것은 이 텍스트가 발표된 게 제1차 세계대전이 터지기 불과 몇 주 전이라는 점입니다. 역사는 로자와 레닌의 주장이 적어도 이번에는 옳았음을 증명했습니다.

대중은 어떻게 능동적 주체가 되는가?: 혁명의 주관적 조건

로자가 생각했던 혁명의 주관적 조건은 당연히 노동자계급의 혁명적 실천입니다. 맑스주의는 노동자계급이 자본주의 사회가 사회주의로 이행하는 과정을 주도하는 정치적 주체라고 보았습니다. 노동자계급이 지배계급의 이데올로기에서 벗어나 자신들의 객관적 처지에 대한 과학적 인식과 상황을 변화 시키려는 의지로 무장하는 것, 즉 계급의식을 갖는 것이 혁명의 주관적 조건의 첫 단계입니다. 그 다음으로는 계급의식으로 각성한 노동자계급이 미래 사회에 대한 전망과 그 전망을 실현할 힘을 키워 나가는 현실적 과정이 이어져야 합니다.

로자의 혁명의 주관적 조건에 대한 견해를 두고 특히나 오해가 많았습니다. 혁명의 주관적 조건에 대한 논의도 두 측면이 있습니다. 하나는 객관적 조건과의 관계에서 주관적 조건의 지위에 관한 것입니다. 즉 객관적 조건과 주관적 조건 중 어느 것이 혁명의 성공에 더 결정적인가하는 문제가 있습니다. 다른 하나는 노동자계급의 주체적 실천이 어떤 양상으로 전개되느냐에 대한 문제입니다. 이 부분이 레닌의 노선과 로자의 차이가 드러나는 지점으로 흔히 언급되어 왔습니다.

레닌은 노동자계급의 의식화와 실천으로의 동원이 노동자계급 바깥에서, 즉 선진적 분자들의 의식적인 지도에 의해서 가능하다고 보는 노선의 대표자로 알려져 있습니다. 그래서 전위들이 지도하는 엄격한 위계를 가진 전위당이 노동자 대중을 이끄는 혁명

운동을 선호했다는 것입니다. 심지어 이 노선이 혁명 후의 소련에서까지 관철되어 공산당의 권위적인 일당 독재를 가져왔다는 평가도 많습니다. 반면에 로자는 전위나 당의 지도와 반대되는 대중 스스로의 자발성과 능동성을 강조한 이로 받아들여졌습니다. 레닌의《무엇을 할 것인가》(최호정 옮김, 박종철출판사, 1999)와 로자의《대중파업》,《러시아혁명》이 상반되는 두 노선의 차이를 잘 보여주는 텍스트로 해석되곤 합니다. 특히 서구에서의 자유주의나 신좌파적 경향에서는 로자를 주관주의적으로 대중의 자발성을 강조한 사상가로 보는 경우가 많습니다. 하지만 이런 해석은 반은 옳고 반은 틀렸습니다. 이 문제에 대해서도 로자 사상의 내적, 외적 맥락이라는 관점에서 이해할 필요가 있습니다.

혁명의 주관적 조건의 첫 번째 측면에 대해서 보자면 제2인터내셔널의 주류들이 객관적 조건만 따지다가 대기주의에 빠져버린 것을 비판하고자 혁명의 주관적 조건이 가지는 중요성을 상대적으로 강조한 사람이 로자입니다. 그렇지만《자본의 축적》이 보여주는 것처럼 자본주의 붕괴의 필연성이 항상 로자의 전제가 됩니다. 이를 통해 자본주의가 지속될 것이라는 수정주의자들의 입장을 논박했습니다. 혁명의 필연성을 전제로 노동자계급이 어떻게 능동적으로 혁명의 주체가 될지를 고민한 것이 로자의 문제의식이었지요. 따라서 제2인터내셔널의 주류 그리고 나중에는 레닌-스탈린의 맑스주의를 경제결정론에 빠진 객관주의로 규정하고 로자를 그와 대립하는 주관주의자로 보는 해석은 맥락을 무시한 흑백논리에 불과합니다. 실제로 로자는《러시아혁명》에서 혁명의 객관적 조건을 무시하고, 주관적 조건으로서의 대중의 의지,

대중의 자발성만 가지고 혁명의 가능성을 이야기하는 것은 아나키즘이자 모험주의라고 격렬하게 비난합니다.

두 번째 측면을 보면 로자가 혁명 과정에서 전위 혹은 당의 지도보다 대중의 자발성에 주목한 것은 사실입니다. 하지만 로자는 대중이 어떤 지도도 필요 없을 정도로 혁명적이 되고 혁명을 완수할 만한 역량을 갖게 되는 것이 지금 당장 일어나는 일이라고 보는 견해에 대해서는 단호하게 반대합니다. 앞서 언급한 총파업 논쟁이 바로 이 문제를 둘러싼 것이었습니다. 《대중파업》은 이 논쟁 과정과 1905년 제1차 러시아혁명을 배경으로 나온 텍스트입니다. 대중파업의 사전적 의미는 모든 사업장의 노동자가 동시에 파업한다는 것이지만 로자에게 대중파업은 대중이 자발적으로 일으키는 파업이에요. 그녀는 총파업이 언제 누가 어디에서 파업을 하고, 무엇을 요구하고 그 요구가 관철되면 어떻게 조직적으로 퇴각할지를 누군가가 사전에 계획하는 방식으로 일어나지 않는다고 봅니다. 로자는 전위가 계획적으로 총파업을 지도하는 것을 '기술적 지도'라고 부르고 총파업에는 기술적 지도가 의미 없다고 보지요. 그렇다고 당이나 지도자가 필요 없다는 말은 아닙니다. 그들의 역할은 기술적 지도가 아니라 '정치적 지도'여야 합니다.

로자가 기술적 지도와 정치적 지도의 구분을 명확하게 제시하지는 않았지만 로자가 강조했던 바는 분명합니다. 노동자계급의 밖에서 의식적이고 계획적으로 대중들을 조직하고 지휘해서 움직이는 방식으로는 혁명이 일어나지 않는다는 거예요. 이런 생각은 레닌이 초기에 이야기한 선진분자들의 전위당이 주도하는 혁명 모델과는 대립적으로 보이죠. 하지만 로자가 일체의 지도나 당의 필요성 자체를 부정한 것은 아닙니다. 또 대중이 지금 바로 충분히 혁명적이라고 본 것도 결코 아닙니다. 로자는 노동자계급이 완전한 혁명의 주체가 되기 위해서는 변증법적 과정이 필요하다고 보았습니다.

대중의 자발성에 대해 한국에서도 널리 퍼진 오해는 대중은 지금도 충분히 능동적이고 자율성이 있다는 것입니다. 하지만 로자의 텍스트 곳곳에서 대중들이 얼마나 정치적으로 어리석고 무능한지에 대해 비난하는 구절을 발견할 수 있습니다. 그리고 동시에 대중의 자발성을 이야기합니다. 이게 무슨 의미일까요? 대중의 자발성은 자본주의의 붕괴라는 객관적 조건과 조응하면 현실화 될 수 있다는 의미입니다. 그러면 경제결정론적인 객관주의가 아니냐는 반박이 가능하죠. 논리적으로는 그렇지만, 시간적으로나 현실적으로 그렇지는 않다는 게 로자의 대답입니다. 객관적 조건이 시간적으로 먼저 갖추어져야 노동자계급이 혁명적이 되는 것이 아니라는 말입니다. 오히려 대중의 자발적 혁명 시도는 객관적 조건보다 시간적으로 앞설 수도 있습니다. 그리고 이런 때 이른 혁명적 실천의 과정에서 대중은 진정으로 자발적인 존재가 됩니다. 대중이 불충분한 의식 상태, 불충분한 조직 역량을 갖고 있더라도 끊임없이 미성숙한 혁명적 실천을 통해서 자발성을 키워간다고 본 것입니다.

로자가 살해당한 날 아침에 숙소에서 나가면서 '베를린에 질서가 지배한다'라는 제목의 짧은 글을 하나 써요. 결과적으로 일종의 유언이 되었지요. 그 글은 그해 1월에 실패로 끝난, 그래서 질서가 지배하게 된 베를린의 경험을 어떻게 해석하고 받아들일지에 관한 것입니다. 로자는 1월 봉기*의 실패가 끝이 아니라고 주장합니다. 혁명의 성공은 미성숙한 실패의 결과, 때 이른 혁명 시도의 결과로 나오는 것이지 지도자가 정교한 청사진을 그려놓고 그것을 따라가는 결과로 나오는 게 아니라는 거죠. 달리 말해 객관적 조건이 갖추어지고 주관적 조건도 성숙한 뒤에 단 한 번의 돌발적인 시도로 성공하는 혁명은 현실에는 있을 수 없다는 것입니다. 성공한 혁명은 실패한 혁명의 결과일 뿐이고 모든 최초의 권력 장악 시도는 늘 때 이른 것입니다.

이게 대중의 자발성과 어떻게 연결될까요? 대중은 이런 끊임없는 미성숙한 혁명의 시도를 통해 현실적으로 능동적이 되는 것입니다. 혁명의 주체로서의 노동자계급은 완결된 채로 있는 것이 아니라 완성되지 않은 상태로 존재합니다. 원래 존재하는 게 아니라 과정 속에서 만들어지는 거예요. 이 과정에서 당과 선진적 지식인도 필요하고, 전술가도 필요하고, 상근 활동가도 필요하지만 이것은 과도적인 것입니다. 혁명 과정은 누구에게도 선생 노릇을 하도록 허용하지 않습니다. 누군가는 항상 선생님이고 지도자인 게 아니라는 거예요. 대중은 스스로 자신의 스승이 되어갑니다. 이것이 대중의 자발성의 진짜 의미입니다.

● 1월 봉기

1919년 1월 5일부터 베를린에서 일주일동안 진행된 자생적인 대중봉기. 무장봉기의 성격으로 발전했고 사민당 정부와 군부에 의해 폭력적으로 진압되었다. 로자는 봉기를 계획하거나 주도하지 않았지만 이 봉기를 빌미로 군부에게 암살당한다.

진정한 민주주의로 가는 사회주의적 길

로자는 당시 독일의 상황에서 대중의 혁명적 자발성이 드러나는 정치적 방식은 부르주아 의회도 아니고 전위당도 아닌 노동자들의 평의회라고 생각했습니다. 평의회는 러시아혁명에서의 소비에트나 프랑스혁명에서의 꼬뮌과 비슷한 것으로 민중들이 지역이나 작업장이나 군대의 막사를 중심으로 자발적으로 만든 정치적 결사체예요. 평의회 모델은 로자가 제안한 게 아니라 1918년 11월 혁명에서 자생적으로 생겨납니다. 로자는 1918년 11월 8일에 감옥에서 풀려나, 1919년 1월의 무장봉기에 참여하고 사망할 때까지 평의회와 무장봉기 노선을 주장합니다. 평의회와 혁명에 대한 로자의 생각은 그녀가 민주주의를 어떤 식으로 이해하느냐의 문제와도 연결됩니다. 이와 관련해 흥미로운 사건이 있었습니다.

2001년에 사민당, 공산당 등이 주도하는 좌파 연합이 베를린시에서 집권합니다. 이들이 집권하고 시행한 첫 사업 중에 하나가 로자 기념 조형물 건립이었어요. 우파들이 이에 반대하면서 독일 전역, 심지어 유럽 전역으로 논쟁이 확산됩니다. 이때 논쟁의 핵심은 로자가 민주주의자냐 아니냐의 문제였다고 합니다. 우파에서는 로자가 폭력적 테러리스트이지 민주주의를 찬성하려는 사람이 아니라고 했고, 좌파 진영에서는 부르주의 민주주의와 형식만 다르지 본질적인 민주주의를 추구했다고 주장합니다. 로자가 베른슈타인과 했던 논쟁의 쟁점 중 하나가 부르주아 민주주의에 대한 것이었는데 그녀가 살해당하고 80년이 지난 후에 그 논쟁을 후계자들이 다시 벌인 것입니다.

그러면 로자는 민주주의에 대해 어떻게 생각했을까요? 그녀는 자신의 정치적 입장을 혁명적 사회'민주주의'라고 불렀습니다. 우파 쪽의 비판 논리는 로자의 민주주의가 겉치장일 뿐이고 그녀의 혁명 노선과 평의회 방식은 테러에 불과하다는 것입니다. 왜 그럴까요? 첫째로, 로자가 의회제를 인정하지 않았고 둘째로 폭력적인 수단을 용인했기 때문입니다. 폭력의 사용 여부와 의회제에 대한 승인 여부가 민주주의냐 아니냐를 가르는 기준이란 말입니다. 좌파 쪽에서는 개념 사용 자체가 잘못됐다고 반박합니다. 민주주의는 반드시 부르주아 의회제만을 의미하는 것도 아니고 물리적 폭력의 사용이 혁명과 동일한 의미도 아니라는 것입니다.

이 문제를 좀 더 자세히 생각해봅시다. 한국말에서 폭력은 물리적인 폭력을 주로 의미하죠. 그러나 유럽어에서 폭력이란 말은 외연이 훨씬 넓어요. 기존 체제를 전복시키고 위반한다는 의미까지 포함됩니다. 기존 체제를 급진적으로 전복시키는 행위를 폭력이라고 부르는 게 더 타당합니다. 그 과정에서 군사적, 물리적 폭력이 발생할 가능성이 높겠지만 그것이 필연적으로 수반되는 것은 아닙니다. 물리적 폭력을 수반하지 않는 폭력도 가능합니다. 가장 근본적인 변혁으로서의 혁명은 무장봉기와 같은 물리적 폭력과는 범주가 다른 개념입니다. 혁명의 구체적 양상으로 평화적이고 입헌적인 과정도 가능하고 무장봉기도 가능한 것입니다.

그런데 19세기 말 수정주의 진영에서 좌파를 비판하기 위해서 폭력이라는 말을 임의적으로 협소하게 쓰기 시작해요. 베른슈타인은 혁명을 무장봉기라는 의미로 협소하게 사용합니다. 19세기 말이 되면 군사적으로는 이미 시가전이 불가능한 상황이고, 엥겔스도 의회전술을 통한 사회주의의 가능성에 대해 언급했는데도 말입니다. 즉 베른슈타인은 '혁명＝무장봉기＝폭력'이라는 공식을 자의적으로 만들어낸 것입니다. 그리고 이와 반대되는 개념으로서 의회제, 합법 투쟁, 민주주의를 동의어로 사용해요. 후자를 '개량' 혹은 '개혁'이라고 부르고 전자를 통칭해서 '혁명'이라고 부릅니다. 결국 베른슈타인은 맑스의 사상을 의도적으로 왜곡해 개량이냐 혁명이냐는 양자택일의 물음을 제기하고 반민주주의적이고 물리적 폭력에 의존하는 혁명 노선 대신 의회민주적이고 평화적인 개량을 선택합니다. 무장봉기가 아닌, 다른 혁명의 양상이나 의회제가 아닌, 다른 민주주의의 가능성을 아예 배제해버린 것입니다.

로자의 《사회 개량이냐 혁명이냐》(송병헌·김경미 옮김, 책세상, 2002)는 개량에 반대해 혁명을 선호하는 것이 아니라 베른슈타인의 문제설정 자체를 비판합니다. 이것이 "혁명이냐, 개량이냐는 문제는 판매대에서 차가운 소시지와 뜨거운 소시지를 고르는 문제가 아니"라는 유명한 말의 의미입니다. 차가운 소시지와 뜨거운 소시지는 같은 소시지이기 때문에, 즉 같은 범주에 속하기 때문에 선택이 가능한 거죠. 그런데 로자나 맑스주의 용법에서 혁명과 개량은 같은 범주에 있는 게 아니에요. 혁명이 상위 개념입니다. 혁명으로 가는 구체적인 방법 중에 개량적 전술도 있고, 무장봉기 전술도 있는 것이죠. 민주주의를 부르주아식의 의회민주주의와 동의어로 사용하면 그와는 다른 민주주의는 모두 반민주주의가 됩니다. 이런 흑백논리로 보면 평의회는 다른 민주주의가 아니라 테러에 불과한 것입니다. 로자 기념 조형물 건립에 반대한 이들의 논리는 그녀의 평의회 노선이 의회제 즉 민주주의 전반을 부정한 것이라고 주장합니다.

　로자는 반대로 부르주아 의회 민주주의가 충분히 민주적이지 않기 때문에 더 근본적인 민주주의가 필요하다고 보았습니다. 로자는 의회 민주주의가 형식적으로만 민주적이라고 비판합니다. 자본주의 국가에서 빈민들은 동등한 투표권을 갖지만 실제로 스스로를 대변하지 못해요. 한국의 강남좌파처럼 스스로는 민중이 아닌 상층 출신이 민중을 대변하는 것도 그 사례입니다. 교육을 많이 받은 상층계급은 스스로의 목소리도 충분히 내고, 남의 목소리까지 내주는 거죠. 이것을 과잉대표라고 부르는데 자본주의 사회에서 일반적으로 나타나는 현상입니다.

　로자가 의회 민주주의를 반대하고 평의회를 주장한 것은 민주주의에 반대한 게 아니라, 불충분한 민주주의에 맞서 더 근본적인 민주주의를 주장한 것입니다. 로자의 맥락에서 평의회를 수단으로 하는 사회주의적 민주주의는 그녀의 대중의 자발성에 대한 강조와 직접 연결됩니다. 대중이 자기들의 이해관계를 스스로 온전히 표현하고, 사회에서 실질적인 영향력을 행사하는 것이 바로 대중이 능동적이고 자발적이게 되는 것입니다. 로자는 대중의 자발성은 진정한 민주주의가 아닌 부르주아 민주주의에서는 불가능하다고 생각했기 때문에 평의회를 주장한 것이지요. 2001년에 로자 기념 조형물 건립을 찬성한 좌파들은 로자가 부르주아 민주주의자들보다 훨씬 본질적인 의미에서의 민주주의자라고 본 것입니다.

로자의 혁명의 변증법

맑스주의자인 로자는 혁명이 가능하기 위해서는 자본주의 붕괴라는 객관적 조건과 노동자계급의 혁명 주체화라는 주관적 조건이 변증법적으로 통일되어야 한다고 보았습니다. 변증법적 접근을 하지 못하고 맥락에서 벗어나 로자를 해석하면 자본주의의 객관적 조건에 대한 대중의 과학적 인식 수준을 높이는 것보다 이데올로기, 문화, 의지의 문제가 자본주의에 반대하는 투쟁에서 본질적인 것처럼 오해하게 됩니다. 또한 로자는 혁명의 주관적 조건인 노동자계급의 주체화도 변증법적 과정의 결과임을 강조합니다. 혁명 주체로서 노동자계급의 자발성은 수많은 때 이른 시도와 그 시도가 가져온 쓰라린 실패, 그리고 작은 성공의 경험들의 긴 과정 끝에 얻게 되는 것이고, 어느 지점에 도달했다고 해서 멈추는 것도 아닙니다. 이 두 가지가 로자의 사상을 혁명의 변증법이라고 부를 수 있는 근거입니다.

···

더 읽어보면
좋은 책

파울 프뢸리히, 정민·최민영 옮김, 《로자 룩셈부르크 생애와 사상》,
책갈피, 2000.

가장 널리 읽히는 로자 룩셈부르크의 평전이다. 파울 프뢸리히는
로자 룩셈부르크와 함께 활동했던 혁명가이다. 따라서 다른 어느
전기보다도 더 생생하고 포괄적으로 그녀의 생애와 사상과 실천을
정리하고 있다. 하지만 동시에 이 책은 저자 자신의 정치적 입장에
따라 로자의 사상을 곡해했다는 논란이 많은 책이기도 하다. 특히
레닌주의 전통에 대한 강한 반감 때문에 신좌파들의 로자 룩셈부르
크 이해에 많은 영향을 주었음을 고려하고 읽는 것이 좋다.

한형식, 《맑스주의 역사 강의》, 그린비, 2010.

로자 룩셈부르크 당시의 정치적 상황과 맑스주의의 전체 흐름 속
에서 그녀를 이해하는 데 도움이 될 수 있다. 특히 제2인터내셔널
의 논쟁 부분을 미리 읽고 그녀의 저작을 읽으면 유용하다.

로자 룩셈부르크, 송병헌·김경미 옮김, 《사회 개혁이냐 혁명이냐》,
책세상, 2002.

베른슈타인과의 수정주의 논쟁 과정을 잘 보여주는 책이다. 따라서
베른슈타인의 《사회주의의 전제와 사민당의 과제》와 함께 읽는 것
이 좋다. 자본주의의 적응 수단에 대한 로자의 비판 특히 신용 제

도가 자본주의를 안정화 시킬 것이라는 베른슈타인의 주장에 대한 그녀의 예리한 비판은 금융위기의 파괴력을 몸으로 경험하는 현재 상황에서 참조할 바가 많다.

로자 룩셈부르크, 풀무질 편집부 옮김, 《룩셈부르크주의》, 풀무질, 2002.

로자 룩셈부르크의 중요한 정치적 저작들을 모아놓은 책이다. 간편하게 그녀의 정치 사상의 전체 윤곽을 짐작하기에 좋다.

로자 룩셈부르크, 황선길 옮김, 《자본의 축적 1·2》, 지만지, 2013.

이 책은 공황론과 제국주의론 연구에서 빼놓을 수 없는 저작으로서, 로자는 이 책에서 공황의 원인, 그와 관련된 제국주의의 경제적 원인, 그리고 자본주의의 붕괴를 설명하려고 했다. 우선 그녀는 당시 생산 부문 간 불균형에서 공황의 원인을 찾던 수정주의 견해를 비판하면서 자본주의 사회는 생산과 소비의 모순을 가지고 있기 때문에 항상 실현 문제에 직면해 있고, 이것이 공황을 일으킨다고 보았다. 그래서 그녀는 실현 문제로 인해 자본주의적 축적이 항상 불균형에 빠질 수밖에 없음을 맑스의 재생산표식을 통해 증명

•••

하려고 했다. 그러면 실현 문제는 어떻게 해결하는가? 그것은 바로 비자본주의 영역(식민지)의 개척으로 가능하며, 그녀는 이 실현 문제를 제국주의의 경제적 근거로 보았다. 그럼에도 자본주의는 붕괴할 수밖에 없는데, 제국주의적 경쟁을 통해 개척할 식민지가 더 이상 없는 상황이 오게 되면, 자본주의는 실현 문제를 해결할 수 없기 때문이다. 이러한 로자의 주장은 당시 격렬한 논쟁을 일으켰으며, 국역본에는 그 논쟁에 대한 로자의 반비판도 함께 번역되어 있다.

---

www.marxists.org

한글로 번역되지 않은 로자의 글을 더 읽고 싶다면 이 사이트를 이용하면 된다.

마르틴 하이데거,
존재의 소리에
귀 기울이기

—

박찬국

마르틴 하이데거
Martin Heidegger(1889~1976)

마르틴 하이데거는 1889년 독일 남서부에 위치해 있는 메스키르히Meßkirch에서 태어났다. 프라이부르크 대학에서 박사학위와 교수자격을 취득하고, 1923년에 마르부르크 대학의 조교수가 됐다. 그러나 하이데거는 교수가 되기 이전에도 이미 인상적인 강의로 독일 전역에서 이름을 떨쳤고 학생들 사이에서는 독일 철학계의 '무관無冠의 제왕帝王'이라는 소문까지 돌았다.

　1927년 《존재와 시간》이 출간되면서 순식간에 세계적인 철학자의 반열에 오르게 되고 다음 해인 1928년에 프라이부르크 대학 정교수가 된다. 1933년 5월에 프라이부르크 대학의 총장이 된 후 그 당시 권력을 장악하고 있던 나치에 입당한다. 그러나 당과 갈등을 빚게 되면서 취임한 지 일 년도 안 되어 총장직을 사임한다. 독일 패전 후 나치 참여를 이유로 교수직을 박탈당하는 등 좌절과 시련을 겪기도 했지만, 죽을 때까지 저술과 강연을 꾸준히 전개하다가 1976년에 심장마비로 죽었다. 저서로는 《존재와 시간》 이외에 《철학에의 기여》, 《이정표》, 《숲길》, 《니체 I, II》, 《언어로의 도상에서》 등이 있으며 총 102권에 달하는 전집이 지금도 계속 출간되고 있다.

존재물음과 현대 기술문명

하이데거라는 철학자는 20세기 철학에 가장 큰 영향을 끼친 사상가로 꼽히지만 또한 가장 난해한 사상가로 꼽히기도 합니다. 그는 자신의 철학적 물음을 '존재물음'이라고 불렀지만 그가 존재라는 것으로 무엇을 염두에 두고 있는지를 파악하기는 쉽지 않습니다. 그래서 이 글에서는 하이데거가 존재의 의미를 무엇으로 봤는지를 중심으로 그의 사상을 가능한 한 쉽고 분명하게 설명하려고 합니다.

하이데거는 존재●는 존재자●가 아니라고 말했습니다. 존재자가 아닌 것은 무無겠지요. 하이데거는 실로 존재는 무라고도 말하고 있지만, 이 경우 무는 아무 것도 없다는 의미의 공허한 무가 아닙니다. 그것은 다만 존재자가 아니라는 의미에서의 무일 뿐입니다. 하이데거는 오늘날의 기술문명에서 존재는 무로서 자신을 개시하고 있다고 말합니다. 이 말을 이해하기 위해서 우리는 하이데거가 현대 기술문명을 어떻게 파악하고 있는지 우선 살펴보아야 할 것입니다.

하이데거는 현대 기술문명에서 존재자들이 계산 가능하고 변환

● 존재와 존재자

존재자는 문자 그대로의 의미에서 존재하는 것들을 가리킨다. 하이데거는 신까지도 존재자로 보고 있다. 존재는 존재자들이 그 자체로서 드러나게 하는 가장 포괄적인 지평이자, 존재자들이 그 자체로서 존재하게 하면서도 그것들 간의 조화와 통일을 가능하게 하는 궁극적인 근거다. 후기의 하이데거는 존재를 그리스인들이 경험했던 자연, 즉 퓌지스physis로서 파악하고 있으며, 이것을 보다 더 구체적으로 신들과 죽을 자로서의 인간, 하늘과 대지가 어우러진 사역四域으로서의 세계로 파악하고 있다.

가능한 에너지로 간주되고 있다고 봅니다. 예를 들어 강은 수력 에너지로 간주되지만, 이러한 수력은 전력으로 변환될 수 있으며 전력은 다시 모터를 움직이는 동력으로 변환될 수 있습니다. 그리고 이러한 에너지들은 모두 정밀하게 계산이 가능하지요. 그런데 현대 기술문명에서는 자연적인 사물들뿐 아니라 인간마저도 계산 가능한 에너지로 간주되고 있습니다. 우리 인간은 자신이 기술문명의 주인이라고 자부하고 있지만 구체적인 인간 개개인은 계산 가능한 육체적 에너지나 정신적 에너지로 간주되고 있는 것입니다. 다만 인간의 에너지는 존재자들로부터 에너지를 뽑아내는 역할을 한다는 점에서 다른 에너지들과 다를 뿐입니다. 기업의 입사시험을 볼 때 우리는 육체적 에너지나 정신적 에너지로 간주됩니다. 기업이 필요로 하는 에너지로서의 기능을 제대로 수행할 것으로 보이면 채용되겠지만, 그렇지 못하면 채용될 수 없을 것입니다.

다시 말해 기술문명에서는 이러한 에너지로 환원될 수 없는 사물들의 고유한 존재는 인정되지 못합니다. 존재자는 어디까지나 과학적으로 고찰될 수 있고 기술적으로 조작될 수 있는 대상으로 간주됩니다. 사실상 기술문명이 인간과 사물에 대해서 기술적으로 함부로 할 수 없는 고유한 존재임을 인정한다면, 기술문명은 그것을 얼마든지 다른 에너지로 변환될 수 있는 것으로 간주하지 않겠지요. 그러나 기술문명에서 한갓 계산 가능한 에너지로 취급될 경우 우리는 자신이 그 이상의 존재라고 항변하고 싶어 합니다. 우리 인간뿐 아니라 다른 생물이 그렇게 취급되는 것에 대해서도 우리는 무엇인가 잘못되고 있다고 느끼고요. 예를 들어 오늘날 닭은 달걀이나 고기를 공급하는 자원 정도로 취급당하고 있습니다. 이에 따라 수백 마리의 닭이 좁은 공간에 갇힌 채 사육되지요. 이러한 현실을 보면서 우리는 인간이 닭에게 몹쓸 짓을 하고 있다고 느낍니다. 우리가 이렇게 느끼는 것은 닭에게도 우리가 존중해야 할 고유한 존재가 있다고 암암리에 생각하기 때문입니다. 이 경우 우리가 인간과 닭이 고유한 존재라고 이야기하는 게 단순히 그것이 우리 눈앞에 있다는 의미가 아닙니다. 그것은 인간과 닭이 갖는 고유한 존재 방식을 가리키며 이러한 존재 방식은 우리가 그 자체로서 존중해야 할 것으로 나타납니다.

그런데 우리는 모든 존재자의 고유한 존재를 인정하지 않는 기술문명 속에서 살면서 허무감에 사로잡힐 때가 있습니다. 우리가 소중히 여기면서 집착하는 기술문명의 정교한 인공적인 사물들이 무의미하게 느껴지고 또한 자신이 기술문명에서 훌륭한 인적 자원으로 인정받는 것이 헛되다고 느껴질 때가 있습니다. 하이데거는 이러한 느낌을 '불안'이라고 부르고 있습니다. 이러한 불안은 우리가 예기치 못하는 어느 순간 갑자기 우리를 엄습합니다. 그것은 우리가 기술문명에 잘 적응하면서 모든 일이 순조롭게 풀려가고 있을 때도 우리를 덮치면서 허무감 속에 빠뜨리지요.

불안이라는 기분은 존재자들에게서 고유한 존재가 빠져 나가 있고 우리가 관계하고 있는 것은 공허한 무라고 느끼는 데서 비롯됩니다. 이러한 기분에서 우리는 그동안 소중히 여기면서 집착했던 기술적인 사물들이 사실은 허망한 것이었다는 사실을 깨닫게 됩니다. 이와 함께 우리는 기술적인 사물들에 대한 집착으로 인해서 그동안 제대로 보이지 않았던 사물들의 낯선 존재에 직면하지요. 이러한 낯선 존재란 계산 가능한 에너지로 환원될 수 없는 그것들의 고유한 존재를 가리킵니다.

하이데거는 이렇게 우리가 집착했던 기술적인 사물들을 무의미하고 헛된 것으로 드러내는 어떤 것을 '무'라고 부릅니다. 이러한 무에 엄습되면서 우리는 그동안 집착했던 기술적인 사물들이 허망한 것이라는 사실을 깨닫지요. 그러면서 우리는 또한 존재자들을 기술적으로 조작해 지배하고 소유하려는 의지로부터도 벗어나게 됩니다. 하이데거는 모든 것을 계산 가능하고 변환 가능한 에너지로 환원하고 있는 기술문명을 근저에서 규정하고 있는 것이 이러한 지배의지라고 보고 있습니다.

사람들은 불안이 하나의 주관적인 기분에 불과한 것이라고 말할지도 모릅니다. 그러나 하이데거는 불안과 같은 기분을 근본기분이라고 부르면서 다른 기분들과 구별합니다. 근본기분에서는 존재 자체가 우리에게 말을 거는 사건이 일어난다고 말합니다. 존재 자체가 우리가 집착하는 기술적인 사물들을 무의미하고 허망한 것으로 드러내는 무로서 자신을 개시하고 있다는 것입니다.

근본기분과 존재의 경험

존재 자체가 우리에게 말을 건다는 점을 이해하기 어렵지요. 이 말이 무엇을 의미하는지 정확하게 알기 위해서 불안이라는 근본기분에서 일어나는 사태를 다시 한번 살펴봅시다.

첫째로, 불안이라는 기분에서는 세계 전체가 한꺼번에 새롭게 드러납니다. 불안이라는 기분에 엄습되기 이전의 우리는 모든 것이 기술적으로 잘 조작되고 관리되고 있으며, 세계가 활기와 의미로 가득 찼다고 보았지요. 그런데 이제 이러한 세계는 무의미하고 허망한 곳으로 드러납니다. 이것은 우리가 기술적인 사물들을 하나씩, 일일이 살펴보면서 그것들이 무의미하다는 것을 확인하는 식으로 일어나지 않고, 그러한 사실들 전체가 일거에 새롭게 드러나는 식으로 일어납니다. 우리 인간에게는 이렇게 존재자들 하나하나와 관계하는 것을 넘어서 존재자들 전체와 관계하는 성격이 있습니다.

둘째로, 대부분의 경우 사람들은 불안이란 기분에서 우선 도피합니다. 왜냐하면 그러한 기분에 빠져서 훌륭한 인적 자원으로 인정받는 상태를 무의미하게 생각하게 되면 아무래도 생활에 활력이 떨어지고 사회적으로 성공하는 데 지장이 있기 때문입니다. 그러나 우리가 불안이란 기분에서 도피하지 않고 그것을 적극적으로 인수하면서 기술적인 사물들의 허망함을 깨닫고 존재자들에 대한 기술적인 지배의지를 포기하게 될 때, 존재자들은 이제 전적으로 다른 모습으로 자신을 드러냅니다. 이제 그것들은 더 이상 계산 가능하고 변환 가능한 에너지가 아니라, 그것들로 환원될 수 없는 고유한 존재를 갖는 것으로 나타납니다. 이와 함께 불안이라는 기분은 존재자들의 고유한 존재에 대한 경이Erstaunen라는 기분으로 전환하지요.

셋째로, 존재자들의 고유한 존재에 대한 경이라는 기분도 하나의 근본기분입니다. 따라서 이러한 근본기분에서도 존재자 전체가 일거에 새롭게 드러납니다. 우리가 존재자들에 대한 지배의지에서 벗어날 때 이제 모든 존재자의 고유한 존재 전체가 자신을 드러내는 것입니다. 다시 말해서 모든 존재자의 고유한 존재 전체는 우리가 존재자들 하나하나를 확인함으로써 드러나는 것이 아니라, 존재자들 전체가 자신들의 고유한 존재를 하나의 조화와 통일 속에서 일거에 드러내는 것입니다.

넷째로, 이렇게 하나의 조화와 통일을 이루고 있는 모든 존재자의 고유한 존재 전체를 하이데거는 '존재'라고 부르지요. 그리고 존재자들의 고유한 존재 전체가 자신을 환희 드러낸 세계를 퓌지스Physis라고 부르고 있습니다. 퓌지스란 그리스인들이 경험한 근원적인 자연을 가리킵니다. 인간이 기술적으로 개입하고 조작하기 이전의 세계에서 모든 존재자는 자신에게 주어진 고유한 존재 방식에 따라서 살지만 그것들은 모두 하나의 전체적인 조화를 이루고 있습니다. 그것들은 제멋대로 존재하면서 일대 혼돈을 형성하는 것이 아니라 하나의 조화된 전체를 이루고 있는 것입니다.

다섯째로, 불안이나 경이와 같은 근본기분 안으로 진입하는 것은 우리의 삶의 방식이 송두리째 변화하는 사건이기도 합니다. 불안이라는 근본기분에 사로잡힐 때, 우리는 이제 사물들을 기술적으로 조작하고 지배하는 것에서 의미를 찾지 못하게 됩니다. 이와 함께 우리는 기술적인 지배의지에 사로잡혀 있던 상태에서 벗어나게 되지요. 이럴 때 우리는 모든 존재자의 고유한 존재 전체에 자신을 열게 되고, 그것에 대해서 경이를 느끼게 되며, 존재자들을 기술적으로 지배하려던 인간에서 그것들의 고유한 존재를 존중하는 인간으로 변화하게 됩니다.

전통적으로 철학은 세계와 사물의 진리가 인간의 이론적인 이성을 통해서 드러난다고 보았습니다. 그런데 하이데거는 세계와 사물의 진리는 오히려 근본기분을 통해서 드러난다고 보고 있습니다. 이런 이유에서 하이데거는 흔히 비합리주의적인 사상가라고 평가되지만, 하이데거는 자신의 철학이 합리주의나 비합리주의 양자를 넘어선다고 봅니다. 자신은 오히려 이성의 근원적인 의미를 드러내려고 한다고 말하지요. 그리스인들은 이러한 이성을 '로고스logos'라고 불렀는데, 하이데거는 그리스인들이 로고스로 경험했던 것을 드러내려고 합니다. 그리스인들이 경험했던 로고스는 경이라는 근본기분 속에서 모든 존재자의 고유한 존재를 인지하는 Vernehmen 능력입니다. 세계와 사물의 진리는 우리가 세계와 사물을 우리 눈앞에 대상화시켜 이론적으로 고찰함으로써 개시되지 않고 오히려 우리가 경이라는 근본기분의 사건 안으로 진입함으로써 개시됩니다.

또한 하이데거는 모든 존재자의 고유한 존재 전체를 '존재 자체'라고 부르고 있습니다. 이 경우 모든 존재자의 고유한 존재 전체는 개별적인 존재자들의 고유한 존재를 단순히 합한 것을 가리키지 않습니다. 그것은 고유한 존재들이 하나의 통일성과 조화를 이루고 있는 상태를 말합니다. 이때 고유한 존재들은 유일한 존재 자체의 다양한 변양들로까지 나타납니다. 물론 이러한 유일한 존재 자체는 존재자처럼 하나의 독자적인 실체로서 존재하는 게 아닙니다. 그것은 모든 존재자의 고유한 존재로서만 존재합니다. 즉 존재자들에 깃드는 방식으로만 존재하는 것이지요.

인간은 자신의 기술적인 지배의지를 넘어서 존재 자체로 나아가고 이러한 존재의 열린 장에서 개별적인 존재자들의 고유한 존재를 통찰하면서 그것들과 관계할 수 있습니다. 이렇게 인간은 존재 자체로 나아가면서 그것의 열린 장das Offene에 설 수 있는 존재 자입니다. 이런 의미에서 하이데거는 인간을 현現-존재Da-sein● 라고 부르고 있습니다. 인간은 존재 자체가 자신을 개시하는 곳인 것이죠.

이에 반해 동물은 자신의 본능적인 욕망에 의해서 구속돼 있습니다. 예를 들면 고양이에게 쥐는 단순히 먹이감으로만 나타납니다. 동물들에게 모든 존재자는 이렇게 본능적 욕망의 대상으로만 나타나기 때문에 동물들은 본능적인 욕망에 의해서 제한된 환경 세계에서 살고 있습니다. 이에 반해 인간은 고양이든 쥐든 나름대로의 독자적인 존재를 가지고 있다는 것을 알고 있습니다. 따라서 인간은 본능적인 욕망이나 개인이나 집단의 이해관심에 의해서 제한된 환경 세계를 넘어서, 모든 존재자의 고유한 존재 전체가 환히 자신을 드러내는 열린 세계로 나가 있는 것이죠.

물론 인간도 대부분의 경우에는 좁은 이해관심에 사로잡혀서 존재의 열린 장을 망각하고 존재자들을 이해관심에 따라서 보고 있기 때문에, 존재자들의 고유한 존재가 은폐됩니다. 하이데거는 이렇게 좁은 이해관심에 사로잡혀 있는 상태를 돌파하면서 존재의 열린 장으로 진입하는 사건이 우리가 근본기분에 의해서 엄습

● **현-존재**

하이데거는 인간을 이성적 동물로 보는 전통적 인간관을 비판하고 있다. 전통적 인간관은 인간을 동물이란 지평에서 보고 있다는 것이다. 이에 대해서 하이데거는 인간은 동물과는 본질적으로 다른 존재자로 본다. 동물은 본능에 의해서 규정된 제한된 환경 세계에서 살기 때문에 동물에게는 모든 것이 본능적인 욕구충족의 대상으로만 나타난다. 이에 반해서 인간은 최대의 포괄적인 지평인 존재가 자신을 나타내는 장소이기 때문에 존재자들을 자신의 욕구충족의 대상으로만 경험하는 것을 넘어서 그 자체로서 경험할 수 있다. 이런 의미에서 하이데거는 인간을 현-존재라고 부르고 있다.

되는 것과 함께 그것에서 도피하지 않고 그것을 인수하는 사건이라고 보고 있습니다.

또한 하이데거는 근본기분에 의해서 엄습되는 사건을 존재가 우리에게 말을 걸어오는 사건이라고도 말하며, 우리가 근본기분을 인수하는 것을 존재의 소리에 귀를 기울이는 것이라고도 말하고 있습니다. 근본기분이라는 것이 이렇게 존재가 우리에게 말을 걸어오는 것이라는 의미에서 하이데거는 기분을 의미하는 독일어인 Stimmung을 '존재의 소리'를 의미하는 독일어 'die Stimme des Seins'로부터 해석하고 있습니다. 물론 존재의 소리라고 말할 때 그것은 존재가 문자 그대로 소리를 낸다는 것을 의미하지는 않습니다. 그것은 근본기분을 통해서 소리 없이 우리에게 다가옵니다. 이런 의미에서 하이데거는 존재의 소리를 '정적의 울림das Geläut der Stille'이라고 부르지요.

불안이라는 기분 역시 경이라는 기분과 마찬가지로 존재 자체가 개시하는 기분입니다. 다만 우리가 기술적인 지배의지에 사로잡혀 있는 상태에서 존재가 자신을 개시할 때 그것은 불안이라는 기분을 통해서 기술적인 사물들을 허망한 것으로 드러내는 무로서 자신을 개시합니다. 그리고 우리가 불안이란 기분에서 도피하지 않고 그것을 인수하면서 기술적인 지배의지에서 벗어날 때 존재는 이제 경이라는 기분 속에서 자신을 존재 자체로서 개시하게 됩니다. 하이데거의 존재물음이란 이렇게 근본기분 속에서 무나 존재 자체로 개시하는 존재에 대한 물음이자 이러한 존재와 인간의 관계에 대한 물음입니다.

그런데 우리는 경이라는 기분에 진입하지 않아도 인간뿐 아니라 모든 사물이 인간이 함부로 할 수 없는 고유한 존재를 갖는다는 사실을 어렴풋하게 감지하고 있습니다. 따라서 우리는 닭이 한갓 계란 공급원으로 다뤄질 때 무엇인가 잘못됐다고 느낄 수 있지요. 이는 우리가 기술적인 지배의지에 사로잡혀 있지만 다른 한편으로는 암암리에 존재 자체에 나가 있기 때문입니다. 불안이나 경이라는 기분은 이렇게 우리가 암암리에 나가 있는 존재 자체가 분명하게 자신을 개시하는 사건이라고 할 수 있습니다.

앞에서 불안이란 기분이 우리가 전혀 예상할 수 없는 어떤 순간에 우리를 엄습한다고 말했습니다. 불안이란 기분이 이렇게 어떤 특정한 조건에 의해서 일어나는 것이 아니라 언제든지 일어날 수 있다는 것은, 그것이 우리의 일상적 삶의 근저에서 암암리에 꿈틀거리고 있다는 것을 의미합니다. 이는 우리가 존재의 소리에 자각적으로 귀를 기울이지 않아도 우리가 동물이 아닌 인간인 이상 존재의 열린 장 안에 이미 나가 있지만, 우선 대부분의 경우 이러한 존재의 열린 장을 자신의 좁은 이해관심에 의해서 은폐하기 때문입니다.

우리는 세계나 사물을 객관적으로 본다고 하지만 사실은 특정한 이해관심에 입각해서 볼 때가 많습니다. 흔히 어떤 사람을 좋은 사람이라거나 나쁜 사람이라고 평하지만 이 경우 좋은 사람이란 나에게 잘해주는 사람을 가리키며 나쁜 사람이란 나에게 잘못하는 사람을 가리킵니다. 하이데거는 우리가 보통 세계와 사물을 가장 객관적으로 고찰한다고 생각하는 현대과학도 사실은 인류 전체의 이해관심이라는 관점에서 세계와 사물을 고찰한다고 보고 있지요. 현대과학은 존재자들을 어떻게 하면 효과적으로 지배할 수 있는가라는 관점에서 그것들을 고찰한다는 것입니다. 따라서 현대과학은 존재자들을 그 자체로서 보려고 하지 않고, 인간에게 유리하게 사용될 수 있는 측면에서만 보고 다른 여타의 특성들도 그러한 측면으로 환원시켜서 보려고 합니다. 그것은 존재자들을 계산 가능하고 변환 가능한 에너지라는 측면에서만 보는 것이며, 그 외의 면들은 그러한 측면으로 환원될 수 있는 것으로 보거나 그렇게 환원될 수 없는 것은 인간이 자신의 주관적인 감정을 투사한 것으로 봅니다. 예를 들어 어떤 꽃을 고찰할 때도 현대과학은 그것을 물리화학적인 현상으로 환원시키며, 이것으로 환원될 수 없는 아름다움과 같은 점은 우리의 주관적인 감정을 투사한 것으로 봅니다.

그런데 이렇게 인간의 이해관심에 입각해서 볼 때 존재자들은 그 자신으로부터 소외됩니다. 하이데거가 인간이 존재의 소리에 귀를 기울여야 한다거나 존재의 열린 장으로 진입해야 한다고 하는 이유는, 이렇게 열린 장에서만 존재자들이 자신으로부터 소외되지 않고 자신의 고유한 존재를 드러내기 때문입니다. 존재는 모든 존재자를 포괄하면서도 존재자들의 고유한 존재로서 그것들에 깃들어 있습니다. 존재는 어떠한 존재자도 배제하지 않고 모두 포괄하는 최대의 열린 장으로서, 그러한 장에서 존재자들은 자신으로부터 소외되지 않고 자신으로 해방됩니다.

이에 반해 우리가 사물들을 보는 대부분의 지평은 우리의 이해관심에 의해서 제약된 좁은 지평이며 이러한 지평에서 존재자들은 그 자신으로부터 소외됩니다. 우리는 최대의 포괄자라고 할 수 있는 존재의 열린 지평으로 나아갈 때에만 존재자들과 진정한 관계를 맺을 수 있고 그것들이 갖는 신비함과 아름다움을 감지할 수 있습니다. 하이데거는 이렇게 존재의 열린 장으로 나아가 존재자들의 고유한 존재를 경험하는 사건을 '존재자들이 있다'는 기적을 경험하는 사건이라고 말하고 있습니다. 이 경우 존재자들은 어떤 특별한 존재자들이 아니라 모든 존재자며, 특히 우리가 일상적으로 가장 자명하고 진부한 것으로 생각하면서 스쳐 지나가는 자연의 사물들입니다. 우리는 존재자들에 대한 지배의지에서 벗어나 존재의 열린 장으로 진입하게 되면서 존재자들을 보고 '아, 강이 저기에 저렇게 있구나', '산이 저기에 저렇게 있구나', '여기에 냉이 꽃이 피었구나'라고 경탄합니다.

이 경우 존재자들이 '있다'는 것은 그것이 한갓 지각이나 관찰의 대상으로서 내 눈앞에 있다는 것이 아니라, 그것들이 자신들의 고유한 존재와 아름다움을 '스스로 드러내면서 우리에게 다가오는 식으로 있다'는 것을 의미합니다. 그리고 이때 우리는 존재자들을 냉정하게 관찰하는 것이 아니라 경탄 속에서 그것들에게 우리 자신을 열게 됩니다.

기술인을 넘어서 시인으로

하이데거는 존재의 열린 장에 진입하여 존재자들의 고유한 존재와 아름다움을 온몸으로 느끼는 인간을 '시인'이라고 부르고 있습니다. 하이데거에 따르면 우리 인간은 원래 시인입니다. 물론 이 경우 시인이란 문자 그대로의 의미에서 시를 직접 짓는 사람만을 가리키지 않고 시를 짓지 않더라도 존재자들의 고유한 존재와 아름다움에 잘 감응하는 사람을 가리킵니다.

하이데거는 현대 기술문명의 근본적인 문제를 인간이 존재자들에 대한 기술적 지배의지에 빠져서 존재의 열린 장에 진입하지 못하고 있다는 점에서 찾습니다. 다시 말해서 현대 기술문명이 빚어내는 갖가지 문제점은 인간이 시인으로서의 자신의 본분을 잊고 기술인으로 전락했다는 데 있다는 것입니다. 이런 이유에서 하이데거는 우리에게 '시인으로서 지상에 거주할 것'을 촉구하고 있습니다.

그런데 하이데거는 글로 쓰인 시라도 모든 시가 진정하다고 보지 않습니다. 아래에서 두 편의 시를 보면서 하이데거가 진정한 시라고 보고 있는 것이 갖는 성격을 분명히 보려고 합니다. 아래의 두 시는 에리히 프롬 Erich Fromm (1900~1980)의 《존재냐 소유냐》에 나오는 시입니다. 저는 개인적으로 하이데거의 사상은 프롬의 사상과 상통한다고 보고 있습니다. 하이데거가 주창하는 시인으로서의 삶은 프롬이 말하는 삶의 존재 양식과 상통하고, 기술인으로서의 삶은 소유 양식으로서의 삶과 상통합니다.

① 가만히 살펴보니

냉이 꽃 한 송이가 피어 있다

울타리 옆에!

— 바쇼

② 갈라진 벼랑에 핀 한 송이 꽃,

나는 너를 틈 사이에서 뽑아 따낸다.

나는 너를 이처럼 뿌리 채 내 손에 들고 있다.

작은 꽃 한 송이,

그러나 내가 너를, 뿌리와 너의 모든 것을,

그 모두를 이해할 수 있다면

신과 인간이 무엇인지를

이해할 수 있으련만

— 알프레드 테니슨

①은 일본의 시인 바쇼〔松尾芭蕉〕(1644~1694)의 시이고, ②는 영국의 계관桂冠시인 알프레드 테니슨Alfred Tennyson(1809~1892)의 시입니다.

바쇼의 시는 극히 단순하고 소박하지요. 바쇼는 냉이 꽃 한 송이를 보면서 경이로워 하고 있습니다. 우리는 보통 냉이 꽃 한 송이를 보잘 것 없다고 간주하면서 무시하지만 바쇼는 냉이 꽃에서 다른 어떤 것으로 환원될 수 없는 그것의 독자적인 존재와 신비를 경험하고 있습니다. 이러한 독자적인 존재와 신비로움은 바쇼가 냉이 꽃에 대해서 느끼는 주관적인 감정에 불과한 것이 아닙니다. 그것은 그가 사물에 대한 모든 욕심에서 떠나서 자신을 비우고 있는 상태에서 그에게 자연스럽게 드러난 것입니다. 여기서 냉이 꽃은 바쇼에게 자신을 열어 보이면서 다가오고 있는 것입니다.

이에 반해 테니슨의 시는 꽃을 지적 호기심의 대상으로 삼고 있습니다. 그는 꽃의 고유한 존재와 신비를 온몸으로 느끼기보다는 그것을 지적으로 이해하고 싶어 합니다. 따라서 그는 꽃을 그대로 두지 않고 꽃을 따는 것이지요. 하이데거는 바쇼의 시는 진정한 시로 보겠지만 테니슨의 시는 진정한 시로 보지 않았을 것입니다.

죽을 자로서의 인간과 존재

하이데거는 인간을 존재가 자신을 개시하는 장이라는 의미에서 현-존재라고 부르고 있지만 또한 '죽을 자die Sterblichen'라고도 부르고 있습니다. 이와 함께 하이데거는 죽음이라는 것이 인간의 삶에서 극히 본질적인 의미를 갖는다는 사실을 시사하고 있습니다. 또한 하이데거가 인간을 현-존재라고 부르면서도 죽을 자라고 부르고 있다는 것은 인간과 존재 그리고 죽음 사이에 밀접한 연관이 있다고 본다는 사실을 시사하고 있습니다. 하이데거는 실로 '죽음은 무의 관棺, Schrein이고 이 무는 존재의 비밀로서 임재한다'고 말하고 있습니다.

인간을 죽을 자라고 부르면서 하이데거가 염두에 두고 있는 것은 인간은 '죽음을 죽음으로서 경험할 수 있는 자'라는 사실입니다. 그런데 인간뿐 아니라 동물들도 다 죽습니다. 그럼에도 하이데거는 왜 인간만이 죽음을 죽음으로서 경험할 수 있다고 말할까요?

하이데거는 그의 대표작인 《존재와 시간》에서 '인간의 본질은 실존에 있다'고 말하고 있습니다. 하이데거 이전의 서양의 전통철학은 인간의 본질은 이성에 있다고 보았습니다. 이성이란 생각하는 능력을 말하지요. 인간이 생각하는 능력을 갖고 있다는 것은 어느 누구도 부정할 수 없을 것입니다. 예를 들어 불이 났을 때 동물은 도망가기 바쁘겠지만 인간은 불이 왜 났는지를 생각하면서 불이 난 원인을 찾으려고 합니다. 그렇게 해서 불을 끄려고 하거나 다시는 불이 안 나게 조심하겠지요. 이렇게 인간에게는 생각하는 능력인 이성이 있기 때문에 인간은 과학을 발전시키고 많은 기술을 고안해낼 수 있었습니다. 이성이 없다면 인간은 동물과 다를 바가 없겠지요.

그런데 하이데거는 서양의 전통철학과는 달리 인간의 본질이 이성에 있는 것이 아니라 실존에 있다고 말하고 있습니다. 그렇다면 실존은 무엇을 의미할까요? 그것은 '어떻게 살 것인가'라고 고민할 수 있는 인간의 존재 성격을 의미합니다. 우리는 단순히 어떤 대학에 들어가고 어떤 직장에 취직할 것인가와 같은 단편적인 문제를 넘어서 탄생에서 죽음에 이르는 자신의 삶 전체를 문제 삼으면서 어떻게 사는 삶이 의미 있는지를 물을 수 있습니다. 호랑이도 가까운 거리에 있는 토끼를 언제 습격할지에 대해서 고민할 수는 있습니다. 그러나 동물은 탄생에서 죽음에 이르는 자신의 삶 전체가 어떤 의미가 있는지 고뇌하지는 않습니다. 오직 인간만이 그런 고뇌를 하지요. 인간만이 갖는 그러한 근본적인 특성을 하이데거는 '실존'이라고 부르고 있습니다.

그런데 우리가 우리 자신의 삶 전체를 심각하게 문제 삼는 것은 무엇보다도 죽음을 생각하게 될 때입니다. 이때 우리는 그동안 우리 자신이 살아 온 삶이 죽음 앞에서 무상하게 사라진다는 것을 깨닫습니다. 이와 함께 우리는 자신이 어떻게 살 것인지 고뇌하게 됩니다. 어떠한 삶이 죽음 앞에서도 충만하고 유의미하다고 여길 수 있는 것인지를 묻게 되는 것이지요.

그러나 우리는 우선 대부분의 경우 자신이 죽는다는 사실로부터 고개를 돌립니다. 우리는 흔히 이렇게 말합니다. '모든 인간은 죽는다, 그렇지만 나는 아직 죽지 않았다'라고요. 우리는 실로 모든 인간이 죽는다는 사실을 인정하면서도 죽음은 아직 자신에게는 먼 일이라고 생각하는 것입니다. 이렇게 우리는 죽음을 외면하면서 돈이나 명성과 같은 세간적인 가치를 추구하는 데 여념이 없습니다. 이렇게 죽음에서 세간의 삶으로 도피하는 것을 하이데거는 '비본래적인uneigentlich 실존'이라고 부르고 있습니다. 이러한 삶은 현대 기술문명에서 존재자들을 효과적으로 관리하고 지배하면서 사회의 인정을 받으려고 하는 것이겠지요.

하이데거는 죽음이 인생의 마지막 순간에 나타나면서 그때야 비로소 문제가 되는 것이 아니라고 보고 있습니다. 죽음은 삶의 모든 순간에 임박해 있습니다bevorstehen. 우리는 언제 죽을지 분명하게 말할 수 없지만 자신이 언제든 죽을 수 있다는 것을 알고 있습니다. 죽는 시점을 확실하게 말할 수 없다는 의미에서 하이데거는 죽음을 '무규정적인unbestimmt 가능성'이라고 봅니다. 그러나 이렇게 죽음은 무규정적인 가능성이면서 또한 가장 확실한 가능성입니다. 우리는 우리가 죽는다는 사실을 그 어떤 사실보다도 확실한 것으로 생각합니다.

물론 과학이 발달하면 인간은 언젠가 죽음도 극복할 수 있다고 생각하는 사람들이 있을 수 있습니다. 그러나 이러한 생각은 죽음을 자기 자신의 죽음이 아니라 인간 일반의 죽음으로 객관화시켜서 볼 때 할 수 있는 생각입니다. 우리가 죽음을 나 자신의 죽음으로 생각할 때 죽음은 그 모든 가능성 중에서도 가장 확실한 가능성으로서 나타납니다.

또한 우리들 각자의 죽음은 어느 누구도 대신할 수 없는 가능성이라는 점에서 우리 자신의 가장 고유한 가능성입니다. 대리시험이나 대리출석 등은 다른 사람이 대신해줄 수 있지만, 죽음은 우리 각자가 짊어져야 하지 다른 사람이 대신해줄 수 없습니다. 이렇게 죽음은 우리 각자의 고유한 가능성이기 때문에 죽음을 진지하게 생각할 때 우리는 우리 자신의 고유한 존재에 직면하게 됩니다. 다시 말해 죽음을 생각할 때 우리는 그동안 집착했던 세간적인 가치들의 덧없음과 무의미함을 깨닫게 되면서 그러한 가치들로 환원될 수 없는 우리 자신의 고유한 존재에 직면하게 되지요.

앞에서 현대 기술문명에서 존재가 불안이라는 기분에서 무라는 형태로 자신을 개시한다고 이야기했습니다. 다시 말해 존재는 불안이라는 기분에서 우리가 집착했던 기술적인 대상들의 무의미함을 드러내는 무로서 자신을 드러냅니다. 우리는 이제 '죽음은 무의 관棺,Schrein이고 이 무는 존재의 비밀로서 임재臨在한다'는 하이데거의 수수께끼 같은 말을 어렴풋하게나마 이해할 수 있습니다. 불안이라는 기분은 현대 기술문명에서 죽음이 무의 관으로서 우리에게 자신을 개시하는 사건이라고 할 수 있습니다. 우리는 죽음 앞에서 우리가 그동안 집착했던 모든 기술적인 대상들이 허망한 것이라는 사실을 깨닫게 됩니다. 그런데 이와 함께 우리가 존재자들을 기술적으로 지배하려는 의지마저도 완전히 버리게 될 때, 우리 자신의 고유한 존재와 아울러 모든 존재자의 고유한 존재가 우리에게 개시됩니다.

다시 말해서 무의 관으로서의 죽음은 사실 모든 존재자의 고유한 존재 전체가 하나의 통일된 전체로서 자신을 개시하는 사건으로 나타납니다. 다만 우리가 존재자들을 기술적으로 지배하려는 의지에 아직 사로잡혀 있는 상태에서는 이러한 존재는 기술적 대상들을 무의미한 것으로 드러내는 무로서 자신을 드러냅니다. 그러나 우리가 기술적인 대상들에 대한 집착과 기술적 지배의지를 온전히 버리게 될 때 불안이라는 기분은 경이라는 기분으로 전환하면서 그동안 우리의 기술적인 지배의지에 대해서 자신을 은닉하고 있었던 존재를 경험하게 되는 것입니다.

하이데거는 우리가 불안이라는 기분 속에서 죽음을 경험하면서 존재자들에 대한 지배의지에서 벗어날 때 열려오는 모든 존재자의 고유한 존재 전체에 자신을 여는 것을 '죽음에로의 선구'라고 부르고 있습니다. 죽음으로 선구하지 않고 죽음 앞에서 도피하던 인간은 사물들을 자신의 뜻대로 조종하고 통제하기 위해서 그것들을 자신 앞에 두고 이리저리 관찰하고 조작했습니다. 반면에, 죽음으로 선구하면서 인간은 사물들의 고유한 신비스런 존재와 아름다움에 사로잡히게 되고 현-존재로서 다시 태어나게 되는 것입니다.

전통적인 서양철학에서 죽음은 주로 사후에도 영혼이 존재하는가 그렇지 않은가라는 문제와 관련하여 논의됐습니다. 이에 반해 하이데거는 이러한 문제에는 관심이 없습니다. 이는 하이데거가 현상학적 입장에 서 있기 때문입니다. 현상학적 입장은 우리가 직접적으로 경험하는 현상을 분석하는 것을 철학 과제로 봅니다. 우리는 죽음 이후의 영혼을 경험할 수는 없습니다. 하이데거는 우리가 살아 있으면서 죽음을 어떻게 경험하는지 그리고 그러한 경험에서 죽음은 어떤 식으로 자신을 드러내는지를 분석할 뿐입니다.

존재 망각의 역사와 존재 망각의 극복

하이데거의 사상은 큰 전회를 경험했다고 평가됩니다. 이에 따라서 하이데거의 사상은 보통 초기와 후기로 나누어집니다. 그러나 저는 이 글에서 이러한 초기와 후기의 구분을 넘어서 하이데거의 사유 도정 전체를 관통하는 핵심 사상을 소개하려고 했습니다. 저는 하이데거의 초기 사상과 후기 사상이 서로 통한다고 생각합니다. 제가 여기서 분석한 불안이란 기분이나 죽음은 하이데거 사상의 초기와 후기 모두에서 중요한 위치를 차지하고 있습니다. 저는 앞에서 하이데거가 불안과 죽음에 대해서 행한 초기의 분석을 후기 사상의 입장에서 해석하면서 수용했습니다.

초기 하이데거와 후기 하이데거를 나누는 가장 결정적인 특징 중 하나가 있습니다. 초기의 하이데거는 인간의 존재 방식을 통시대적으로 분석하고 있는 반면에, 후기의 하이데거는 인간의 존재 방식뿐 아니라 인간이 살고 있는 세계도 역사적으로 그때마다 본질적으로 다르다고 봅니다. 예를 들어 초기의 하이데거는 우리가 그동안 살아 왔던 삶의 허망함을 깨닫게 되는 불안이란 기분이 시대를 불문하고 모든 시대에 나타날 수 있다고 간주하면서 분석하고 있습니다. 그러나 후기의 하이데거는 역사적으로 사유하고 있으며 이와 함께 각 시대마다 그 시대를 규정하는 근본기분은 달라질 수 있다고 봅니다. 따라서 초기의 하이데거는 불안이란 기분을 그것이 나타나는 시대적인 상황을 문제 삼지 않고 분석하는 반면에, 후기의 하이데거는 불안이란 기분도 제가 이 글에서 설명하고 있듯이 존재자들을 한갓 조작과 지배의 대상으로 삼는 기술 시대를 근저에서 규정하면서 새로운 시대를 준비하는 기분이라고 봅니다.

오늘날 인류는 과학기술의 눈부신 발전 덕택에 유례없는 물질적 풍요를 누리고 있습니다. 그러나 하이데거는 이러한 물질적 풍요의 이면에서 우리의 삶은 실질적으로는 빈곤해지고 있는 것은 아닌지 묻습니다. 자연을 기술적으로 지배하는 인간의 능력은 이전 시대가 상상할 수 없을 정도로 증대됐지만, 그 대신에 현대인들은 사물과 자연 그리고 인간의 고유한 존재가 갖는 신비와 아름다움을 지각하는 능력을 상실했습니다.

우리는 살아 있는 모든 것들을 생육시키면서 그것들이 죽어서 되돌아가는 대지를 보지 못하고 있으며, 강을 강으로서, 폭포를 폭포로서 보지 못하고 모든 것을 에너지 자원으로 보고 있습니다. 시냇물은 여전히 시냇물로 있고 새는 여전히 저렇게 지저귀고 있지만 우리는 시냇물 소리를 듣지 못하고 새소리를 듣지 못합니다. 우리가 정신이 팔려 있는 것은 기술문명의 소산인 정교한 인공물들입니다. 그 결과 우리는 우리 가까이에 존재하는 '세계의 축제'를 보지 못하고 그것을 즐기지 못하고 있습니다. 이런 의미에서 하이데거는 현대를 '궁핍한 시대'라고 부르고 있습니다.

그러나 하이데거는 고대의 그리스인들은 현대인들과 달랐다고 봅니다. 그리스인들은 경이라는 근본기분에 사로잡혀 있었기 때문에 현대인들이 흔히 진부하고 자명한 것으로 보는 모든 것을 경이롭게 경험할 수 있었다는 것입니다. 하이데거는 플라톤 이전의 철학자들뿐 아니라 플라톤과 아리스토텔레스의 철학까지도 모두 경이라는 근본기분에서 경험된 세계를 이론적으로 분석한 것이라고 보고 있습니다.

실제로 '철학은 경이에서 시작한다'고 말한 사람은 아리스토텔레스였습니다. 사람들은 흔히 아리스토텔레스가 말하는 경이를 지적인 호기심과 동일시합니다. 그러나 하이데거는 경이가 지적인 호기심과 전적으로 다르다고 봅니다. 경이는 우리가 일상적으로 가장 자명하게 생각하기 때문에 보통 아무런 관심도 갖지 않는 것을 신비롭게 경험하는 것입니다. 그것은 모든 존재자가 드러내는 고유한 존재를 신비롭게 생각하면서 그 앞에 매료되어 있는 상태입니다. 그것은 시인을 비롯한 예술가들이 자연의 아름다움을 노래할 때 그들이 사로잡혀 있는 기분입니다. 이에 반해 지적인 호기심은 세계를 우리 눈앞의 대상으로 놓아두고서 그것들이 어떤 식으로 작동하는지 냉정하게 고찰하는 것입니다.

플라톤과 아리스토텔레스의 철학은 목적론적인 사유에 의해서 특징지어집니다. 이러한 사유에 따르면 모든 존재자는 자신들이 실현하려고 하는 고유한 본질적 존재를 갖습니다. 이러한 본질적 존재를 플라톤은 '이데아'라고 불렀고 아리스토텔레스는 '형상'이라고 불렀습니다. 이러한 본질적 존재를 실현하면 존재자는 만족해하고 행복해하지만, 그렇지 않으면 자신의 상태에 대해 불만을 느끼면서 어떻게든 그러한 존재를 실현하려고 합니다. 근대과학은 이러한 목적론적 사유를 철저하게 부정합니다. 그것은 근대 초기의 기계론적인 역학이든 20세기의 양자 역학이든 모든 존재자가 자신들의 고유한 존재를 실현하려고 한다는 생각을 비과학적인 유치한 생각으로 치부합니다.

그리스인들은 경이라는 근본기분 속에서 존재를 경험하고 있었으며 이와 함께 존재자들의 고유한 존재를 경험하고 있었지만, 시간이 가면서 경이라는 기분도 약화되어 갑니다. 이와 함께 사람들은 존재를 망각하고 눈앞의 존재자들만 존재하는 것으로 보게 됩니다. 그런데 이러한 눈앞의 존재자들은 일차적으로 혼돈스럽게 나타나기 때문에, 사람들은 이성을 동원하여 이러한 존재자들을 통일시키는 최종 근거를 찾아 나서게 되며 이러한 근거에 입각하여 세계를 이해하려고 합니다.

이와 함께 서양의 중세 시대에는 세계가 신이라는 초월적인 존재자에 의해서 비로소 통일과 조화가 주어지는 것으로 여깁니다. 따라서 서양의 중세인들의 관심은 신에 대한 믿음을 통해서 자신의 삶의 영원한 안전, 즉 구원을 확보하는 데로 향하게 되며 신을 숭배하고 섬기는 것을 삶의 과제로 삼게 됩니다. 이에 반해 그리스인들은 존재자들의 고유한 존재를 경험하면서 그것들이 자신의 고유한 존재와 진리를 드러내도록 돕는 것을 삶의 과제로 삼았습니다.

근대에 들어오면서 신의 자리를 인간이 차지하게 됩니다. 이제 인간은 신을 통해서가 아니라 자기 자신의 힘을 통해서 이 세계 안에서 자신의 지위를 안정되게 확보하려고 하지요. 근대인은 세계를 계산 가능한 힘들의 연관 체계로 보면서 이러한 체계가 작동하는 방식을 냉정하게 파악하려고 하며 이러한 파악에 입각하여 세계 내에서의 자신의 지위를 안전하게 확보하려고 하는 것입니다. 힘들의 연관 체계가 어떻게 작동하는지를 정확하게 파악하면 우리는 그것을 우리에게 유리하게 작동하게 만들 수 있기 때문입니다. 이에 따라서 근대에는 '아는 것이 힘이다'는 말이 유행하지요. 지식 내지 진리는 우리에게 힘을 준다는 것입니다. 이와 함께 근대에서는 경이라는 근본기분 대신에 회의라는 근본기분이 지배하게 됩니다. 회의라는 기분은 세계가 일차적으로는 불확실한 혼돈 상태로 나타나지만 이러한 상태의 근저에 우리 자신의 이성에 의해서 파악할 수 있는 질서와 법칙이 존재한다고 생각하는 것입니다. 이러한 질서와 법칙을 이성은 여러 가지 가설을 제시하고 시험함으로써 드러내려고 합니다.

따라서 오늘날의 과학기술문명에서는 그리스인들이 경이라는 근본기분에서 경험했던 존재가 철저하게 망각되고 있습니다. 심지어 현대인들은 자신이 존재를 망각하고 있다는 사실조차도 모를 정도로 존재를 철저하게 망각하지요.

그러나 하이데거는 이러한 기술문명의 한가운데에서 불안이라는 기분이 우리를 엄습하고 있기 때문에 우리는 기술문명의 공허함을 경험할 수 있다고 봅니다. 이러한 공허함을 경험함으로써 우리는 존재자들을 기술적으로 지배하고 조작하려는 의지에서 벗어나게 됩니다. 이러한 의지에서 벗어나면서 불안이란 기분은 경이라는 기분으로 전환되고, 우리는 존재에 자신을 열게 되며 이와 함께 존재의 열린 장에서 자신을 환히 드러내는 존재자들의 고유한 존재를 다시 경험하게 됩니다.

하이데거의 사상은 난해합니다. 하이데거가 말하려고 하는 것을 제가 가능한 한 쉬우면서도 명쾌하게 설명하려고 했지만 여전히 분명하게 잡히지 않는 면이 있을 것입니다. 뒤의 '더 읽어보면 좋은 책'에서 소개하는 책들을 보면서 하이데거에 대한 이해를 심화시키기 바랍니다.

더 읽어보면
좋은 책

박찬국, 《하이데거의 《존재와 시간》 읽기》, 세창출판사, 2012.

하이데거의 대표작인 《존재와 시간》에 대한 입문서로서 《존재와 시간》의 난해한 내용을 명쾌하면서도 이해하기 쉽게 설명하고 있다. 《존재와 시간》을 읽기 전에 책의 전체적인 구도를 미리 파악하는 데도, 《존재와 시간》을 다 읽은 후 전체적인 내용을 분명하게 파악하는 데도 도움이 될 것이다.

오토 페겔러 지음, 이기상·이말숙 옮김, 《하이데거의 사유의 길》, 문예출판사, 1993.

하이데거 연구의 세계적 권위자로 꼽히는 저자가 하이데거의 사상을 초기부터 후기까지 상세하게 설명하고 있다. 하이데거가 자신의 사상을 어떤 식으로 개척하고 변용시켜 나가는지를 살펴보는 데 좋은 책이다.

고형곤, 《선禪의 세계》, 동국대학교출판부, 2005.

하이데거의 후기 사상과 선불교를 비교하고 있는 기념비적인 저작이다. 하이데거의 후기 사상을 선불교를 통해서 조명하고 또한 선불교를 하이데거의 언어로 풀어씀으로써 하이데거의 후기 사상이 동양의 선불교와 어떤 식으로 상통하고 있는지를 분명하게 보여준다. 서양의 전통 형이상학의 사고방식을 극복하려고 했던 하이데거

···

사상과 동양 사상의 생산적인 대화가 가능한지 그리고 가능하다면 어떤 식인지 잘 보여주고 있는 책이다.

박찬국, 《하이데거는 나치였는가》, 철학과현실사, 2007.

이 책은 세계적으로 여전히 논란이 되고 있는 하이데거의 나치 참여 문제에 대해서 심도 있게 연구하고 있다. 특히 하이데거가 나치에 참여하게 된 역사적·사상적 배경, 하이데거의 나치 참여의 구체적인 실상, 하이데거의 사상과 나치즘 사이의 연관성, 하이데거가 과연 나치즘을 사상적으로 극복했다고 할 수 있는지의 문제 등을 다룬다. 20세기의 대표적인 사상가로 꼽히는 하이데거가 왜 나치에 참여했는가라는 문제를 중심으로 하이데거의 사상을 파악하고 싶어 하는 사람들에게는 많은 도움이 될 수 있다.

발터 벤야민의
아우라 몰락 이후의
아우라

—

심혜련

발터 벤야민
Walter Benjamin(1892~1940)

발터 벤야민은 1940년 9월, 나치의 비인간적인 독재가 정점에 이르렀을 때, 자살로 자신의 짧은 생애를 마감했다. 엄밀한 의미에서 그의 죽음은 자살이 아니라, '타살적 자살'이다. 시대적 불행이 이 예민한 철학자를 죽음으로 내몰았던 것이다.

그는 1892년 부유한 유대인의 집안에서 태어났다. 당시 베를린이라는 대도시에서 태어난 그는 문화적, 학문적 혜택을 충분히 받았고, 이때 받은 혜택을 중심으로 탁월한 자신의 사상들을 전개했다. 그럼에도 불구하고 그의 죽음만큼은 아니지만, 그의 학문적 여정도 매우 힘들었다. 박사논문으로 《독일 낭만주의 비평 개념》을 쓰고, 그 후 교수자격 논문인 《독일 비극의 원천》을 썼지만, 이는 그의 글에 대한 몰이해 때문에 거절되는 비극을 겪게 된다. 그는 그 후 아카데미즘과 거리를 둘 수밖에 없었다. 그는 이런 상황 때문이기도 하고 또 경제적인 이유 때문에 학술 논문보다는 짧은 에세이들을 썼다. 이런 그의 글들이 《벤야민 전집》으로 출판됐다. 이 전집을 중심으로 그의 사상들은 여전히 다양한 분야에서 또 다양한 관점에서 해석되고 있다. 그의 전집을 중심으로 그의 사상은 여전히 현재성을 가지고 해석되고 논의되고 있다.

너무나 아우라적인

언제부터인가 우리는 종종 '아우라Aura'라는 말을 듣습니다. 아우라가 뭔지 또 어느 나라 말인지 잘 모르지만, 이 말이 사용되는 경우를 잘 보면, 그 의미를 대충 알 수 있습니다. 뭔가 분위기 있고, 고급스럽고, 또 다른 사람이 쉽게 범접할 수 없거나 또는 그 사람만이 가지고 있는 독특한 분위기나 카리스마 등을 표현하고자 할 때, 뭉뚱그려 아우라가 있다고 합니다. 특히 작년에는 모 방송에서 당시 대선후보 중 한 명이었던 박근혜 대통령을 인터뷰하면서, 아우라라는 표현을 사용해서, 이 개념을 널리 알리는 데 큰 공(?)을 세우기도 했습니다. 이 경우 잘은 몰라도 아우라는 매우 긍정적인 개념이며, 사람이든 사물이든 간에 아우라를 가지고 있으면 좋은 것으로 평가되고 있음을 알 수 있습니다. 그런데 재미있게도 아우라는 몰락, 상실 그리고 붕괴 등과 연결되어 논의되는 개념입니다. 게다가 아우라를 이러한 맥락에서 사용한 철학자는 '아우라의 몰락Verfall der Aura'을 긍정적으로 평가했습니다. 이러한 평가에 따르면, 아우라가 있다는 것은 좋은 현상이 아닙니다. 왜냐하면 아우라는 없어야 되는 것, 또 몰락해야 바람직한 것이기 때문이죠. 그런데 우리는 보통 아우라가 있으면 좋다고 합니다. 또 아우라가 있다는 말을 들으면 좋아합니다. 그렇다면 이러한 현상들이 왜 일어날까요? 아우라에 대한 오독일까요? 이 개념의 대중적 사용과는 반대로 사실 몰락이 긍정적 현상이라면, 아우라가 있다는 것은 문제가 있다는 의미가 아닐까요?

사실 아우라는 1930년대 발터 벤야민이라는 철학자가 예술과 관련해서 사용한 개념입니다. 그러나 벤야민이 아우라 개념을 처음 사용한 것은 아닙니다. 본래 아우라는 종교적 의미를 가지고 있었습니다. 한마디로 말해서 아우라는 일종의 '신비한 기운'이며 '호흡'입니다. 또 어떤 사람들을 감싸고 있는 '분위기'와 '기운'이기도 합니다. 우리는 이러한 신비한 기운으로서의 아우라를 중세의 성화에서 볼 수 있습니다. 그림에서 성인들의 머리를 감싸고 있는 둥그런 원이 바로 아우라를 시각화한 것이죠. 벤야민은 이렇게 종교적 의미를 가지고 있던 아우라를 자신의 예술철학에서 사용합니다. 그 후 아우라는 매우 논쟁적인 철학적 개념이 되지요. 논쟁은 바로 벤야민이 기술복제시대의 예술작품의 특징을 한마디로 '아우라의 몰락'이라고 규정하면서 시작됐습니다. 이러한 주장을 둘러싼 주된 논쟁은 '아우라 개념'에 대한 이해와 예술에서 '아우라 몰락'의 여부였습니다. 재미있는 사실은 이 논쟁의 현재성입니다. 도대체 아우라가 무엇이며, 왜 벤야민은 아우라의 몰락을 주장했는지에 대해 아직도 활발하게 논의되고 있으니까요. 이 논쟁의 현재성으로 인하여 '아우라의 몰락'을 이야기했던 벤야민은 역설적으로 '너무나도 아우라적인 철학자'가 됐습니다. 그가 몰락했다고 이야기한 아우라가 현재 그의 철학을 감싸고 있습니다.

벤야민는 '멀리 있음'과 '가까이 있음' 그리고 '지금'이라는 시간적이며 공간적인 범주로 아우라를 설명했습니다. 즉 아우라란 한마디로 말해서 '지금' 가까이 있지만, 사실 '멀게 느껴지는 것'입니다. 벤야민 이론이 바로 그렇습니다. 벤야민은 우리에게 지금 매우 가깝게 있습니다. 벤야민 전문가가 아니더라도, 현대 문화예술 현상에 관심을 갖고 있는 사람들은 그의 이름을 들어봤을 것입니다. 심지어 그를 모른다고 하더라도 '아우라' 개념은 들어봤을 것이며, 또 한 번 이상은 이 개념을 사용했을 것입니다. 이렇듯 우리에게 친숙한 그리고 가까이 있는 벤야민의 이론은, 사실 우리에게 굉장히 멀리 있다고 볼 수 있습니다. 여기서 멀리 있다는 것은 이론적으로 다가가기 힘들다는 것을 의미합니다. 물론 우리가 어떤 철학자의 이론을 인용하고, 또 일상생활에서 사용할 때, 반드시 그것에 대해 정확히 알아야만 하는 것은 아닙니다. 그것이 갖는 이론적 맥락과 의의, 그리고 정확한 의미에 대한 규정은 전문가들의 일이기 때문이죠. 그렇다고 하더라도 벤야민의 경우, 특히 그가 말하는 아우라 개념은 특별한 상황에 처해 있다고 볼 수 있습니다. 앞서 이야기했듯이, 문화비평뿐만 아니라, 예술 및 오락을 다루는 텔레비전 프로그램에서도 우리는 흔히 아우라 개념을 접할 수 있으니까요. 그러나 이것이 정확히 무엇을 말하는지는 잘 모릅니다. 아우라가 주는 느낌 그대로 이해되고 통용되고 있을 뿐입니다. 정말 가까이 있지만, 멀리 있는 것이지요.

벤야민의 철학은 이해하기가 매우 어렵습니다. 특히 그가 사용하는 개념들과 이론들은 닫힌 해석 체계에 묶어 둘 수 없습니다. 다양한 해석이 가능하기 때문입니다. 이에 대해 보리스 그로이스 Boris Groys(1947~)는 다음과 같이 이야기합니다.

벤야민에 관하여 이야기하는 것은 매력적인 일임과 동시에 어려운 일이다. 벤야민은 자신의 저서들에 대한 해석에 많은 자유로운 공간을 열어 두고 있다. 그의 텍스트들은 항상 상상의 자유로운 놀이로 독자들을 유혹한다.(Boris Groys, "Die Topologie der Aura", in: *Topologie der*

Kunst Carl Hanser Verlag München, 2003, S. 33)

그렇습니다. 상상의 자유로운 공간이 열려 있다는 것은 재미있 다는 것과 동시에 혼란을 초래할 수 있다는 것을 의미합니다. 열 린 텍스트들은 늘 이론적으로 자극하지만, 또 때로는 이론적 무력 감에 빠지게도 하지요. '내가 잘 이해하고 있는 것일까?'라는 의 문이 끊임없이 안에서 제기되기 때문입니다. 그럼에도 불구하고 이 글에서는 그로이스가 이야기한 것처럼, 자유로운 상상력을 제 공하는 이 매혹적인 이론적 공간에 들어가 벤야민의 철학적 사유 를 재사유하고자 합니다. 물론 이 재사유의 작업은 벤야민 철학 전체를 아우를 정도로 범위가 큰 것은 아닙니다. 왜냐하면 재사유 의 대상을 '아우라'로 한정했기 때문입니다.

벤야민 사후, 몇 번의 벤야민 이론의 붐이 있었습니다. 1960년 68운동과 관련해서 벤야민 이론은 맑스주의 미학으로 적극 수용 됐고, 1980년대 널리 확산된 매체 담론과 관련해서 벤야민은 매 체철학 또는 매체미학의 선구자로 적극 해석되기도 했지요. 그 후 1990년대에서는 감성학 또는 지각철학적 맥락에서 재해석되기도 했습니다. 최근에는 여기서 더 나아가 현상학, 해석학 그리고 프랑 스 철학 등과의 관련 속에서 적극 논의되고 있습니다. 사실 그의 이론을 재해석하고 받아들이는 분야는 무궁무진합니다. 특히 예 술과 관련해서는 더욱 그렇습니다. 이렇듯 벤야민 철학은 늘 현재 성을 갖고 있습니다. 그런데 이렇게 다양한 해석과 수용을 가만히 들여다 보면, 재미있는 현상이 보입니다. 그것은 문제의 출발점이 거의 동일하다는 것입니다. 즉 다양한 해석과 논쟁은 늘 벤야민이 말하는 아우라란 무엇이며, 또 아우라의 몰락이란 무엇인가라는 논쟁과 직접 연결됐다고 해도 과언이 아닙니다. 따라서 이 글에서는 그가 말하고 있는 아우라란 무엇이며, 왜 기술복제시대의 예술에서 아우라가 몰락했다고 봤는지를 살펴보려고 합니다. 여기서 더 나아가 벤야민이 몰락했다고 본 아우라가 현대 문화예술에서 어떻게 재아우라화되며, 또 이러한 현상들을 철학적으로 어떻게 볼 수 있는지 살펴볼 것입니다. 아우라 몰락 이후의 아우라의 삶과 죽음 그리고 부활에 대해 재조명하고자 하는 것입니다. 따라서 이 글은 일종의 '아우라 지도 그리기 Mapping Aura'라고 할 수 있습니다.

아우라, 멀리 있음

아우라를 둘러싼 논쟁은 벤야민 사후, 그의 이론이 수용되면서 새롭게 등장한 현상이 아닙니다. 이미 그가 자신의 글들, 특히 〈사진의 작은 역사 Kleine Geschichte der Photographie〉, 〈기술복제시대의 예술작품 Das Kunstwerk im Zeitalter seiner technischen Reproduzierbarkeit〉 그리고 〈보들레르의 몇 가지 모티브에 관하여 Über einige Motive bei Baudelaire〉 등등에서 아우라와 그것의 몰락을 언급한 그 당시에도 이에 대한 격렬한 논쟁이 있었습니다. 논쟁의 출발은 사실 철학적 또는 미학적 개념이 아니라, 종교적 개념이었던 아우라를 벤야민이 그의 예술철학의 핵심 개념으로 가져오면서 시작됐다고 볼 수 있지요. 그렇기 때문에 브레히트 Bertolt Brecht (1898~1956)는 벤야민이 맑스주의적 유물론의 입장에서 예술 이론을 전개한다면서 아우라라는 정체불명의 신비로운 개념을 가져왔다고 비판했던 것입니다. 반면 아도르노는 벤야민이 너무 일면적으로 아우라를 취급하고 있다고 비판합니다. 아우라는 일종의 심미적 경험인데, 이를 무시한 채 지나치게 예술작품의 물질적 특징을 중심으로 몰락을 이야기한다고 본 것이지요. 어찌 보면, 이 둘의 비판은 타당하다고 볼 수 있습니다. 왜냐하면 벤야민의 아우라에 대한 논의에는 이러한 요소들이 내재되어 있기 때문입니다. 이와 마찬가지로 벤야민 사후, 그의 이론을 수용하는 과정에서도 이와 유사한 논쟁들이 반복되곤 했습니다. 1960년대 말, 맑스주의적 예술 이론으로 벤야민의 예술 이론을 적극 해석하려고 했던 입장이나, 혹은 신학적 관점에서 벤야민 이론을 해석하려고 했던 입장이나, 혹은 매체미학적 관점 혹은 최근에 논의되고 있는 미적 경험으로서의 아우라를 해석하려는 입장 등등에서도 이러한 갈등은 여전히 드러나고 있습니다. 그렇다면 도대체 그가 이야기하는 아우라는 무엇일까요? 또 그는 왜 기술복제시대의 예술작품이 가진 특징을 아우라의 몰락이라고 규정하고 있는 것일까요?

사실 벤야민의 아우라를 명확히 이해하는 것은 좀 어렵습니다. 개념 자체도 애매모호하며 또 이에 대한 벤야민의 서술도 그다지 일관적이지 않기 때문입니다. 좋게 말하면, 매우 시적으로, 나쁘게 말하면 모순적으로 아우라를 서술한다고 볼 수 있습니다. 사실 또 이런 이유 때문에 열린 해석이 가능하기도 합니다. 그럼에도 불구하고 그의 여러 글들에서 반복적으로 그리고 동일하게 등장하는 아우라에 대한 정의가 있습니다. 다음 인용문이 바로 그것입니다.

아우라란 무엇인가? 그것은 공간과 시간으로 짜인 특이한 직물로서, 아무리 가까이 있더라도 멀리 떨어져 있는 어떤 것의 일회적인 현상이다. 어느 여름날 오후 휴식 상태에 있는 자에게 그늘을 드리우고 있는 지평선의 산맥이나 나뭇가지를 따라갈 때—이것은 우리가 산이나 나뭇가지의 아우라를 숨 쉰다는 뜻이다.(벤야민, 최성만 옮김, 〈기술복제시대의 예술작품(제2판)〉, 《발터 벤야민 선집2》, 길, 2008, 50쪽)

이러한 정의를 중심으로 예술작품을 분석하게 되면, 먼저 '공간과 시간' 그리고 '일회적 현상'에 대해 문제를 제기할 수 있습니다. 이 두 문제가 바로 예술작품에서의 아우라를 형성하는 데 근본이 되기 때문입니다.

벤야민이 말하는 예술작품이 가지고 있는 아우라의 본질은 '거리감' 또는 '접근 불가능성'이라고 할 수 있습니다. 그런데 이 거리감은 두 가지 요소에서 기인합니다. 하나는 예술작품의 물질적 특성에서 기인하며, 또 이를 바탕으로 한 경험에서의 거리감에서 기인합니다. 즉, '멀리 있음'을 두 가지 측면에서 다 고찰해야 한다는 것이지요. 그렇다면 먼저 예술작품이 가지고 있는 물질적 특성에서 기인하는 아우라가 무엇인지 벤야민 이론을 중심으로 살펴보겠습니다. 벤야민은 예술작품에 대한 거리감을 무엇보다도 그것이 가지고 있는 "원작의 진품성"이라는 특성을 중심으로 설명합니다.(〈기술복제시대의 예술작품(제2판)〉, 앞의 책, 45쪽) 우리는 현대사회에서 예술작품을 비롯해서 많은 이미지들을 접합니다. 지금 우리가 접하고 있는 거의 모든 이미지들은 '복제된' 이미지들이고요. 사진이든 정보의 형태로 저장된 이미지든 거의 모든 이미지들은 복제된 형태로 존재하며, 우리는 이러한 이미지에 아주 쉽게 접근할 수 있습니다. 예술작품도 마찬가지입니다. 대중적으로 널리 알려진 예술작품들을 원작으로 접할 수 있는 기회는 매우 드뭅니다. 〈모나리자〉라는 그림을 알고 있고, 또 보았지만, 원작을 본 사람들은 많지 않을 것입니다. 원작은 반드시 특정한 장소에 그리고 특정한 시간에 있을 수밖에 없으니까요. 즉, 레오나르도 다 빈치 Leonardo da Vinci(1452~1519)가 그린 〈모나리자〉 원작은 루브르박물관에만 존재하는 것이지요. 즉 "원작Original이 지금 여기 존재한다는 사실이 원작의 진품성이라는 개념의 내용"을 이룬다고 볼 수 있습니다.(《기술복제시대의 예술작품(제2판)》, 앞의 책, 45쪽) 이에 대해 벤야민은 다음과 같이 말합니다.

> 가장 완벽한 복제에서도 한 가지만은 빠져 있다. 그것은 예술작품의 여기와 지금으로서, 곧 예술작품이 있는 장소에서 그것이 갖는 일회적인 현존재이다.(《기술복제시대의 예술작품(제2판)》, 앞의 책, 45쪽)

그렇습니다. 원작이 존재하는 예술작품은 아무리 원작과 똑같이 복제를 하더라도 영원히 복제일 수밖에 없지요. 그리고 원작은 세상에서 단 하나뿐이기 때문에, 지금이라는 시간 속에서 그 작품이 있는 곳은 단 한 곳뿐입니다. 말 그대로 '일회적인 현존재'로 존재할 수밖에 없습니다. 즉 예술작품은 원본성Originalität, 진품성 Echtheit 그리고 일회성Einmaligkeit이라는 물리적인 특징을 토대로 자신의 아우라를 형성하는 것입니다. 모든 살아 있는 존재는 일회적인 삶을 삽니다. 원작인 예술작품만이 아니라, 살아 있는 모든 것

레오나르도 다 빈치, 〈모나리자Mona Lisa〉(1503~1506년경)

은 일회적인 현존재로서 살아가지요. 이 일회적인 현존재는 그 존재 자체만으로도, 즉 존재한다는 사실만으로도 충분히 매혹적입니다. 그렇기 때문에 예술작품이 가진 이러한 특성은 바로 가치와 관련된 측면에서도 독특함을 발휘하지요. 일회적이며, 또 멀리 있다는 것은 바로 '제의적' 가치와 연결되기 때문입니다. 이는 복제된 것이 판치는 지금도 마찬가지입니다. 비록 '제의적' 과정에서 진짜 제의적 대상, 즉 종교를 위한 대상이었던 것에서 대상 그 자체에 대한 제의적 과정으로 바뀌었지만 말입니다. 사실 예술작품을 제의적 가치나 제의적 기능과 연결시키는 것은 민감한 문제입니다. 또 벤야민이 이야기한 아우라의 몰락과 관련해서 비판이 많이 제기되는 부분이기도 합니다. 어쨌든 벤야민은 예술작품의 가치와 기능을 무엇보다도 '제의적'인 것과 연결해서 파악합니다. 제의적 가치를 가지는 예술작품들에서 중요한 점은 보여주는 것, 즉 전시가 아니라, 존재한다는 것 자체가 가치를 갖는다는 사실임을 강조합니다. 바로 이러한 제의적 가치와 기능에서 예술작품이 아우라적으로 존재할 수 있었던 것입니다. 한마디로 말해서 예술작품의 아우라는 이러한 제의적 기능과 가치와 분리될 수 없습니다. 그는 아우라 개념 규정과 예술작품의 제의적 가치를 연결해서 다음과 같이 주장하지요.

> 아우라를 "아무리 가까이 있더라도 멀리 떨어져 있는 어떤 것의 일회적 현상"으로 정의하는 것은 예술작품의 제의적 가치를 공간적 시간적 지각의 카테고리들로 표현하고 있는 데 불과하다. 멀리 있다는 것은 가까이 있다는 것의 반대이다. 본질적으로 멀리 있는 것은 범접할 수 없는 것을 뜻한다. 실제로 범접할 수 없다는 것은 제의적 상의 중요 특징이다. 제의적 상은 속성상 "아무리 가까이 있더라도 멀리 떨어져 있는 어떤 것"으로 머문다. 비록 우리가 그 상의 재료에서 가까운 것을 얻는다고 하더라도 이 가까움은 그 상의 현상이 보존하는 먼 것의 작용을 중단시키지 못한다."(벤야민, 최성만 옮김, 〈기술복제시대의 예술작품(제3판)〉, 《발터 벤야민 선집2》, 길, 2008, 111쪽, 각주 9)

예술작품의 원본성을 중심으로 형성된 아우라는 예술작품의 수용 과정에도 중요한 역할을 합니다. 아니, 역할을 할 뿐만 아니라, 바로 이 수용 과정에서 생산되기도 합니다. 예술작품의 아우라는 원본성, 진품성 그리고 일회성이라는 물질적 특징만으로 생성되는 것이 아닙니다. 아우라는 일종의 주체의 경험 또는 심미적 경험이기 때문입니다. 그런데 예술작품의 물질적 특성은 바로 이러한 경험에 직접적인 영향을 끼칩니다. 왜냐고요? 바로 멀리 있기 때문입니다. 지금 아무리 가까이 있더라도 예술작품은 기본적으로 멀리 있는 것입니다. 나에게 늘 멀리 있다고 생각한 물건이나 사람을 가까이서 접하게 됐을 때 느끼는 떨림과 흥분, 이것은 일종의 아우라적 경험입니다. 대중들에게 예술작품의 원본은 '가까이 하기에 너무 먼 당신'인 셈이죠. 접근하기도 어려운데, 소유? 꿈도 못 꿉니다. 언제부터인가 우리는 종종 각종 비리들이 폭로될 때, 그림들도 함께 등장하는 경우를 봅니다. 선물 또는 뇌물로 몇 억 하는 그림을 줬다는 둥, 또는 비자금으로 몇 십 억 원어치 그림을 사서 모아뒀다는 등등의 어처구니없는 뉴스를 듣습니다. 이때 이야기되는 그림들은 소위 유명 화가들의 명작이며, 우리는 이 명작들의 진품을 일생에 한 번 볼까 말까 합니다. 이 그림들은 우리에게 너무도 멀리 있는 것이지요. 물리적으로도 심리적으로도 그렇습니다. 또 누구의 무슨 그림인지 이야기될 때는 '이 그림이 만약 진품이라면, 현 시세가 얼마정도 한다'라는 말도 꼭 같이 언급됩니다. 화폐를 대신하는 고가의 그림들이 가지고 있는 게 아우라라면, 몰락하는 게 좋겠지요. 그런데 반대로 이 그림들이 원본성이라는 아우라를 가지고 있기 때문에 또 이런 상품가치를 갖는 것이기도 합니다.

소유는커녕 접근조차 할 수 없는 그림들을 내 일생에 한 번 봤다고 상상해보세요. 그 감동은 매우 클 것입니다. 이때 느낀 심미적 경험은 무엇과도 바꿀 수 없을 겁니다. 때로는 별 거 아니라고 생각할 수도 있지만요. 그런데 만약 단 하나만 존재하는 것이 아니라, 흔히 존재하는 것이라면, 또 흔히 존재하기 때문에 소유할 수도 있는 것을 봤다면, 이런 감동은 못 느낄 거예요. 왜? 흔하니까요. 마음먹으면 가까이할 수 있는 것을 수용하는 심미적 경험은 다를 수 있습니다. 결국 아우라는 예술작품이 갖는 물질적 특징과 이로 인한 심미적 경험이 서로 교차하면서 형성하는 '직물'과 같은 것입니다. 여기에서 핵심은 '원본성', '멀리 있음' 그리고 이로 인해 발생하는 심미적 경험입니다. 이것이 바로 벤야민이 이야기하는 아우라입니다.

우리는 여기서 '멀리 있음'과 심미적 경험과 관련해서 또 다른 아우라의 정의에 주목해야 합니다. 그것은 바로 '시선 Blick'과 연관된 것입니다. 어찌 보면, 시선을 중심으로 한 아우라 정의는 주관적 경험이 특화된 경우라고 볼 수 있습니다. 벤야민은 〈사진의 작은 역사〉와 〈보들레르의 몇 가지 모티브에 관하여〉에서 특히 시선과 연관해서 아우라를 설명하고 있습니다. 아우라를 일종의 경험 능력으로 보면서 이를 타인 또는 자연 또는 예술작품과의 교감과 상호작용으로 보고 있습니다. 즉 '시선을 되돌려줄 수 있는 능력'이 바로 이러한 상호작용인 것입니다. 누군가 나를 주시하고 있다는 느낌, 그리고 그 시선의 느낌 때문에, 무심코 뒤돌아보았는데, 나를 보고 있는 그 누군가와 시선이 마주칠 때, 바로 아우라의 경험이 충만해지는 것입니다. 이에 대해 벤야민은 다음과 같이 설명합니다.

아우라의 경험은 그러니까 인간 사회에서 흔히 볼 수 있는 반응 형식을 무생물이나 자연이 인간과 맺는 관계로 전이시키는 것에 기초한다. 시선을 받은 사람이나 시선을 받았다고 생각하는 사람은 시선을 열게 된다. 어떤 현상의 아우라를 경험한다는 것은 시선을 여는 능력을 그 현상에 부여하는 것을 의미한다. (벤야민, 김영옥·황현산 옮김, 〈보들레르의 몇 가지 모티브에 관하여〉, 《발터 벤야민 선집4》, 길, 2010, 240쪽)

참 어려워집니다. 기껏 아우라를 원본성과 멀리 있음을 중심으로 심미적 경험과 연결시켜 이야기했더니, 이제 시선을 이야기합니다. 도대체 시선으로서의 아우라는 무슨 의미이며, 왜 이것을 이야기하는 걸까요? 단순하게 보면, 이렇게 아우라를 정의할 때 아우라는 몰락하면 안 좋은 것으로 이해됩니다. 대상 또는 사람과 시선을 주고받으며, 서로 교감하는 것이야말로 진정한 의미에서의 심미적 경험이 아닐까요? 바로 그렇기 때문에 아우라를 적극 옹호하는 이론가들은 이러한 정의의 아우라를 강조합니다. 그런데 이러한 아우라 정의만을 받아들여 아우라를 적극 옹호하는 이론가들이 놓치는 것이 있습니다. 이렇게 교감하면서 아우라적 경험을 가능하게 하는 것은 멀리 있는 것들이 아닙니다. 나뭇가지 등과 같은 자연현상들 그리고 무심코 뒤돌아보았는데, 눈이 마주칠 수 있는 사람들입니다. 여기서 원본성, 진품성 그리고 일회성은 중요하지 않습니다. 다시 말해서 원본이 있는 예술작품이 아니라는 것입니다. 시선을 주고받을 수 있다는 것은 대등한 관계를 의미합니다. 접근하기 조차 어려운 명작들 그리고 사람들은 일방적으로 시선을 강요할 수는 있어도 교감할 수 있는 기회를 주지 않습니다. 준다고 하지만, 이는 기만이지요. 이렇듯 아우라는 다양한 특징을 가지고 있습니다. 따라서 벤야민의 아우라를 이야기할 때, 한 면만 보고 이야기해서는 안 됩니다. 그런데 벤야민이 아우라를 이렇게 규정한 이유는 아우라 그 자체를 규명하기 위함이 아닙니다. 오히려 아우라의 몰락을 이야기하면서, 몰락했다는 그 아우라의 정체가 무엇인지를 밝히고자 했기 때문일 것입니다.

아우라의 몰락, 거리감의 소멸

아우라 몰락에 대한 논쟁은 벤야민이 "예술작품의 기술적 복제 가능성의 시대에서 위축되고 있는 것은 예술작품의 아우라다"(벤야민, 〈기술복제시대의 예술작품(제2판)〉, 앞의 책, 47쪽)라고 선언하면서 본격적으로 시작됐습니다. 벤야민은 이 경우 예술작품이 가진 물질적 특성을 기본으로 한 아우라와 주관적 경험 또는 심미적 경험과 시선의 주고받음으로서의 아우라, 이 둘 다 몰락했다고 본 것입니다. 그렇다면 먼저 물질적 특성, 즉 원본성과 일회성 등을 중심으로 아우라의 몰락에 대해 살펴봅시다. 이 경우 가장 핵심 문제는 '예술작품의 복제'에 관한 것입니다. 그렇다면 왜 예술작품의 복제가 문제가 됐을까요? 벤야민도 말했듯이 예술작품의 복제는 늘 있어 왔습니다. 예술작품의 복제가 불가능하고 또 시도되지 않았던 적은 한 번도 없었지요.(벤야민, 〈기술복제시대의 예술작품(제

2판》, 43쪽) 그런데 이러한 예술작품의 복제는 예술작품이 가지고 있는 원본성의 가치를 훼손하지 않고, 오히려 높였습니다. 제아무리 똑같이 복제되더라도 원본은 원본이기 때문에, 원본의 가치 상승과 원본에 대한 집착 등은 더욱 커져만 갔습니다. 그런데 기술적 복제가 등장하고 난 후 상황은 달라집니다. 가장 큰 변화는 원본과 복제의 구별이 불가능한 새로운 형식의 예술의 탄생입니다. 뿐만 아니라 기술복제는 전통 예술작품의 복제에도 본질적인 변화를 가져옵니다. 그러면 먼저 '예술작품의 복제'를 중심으로 아우라 몰락 현상에 대해 살펴보겠습니다.

예술작품의 복제라는 말은 '원본'을 전제로 한 말입니다. 복제할 원본이 있을 때, 복제가 가능한 것이니까요. 그리고 또 원본이 전제하는 한, 복제는 복제일 뿐입니다. 원본을 능가할 수 있는 복제는 존재할 수 없습니다. 이는 기술적 복제도 마찬가지입니다. 그런데 왜 벤야민은 기술적 복제가 그 이전에 행해졌던 복제와 다르다고 했을까요? 그 이유는 그가 복제로 인해 제기되는 문제를 복제로 야기된 예술작품의 수용의 변화에서 찾았기 때문입니다. 예를 들어 사진이나 영화의 형식으로 복제된 예술작품이 원본인가 아닌가라는 문제는 결코 제기되지 않습니다. 사진과 영화로 복제된 예술작품을 원본으로 착각할 사람은 아무도 없으니까요. 이는 진품성에 대한 논쟁과는 무관합니다. 사진으로 찍은 고흐의 그림을 TV의 '진품명품쇼'에 가지고 나갈 사람은 아무도 없으니까요. 그렇다면 이렇듯 원본성을 해치지 않는 기술적 복제가 왜 아우라의 몰락을 초래하는 것일까요?

벤야민이 기술적 복제에서 본 것은 바로 원작을, 비록 복제의 형태이긴 하지만 다른 곳에서 다른 용도로 사용할 수 있게 됐다는 사실입니다. 예술작품은 원본성과 일회성을 가지고 있었기 때문에 제의적 의식에서 제의적 기능을 수행하고, 이로써 제의적 가치를 가질 수 있었습니다. 기술복제는 이러한 예술작품들을 제의로부터 해방시키기 시작했습니다. 예술작품이 복제품의 형식이긴 하지만, 대량생산되고, 또 대량생산됐기 때문에 수용자들은 자신들이 원하는 상황에 예술작품의 복제를 가져올 수 있게 됐지요. 여러분들의 방에 있는 대가들의 그림들이 바로 그 예가 될 수 있습니다. 즉 비록 복제품의 형식이지만, 예술작품의 복제는 예술작품을 지금과 여기라는 특정한 시간과 고정된 장소로부터 해방시켰다고 볼 수 있는 것입니다. 이에 대해 벤야민은 다음과 같이 설명합니다.

> 기술적 복제는 원작이 도달할 수 없는 상황에 원작의 모사를 가져다 놓을 수 있다. 기술적 복제는 원작으로 하여금 사진이나 음반의 형태로 수용자의 요구에 부응하도록 해준다. 사원은 제자리를 떠나 예술 애호가의 작업실에서 수용되고, 음악당이나 노천에서 연주된 합창곡은 방 안에서 들을 수 있게 된다.(벤야민, 〈기술복제시대의 예술작품(제2판)〉, 46쪽)

그렇습니다. 아우라 몰락과 관련된 핵심이 바로 여기에 있습니다. 즉 수용자의 요구와 편의에 따라 예술작품은 본래의 장소에서 떠나 그 어떤 자리에 놓일 수 있게 됐고, 그러한 예술작품은 이제 더 이상 '멀리 있는' 것이 아닙니다.

복제된 예술작품은 예술작품과 수용자 간의 접근 불가능성을 해체합니다. 사진으로 복제된 모나리자는 이제 바로 내 방에서 내가 이리저리 관찰할 수 있고, 연구할 수 있는 그림이 된 것입니다. 루브르박물관에 유리벽으로 둘러싸인 채, 그 곁에 가까이 갈 수 없는 모나리자가 아니라, 바로 내 책상 위에 있고, 또 가위와 펜을 들고 이리저리 내 맘대로 변형할 수 있는 '사진으로 복제된 예술작품'이 된 것입니다. 모나리자는 제의적 숭배의 대상이 아니라, 학문적 분석의 대상이 된 것이죠. 평생에 한 번만이라도 보기를 소망하는 원본으로서의 예술작품이 아니더라도, 사진일지언정 볼 수 있게 됐다는 것은 예술작품을 수용하는 데 혁명적인 변화를 가져왔습니다. 바로 이러한 점 때문에 벤야민은 사진과 관련된 논쟁에서 사진이 예술인가 예술이 아닌가라는 논쟁을 중심으로 진행된 '예술로서의 사진'보다는 '사진으로서의 예술'에 관한 문제가 훨씬 더 중요하다고 생각한 것입니다. 사진으로 복제된 형태로 원작이 놓인 것과 전혀 다른 상황에 놓일 수 있는 '사진으로서의 예술작품'은 이제 예술의 가치와 기능에 변화를 가져오기도 합니다. 일정한 장소에서 원본으로서 그리고 여기와 지금 아니면 볼 수 없기 때문에 강력한 아우라를 소유함으로써, 제의적 가치를 가졌던 예술작품은 이제 바로 이러한 가치에서 해방됩니다. 뿐만 아니라, 존재하는 것만으로도 그 가치를 가질 수 있었던 예술작품은 이제 존재 그 자체가 아니라, 보여주기 위한 것이 돼야 합니다. 제의적 가치에서 전시 가치로 가치의 전환이 일어난 것이죠. 보여주기 위해서는 무엇보다도 접근 가능성이 보장돼야 합니다. 접근 가능해야 예술작품이 가지고 있는 아우라적 외피를 벗겨낼 수 있는 것입니다.

접근 가능성이 보장된 그리고 전시 가치를 가진 예술작품, 이것이 바로 기술복제시대의 예술작품의 특징이며, 이를 벤야민은 '아우라의 몰락'이라고 본 것입니다. 이것은 또한 기술복제시대의 새로운 지각 가능성의 시작을 의미하는 것이기도 합니다.(벤야민, 〈기술복제시대의 예술작품(제2판)〉, 50쪽) 예술작품의 존재 방식 변화가 그에 대한 지각 방식의 변화를 가져온 것입니다. 다시 말해서 예술작품의 변화된 특징이 수용자의 주관적 경험에 영향을 준 것이지요. 이는 어쩌면 너무 명확한 결과일 수 있습니다. 귀한 것은 귀하게 여겨지는 것이 당연하니까요. 어떤 예술작품이 허접한 곳에 있을 때는 그냥 허접한 것으로 취급 받습니다. 이는 뒤샹Henri Robert Marcel Duchamp(1887~1968)이 대량생산되는 남성용 변기로 작품을 만들고 그것을 〈샘Fountain〉이라는 작품명을 붙여 전시장에 보냈을 때, 받았던 취급을 생각하면 쉽게 이해할 수 있습니다. 또 우리는 간혹 지금도 벼룩시장에서 헐값에 산 그림이 알고 보니 유명 화가의 작품이었다는 소식을 듣습니다. 어떤 작품이 유명 작가의 작품으로 밝혀지는 순간, 이 작품은 단박에 '귀한 것'으로 취급을 받습니다. 뿐만 아니라, 사람들이 이 작품을 대하는 태도 또한 달라집니다. 이러한 수용 태도가 속물적이라고 비판받을 수는 없습니다. 속물적이어서가 아니라, 평소에 접할 수 없는 것을 접했기 때문이지요. 따라서 종교적 제의에서 벗어난 예술작품을 이제 수용자는 경배적 태도에서 벗어나, 즐기면서 분석하는 태도를 갖고 관찰하게 됐습니다. 종교적 관점에서의 '피에타'가 아니라, 내가 좋아하는 '피에타' 또는 미술사적으로 분석할 수 있는 '피에타'가 된 것이지요. 이 과정에서 벤야민은 주관적 경험, 또는 미적 경험의 변화를 본 것입니다. 이러한 변화를 바로 아우라의 몰락이라고 표현한 것입니다.

몰락 이후 아우라의 재아우라화

지금까지 벤야민의 이론들을 중심으로 아우라의 개념과 그리고 그가 주장하는 아우라 몰락에 관해 살펴봤습니다. 앞에서도 이야기했듯이, 이러한 그의 주장은 그가 살았던 당시뿐만 아니라, 그의 사후에 다른 맥락에서 재해석될 때마다 매번 문제가 되곤 합니다. 이는 결코 부정적인 현상이 아닙니다. 왜냐하면 어떤 철학적 개념이든 시대적 상황과 무관할 수 없으며, 또 정말 중요한 개념이라면, 각각의 시대적 상황에 따라서 다시 해석될 수 있기 때문입니다. 그 시대만 이야기되고 더 이상 이야기되지 않는 많은 개념에 대한 논의들은 시대를 넘어선 개념적 보편성을 획득하지 못한 것이니까요. 그런 면에서 볼 때, 아우라는 여전히 매우 드라마틱한 삶을 살고 있다고 볼 수 있습니다. 비록 개념이지만, '아우라의 삶과 죽음 그리고 부활'을 이야기할 수 있을 정도로 각 시대의 문화예술적 상황에서 새롭게 해석되고, 또 새로운 지평에서 문제가 제기되곤 하니까요. 그만큼 아우라라는 개념이 아우라를 지닌다고 볼 수 있습니다. 이런 상황 속에서 문제의 핵심은 아우라의 몰락 여부입니다. 이 문제와 관련해서 여전히 다음과 같은 해석의 차이들이 존재합니다. 첫째, 벤야민은 아우라의 몰락을 주장하지 않았다는 입장입니다. 즉 아우라는 몰락할 수도 또 몰락해서도 안 된다는 입장이지요. 둘째, 벤야민은 아우라의 몰락을 주장했다는 입장입니다. 이것은 다시 정반대의 해석으로 나뉩니다. 하나는 벤야민이 아우라의 몰락을 긍정적으로 봤다는 것입니다. 반대로 그가 아우라의 몰락을 아쉬워했다는 것도 있고요. 분명한 점은 지금 현재 예술작품이 갖는 아우라의 유무와는 상관없이 분명 벤야민은 아우라의 몰락을 이야기했고, 또 아우라 몰락을 긍정적으로 봤다는 것입니다. 다만 그는 아우라가 몰락한 후 어떤 방식으로든 다시 부활되는 현상에 대해 소홀했던 것입니다.

아우라의 몰락은 원본성이 갖는 의미의 소멸일 수도 있습니다. 그런데 원본성의 소멸과 해체는 말처럼 쉬운 게 아니었습니다. 어떤 방식으로든 원본성을 유지하려는 노력과 또 원본성을 물을 수 없다고 생각한 사진 등과 같은 복제 예술에서도 심지어 원본성을 유지하려고 합니다. 분명 예술작품의 기능은 제의적 기능에서 전시적 기능으로, 또한 가치 면에서도 제의 가치에서 전시 가치로 변화했는데, 원본성은 더욱 중요한 가치가 됐습니다. 벤야민은 복제기술의 발전으로 인해 예술작품이 성전으로부터 세속화되는 현상을 보고 이를 반겼던 것인데, 그가 세속화됐다고 본 바로 그 장소가 역으로 탈세속화되는 기현상이 일어난 것입니다. 박물관과 미술관이 바로 그 장소입니다. 우리나라의 '예술의 전당'이 바로 그 현상을 대표적으로 보여주는 공간이고요. '전당'이라니요. 또 예술작품들은 그 어느 때보다도 매력적인 상품으로서 작용합니다. 예술작품을 상품이라고 하면, 많은 사람들은 상당히 거부감을 가질 수 있습니다. 고귀하고 자율적인 예술에 상품이라니! 그래도 상품은 상품입니다. 그것도 엄청난 고가의 상품이죠. 이미 예술작품은 제의적 가치로서의 아우라뿐만 아니라, '예술의 자율성'을 중심으로 논의되는 지고지순하며, 그 어떤 사회문화적인 요소와도 무관한 예술의 성격도 잃어버린 것입니다. 즉 '예술 지상주의'에서 말하는 그러한 예술작품들의 아우라도 의미가 퇴색된 지 오래입니다. 아무리 '순수하게' 예술의 자율성을 이야기한다고 해도 우리는 박물관과 미술관에 전시된 많은 그림들 그리고 뉴스를 통해 접한 미술품들의 거래 가격과 재벌들이 사 모으는 예술작품들에 대한 스캔들을 접하고 있기 때문입니다. 아마도 이들은 여전히 원본이 가진 아우라에 집착하고 있는 모양입니다. 원본이 가진 제의적 아우라는 '제의적'이란 의미와 장소가 변경된 채, 여전히 존재하고 있다고 볼 수 있습니다. 이 또한 아우라의 '재아우라화'인 것입니다.

벤야민의 아우라와 관련해서 '복제' 또는 '기술복제'의 문제는 매우 복잡하게 진행됩니다. 앞서 아우라를 설명하면서 다 빈치의 〈모나리자〉를 예로 들었습니다. 루브르박물관에 가보신 분들은 알겠지만, 그곳에서 가면 〈모나리자〉는 방탄유리 뒤편에 놓여 있고, 또 너무 많은 사람들이 있기 때문에, 그저 〈모나리자〉 원작을 봤다는 감흥만 느낄 뿐입니다. 즉 작품을 꼼꼼히 보기가 어렵지요. 그런데 이러한 상황에 대해 곰곰이 생각해봅시다. 예를 들어 기술복제품으로 우리는 수없이 많은 모나리자를, 내가 원하는 장소에서 봤습니다. 사진으로서의 모나리자뿐만 아니라, 영화 속에 등장하는 모나리자들도 봤습니다. 벤야민이 말했던 것처럼 말입니다. 그런데 그렇다고 해서 원본의 아우라는 사라지지 않았습니다. 오히려 그런 모나리자를 봄으로써 원본을 접하고 싶다는 욕망이 커지기도 합니다. 파리에 가면, 의무처럼 루브르박물관에 가고, 가서 급하게 모나리자를 보기도 합니다. 그렇기 때문에 아우라가 몰락하지 않았다고 주장하는 것은 무리가 있습니다. 왜냐고요? 적어도 박물관은 소수의 사람들만을 위한 밀폐된 장소가 아니니까요. 소수의 사람들만이 알던 모나리자를 이제 많은 사람들이 알게 됐고, 그래서 루브르에서 볼 수 있게 됐다는 사실이 무엇보다도 중요한 것입니다.

이렇게 변화된 상황은 오히려 다른 측면에서 또 다른 아우라를 만들었다고 볼 수 있습니다. 쉽게 접하고 또 많이 알게 된 모나리자가 됐기 때문에, 모나리자는 다른 작가들의 작품의 모티브가 되기 때문입니다. 잘 알려진 것처럼 수많은 예술가들이 모나리자를 자신만의 스타일로 재탄생시켰습니다. 이렇게 재탄생된 모나리자는 또 다른 원본성을 가지며, 아우라를 갖게 됩니다. 예를 들어 페르난도 보테로Fernando Botero(1932~　)의 아주 풍만하고 재미있는 모나리자, 그리고 장 미셸 바스키아Jean Michel Basquiat(1960~1988)의 낙서와 잘 구분되지 않는 모나리자 등이 그렇습니다. 우리는 이 작품을 보면, 누가 그린 모나리자인지 알 수 있을 정도로 각 작가들의 스타일이 명확히 드러납니다. 이런 모나리자들이 가능했던 이유는 바로 벤야민적 의미에서의 아우라 몰락이 있었기 때문입니다. 그러나 아우라 몰락을 전제로 등장한 이러한 작품들은 다시 원작으로서 아우라를 갖습니다. 원본이니까요. 그럼에도 불구하고 이 작품들은 아우라 몰락 이전의 예술작품들을 수용할 때의 경험과는 다른 방식으로 수용됩니다. 이것이 바로 아우라 몰락 이전의 예술과 몰락 이후 예술이 갖는 차이점입니다.

페르난도 보테로의 〈모나리자Mona Lisa〉(1963)

장 미셸 바스키아의 〈모나리자Mona Lisa〉(1983)

또 다른 모나리자들을 중심으로 아우라 몰락 이후의 현상에 대해 살펴보겠습니다. 앞의 두 작품과는 다르게 모나리자를 내용으로 해서 모나리자를 둘러싼 예술적 상황을 풍자하는 작품들이 있습니다. 그것은 바로 마르셀 뒤샹과 앤디 워홀Andy Warhol(1928~1987)의 작품입니다. 먼저 뒤샹의 모나리자인 〈LHOOQ〉를 보겠습니다.

마르셀 뒤샹, 〈LHOOQ〉(1919)

앞의 두 작품이 자신만의 스타일로 재창조한 모나리자라면, 뒤샹의 작품은 노골적으로 모나리자를 훼손한 것처럼 보입니다. 원

본성의 상징이며, 이 세상에서 가장 신비스러운 여인의 미소라고
평가받는 모나리자의 얼굴에 수염을 그렸기 때문입니다. 더 나아
가 〈LHOOQ〉라는 암호 같은 그림 제목의 의미까지 알게 되면,
그의 의도가 불경스럽기까지 합니다. 잘 알려진 것처럼 이 제목이
의미하는 뜻은 'Ell a chaud au cul', 즉 '그녀의 엉덩이는 뜨겁다'
입니다. 그는 모나리자에 수염을 그림과 동시에 이런 제목을 붙여
놓음으로써, 원작 또는 걸작이라는 평가를 조롱한 것입니다. 원작
과 걸작은 동전의 양면이니까요. 이렇듯 뒤샹은 모나리자의 아우
라를 뒤틀어버립니다. 원본에다 낙서를 한 것처럼 보이는 그의 작
업은 통쾌함을 주기도 하지요. 작품을 중심으로 평가되는 예술과
그러한 예술을 둘러싼 속물들의 태도를 비틀고자 한 것입니다.

   워홀은 뒤샹과는 전혀 다른 노선을 택합니다. 그야말로 몰락한
아우라를 기술적 복제를 통해 완벽하게 부활시켰다고 볼 수 있습
니다. 워홀은 벤야민의 이론을 가장 잘 이해하고, 이를 교묘하게
상업적으로 이용한 예술가라고 할 수 있습니다. 그렇기 때문에 그
는 모나리자 작업을 하면서 노골적으로 기술복제의 본질적인 문
제를 다룹니다. 그의 모나리자 작품인 〈서른이 하나보다 낫다〉가
바로 그 예라고 볼 수 있습니다.

앤디 워홀, 〈서른이 하나보다 낫다Thirty are better than one〉(1963)

이 작품은 실크 스크린 작품입니다. 판화는 기술복제 이전의 대
표적인 복제 방법입니다. 판화가 가지고 있는 장르적 특징은 바로
'다수성'이지요. 이를 워홀은 모나리자를 차용한 작품을 통해 보
여주고 있습니다. 어쩌면 워홀은 벤야민의 기술복제의 예술작품
에 대한 이론을 가장 잘 이해하고 이를 가장 잘 활용한 것이라고
볼 수 있습니다. 그것도 아주 교묘하게 말입니다. 워홀은 벤야민
이 아우라가 몰락했다고 하는 그 지점을 잘 이해하고 바로 그 지
점에다 아우라를 재정립합니다. 그것도 벤야민적 관점에서 아우라

몰락의 결정적 원인이 된 기술복제를 활용해서 말이죠. 그 다음, 많이 복제하니깐 좋지 않냐고 노골적으로 이야기합니다. 원본성을 파괴한 복제 기술을 사용해서 하나뿐인 원본을 다수의 원본으로 바꾼 것입니다. 이 과정에서 아우라는 파괴되지 않았습니다. 위홀은 하나의 원본이 아닌 여러 개의 원본으로 만들어 전시 가치 위에다 상품 가치를 추가한 것입니다. 애초 예술이 상품 가치가 무관할 수 없는데, 애써 무관한 척 하는 속물적 근성을 적극적으로 활용했다고도 볼 수 있습니다.

위에서 언급한 예들은 전통적인 의미에서의 예술이라는 영역에서 일어난 현상들입니다. 예술과 아우라, 이 둘은 떼려야 뗄 수 없는 관계를 맺고 있습니다. 또 예술에서 아우라는 원본성을 중심으로 한 물질적 특징과 심미적 경험으로 존재합니다. 벤야민이 아우라 몰락을 이야기한 후 끊임없이 아우라를 보존하려는 노력들이 있었고, 지금도 있습니다. 물론 이때 아우라는 벤야민이 봤던 아우라보다 훨씬 더 확장되고 변형된 아우라입니다. 종교적 제의에서 권력과 부의 영역에서 존재한 아우라가 됐으니까요. 그러나 이게 아우라의 전부는 아닙니다. 심미적 경험으로서의 아우라는 여전히 존재하기 때문입니다. 여기서 중요한 점은 심미적 경험은 예술에서만 가능한 경험이 아니라는 사실입니다. 일상과 자연 그리고 사람과의 관계에서도 가능합니다. 기술복제와는 또 다른 디지털 매체 시대에서도 아우라문제는 여전히 논쟁이 되고 있습니다. 논쟁의 핵심이 아우라의 몰락 여부에 그쳐서는 안 됩니다. 오히려 핵심은 '디지털 매체 시대의 예술작품'인 것입니다. 이 시대의 새로운 예술 형식은 무엇이며, 이것의 특징은 무엇이며, 또 이것이 어떻게 수용되는지의 문제가 무엇보다도 중요합니다. 지금 여기서 새롭게 진행되고 있는 새로운 예술들 그리고 그 예술들이 맞이한 운명의 시간들, 이를 고찰하는 게 벤야민의 철학을 이 시대에 제대로 적용하는 것입니다.

더 읽어보면
좋은 책

발터 벤야민, 최성만 옮김,《기술복제시대의 예술작품/사진의 작은 역사 외》(발터 벤야민 선집 2), 길, 2007.

발터 벤야민, 김영옥·황현산 옮김,《보들레르의 작품에 나타난 제2 제정기의 파리/보들레르의 몇 가지 모티브에 관하여 외》(발터 벤야민의 선집 4), 길, 2010.

다른 사상들도 그렇듯이, 벤야민의 사상을 가장 이해하기 좋은 방법은 그의 저서를 직접 읽는 것이다. 그의 저서들은 많은 경우 다양한 해석의 길을 열어두고 있기 때문에, 그 길에서 직접 헤매고 또 직접 출구를 찾는 것이 좋다. 특히 그의 철학이 철학적 입장 또는 정치적 입장에 따라 매우 상이하게 해석되기 때문에 더욱 그러하다. 국내에도 몇몇 벤야민의 평전과 그의 이론들을 다룬 중요한 저서들이 번역되어 있다. 또 국내 연구자들이 쓴 저서들도 몇 권 출판된 상황이다. 이러한 저서들은 각각의 관심에 따라 벤야민을 재해석한 것이라고 볼 수 있다. 따라서 이러한 저서들을 먼저 읽기보다는 벤야민의 글들을 직접 접하기를 권한다. 이미 '벤야민 선집'과 《아케이드 프로젝트》 등이 번역되어 있기 때문에 그의 글들을 직접 접하기가 좀 더 수월할 것이다.

이 글의 주제와 관련해서는 특히 위에서 언급한 두 권의 저서를 읽어 보기를 권한다. 아우라를 둘러싼 논쟁, 기술복제시대의 예술과 관련된 논쟁들은 주로 선집 2권에 실려 있는 논문들에서 비롯된다. 한국어판 '선집 2권'에는 그 외에도 영화와 사진과 관련된 벤야민의 주요 논문들이 실려 있다. 이 글들을 통해 벤야민이 아우라를 예술작품의 원본성 등과 어떻게 연결시켰으며, 또 어떤 맥락에서 아우라가 몰락했다고 주장하는지 알 수 있다. 반면 '선집 4권'에 실려 있는 논문들에서는 아우라에 대한 벤야민의 또 다른 해석을 볼 수 있다. 여기에 실린 글에서는 아우라를 원본성이 아니라, 경험 또는 시선 등으로 해석하고 있는데, 이러한 특징을 가진 아우라가 어떻게 몰락할 수 있는지 아직도 논쟁이 되고 있다. 뿐만 아니라, 여기에는 벤야민의 경험과 체험 그리고 대도시 경험을 중심으로 한 모더니티에 대해 이해하기 위해서 반드시 읽어야 하는 논문들이 실려 있다.

N. 볼츠, 빌렘 반 라이엔, 김득룡 옮김, 《발터 벤야민》, 서광사, 2000.

직접 벤야민 도서를 읽기 전에 그의 철학 일반에 대한 약간의 정보가 필요하다고 생각되면, 이 책을 읽기를 권한다. 벤야민에 관한 입문서로, 분량은 짧지만 다양한 각도에서 벤야민 철학을 분석하고 있으며, 특히 최근에 논의되는 벤야민 해석에 대한 설명이 있다.

부정당하면서 전진하는
사유의 찬란함,
테오도르 아도르노

—

이순예

테오도르 아도르노
Theodor Adorno(1903~1969)

테오도르 아도르노는 독일 라인 강의 지류인 마인 강변에 자리한 프랑크푸르트Frankfurt am Main에서 1903년에 태어났다. 부친은 포도주 도매업으로 크게 성공한 유태계 상인이었고, 모친은 이탈리아계 성악가였다. 성공한 상인이 예술가 숙녀를 배필로 맞이하여 세련된 생활을 꾸리는, 독일 교양 시민의 전형이었다.

아도르노는 고등학생 때 지그프리트 크라카우어Siegfried Kracauer를 만나 여러 해 동안 칸트의 《순수이성비판》을 함께 읽었고, 또 한동안은 알반 베르크Alban Berg에게서 작곡을 배우기 위해 오스트리아 빈에 머물기도 했다. 프랑크푸르트 대학에서 1924년 철학 박사학위를 그리고 1931년 교수 자격Habilitation을 취득했지만, 1933년 히틀러 집권으로 1934년에 고향을 떠나야 했다. 영국에 몇 년 머물다가 1938년 미국으로 망명했고, 1949년 말 다시 고향으로 돌아왔다. 그 사이 15년 동안 "왜 교양 시민의 나라가 야만의 종주국이 됐는가"라는 물음을 붙들고 독일의 지적 전통과 '이론상의 전투'를 벌였다. 제 2차 세계대전이 한창일 때 쓴 《계몽의 변증법》(1944)은 그 사이 고전의 반열에 올랐다. 파시즘과 전쟁으로 피폐해진 고향 땅에 독일 교양의 전통을 다시 일으켜 보편해방의 이념을 재소환하려 고군분투하는 과정에서 정작 연대해야 할 학생층과 견해차가 생겼다. 이념상의 자유로운 충돌이 현실적인 갈등으로 비화되는 사건들이 이어지던 중 심장병을 앓던 아도르노는 1969년 8월 2일, 스위스 산중 마을 비스프의 작은 병원에서 사망했다.

'아도르노'라는 문화적 현상

아도르노를 소개하려니 일단 새삼스럽다는 느낌과 안도감이 교차합니다. 새삼스러운 까닭은 아도르노는 분명 철학자인데, 그동안 한국의 철학 공론장에서 제자리를 찾지 못하고 열외로 밀려나 있었기 때문입니다. 엄연히 철학자인 사람을 두고 철학자라고 부언하듯 소개해야만 하는 처지라 입장이 좀 곤혹스럽다고 할까요. 하지만 좋은 기회라는 안도감이 더 큽니다. 1960년대 독일 대학생들 사이에서 아도르노의 철학 강의가 대단한 인기를 누렸었다는 사실만 알려도 그동안의 소홀함이 충분히 상쇄될 것이 분명하니까요. 이번 글에서는 아주 간략하게 아도르노가 독일 고전철학의 충실한 계승자이자 혁신자임을 보여드릴 터인데요. 변증법적 사유가 자본주의 세계체제에서 제 몫을 하도록 물꼬를 튼 그의 철학적 혁신에 주목한다면, 오늘과 같은 새삼스러움은 완전히 모습을 감추리라 믿습니다.

그동안 아도르노가 한국에서 온전한 철학자로 대접을 못 받아온 사정에는 두 나라가 역사적, 문화적으로 많이 다른 궤적을 밟아왔다는 현실이 요지부동으로 가로놓여 있었습니다. 독일과 한국의 학문 체계가 서로 다른 점에 먼저 책임을 물어야 할 것입니다. 한국에서 아도르노는 주로 미학 영역에서 연구됐지요. 그러면서 아도르노 사상의 근간을 이루는 철학적 배경이 그만 탈각되고 만 것입니다. 참 아쉬운 일이 아닐 수 없습니다. 독일에서라면 이른바 '철학적 미학'의 전통에서 아도르노가 아무런 불편함 없이 미학자로 분류될 수 있지만, 한국은 미학이 철학과 그렇게 꼭 밀접하게 관련되어 있지 않은 편이어서요. 아도르노의 《미학 이론》이 《부정변증법》의 뒷심을 온전히 받지 못한 채, 예술을 설명하는 '현란한' 언어 차원에서 수용되는 폐단도 심한 편이었습니다. 독일 고전철학의 전통을 계승하는 아도르노의 예술론에서 매력적으로 보이는 부분들을 그냥 부분적으로 매력 있게 부각시키는 데 머물렀던 것이지요. 전통과의 관련을 상실한 아도르노의 단편들Fragmente은 말 그대로 파편들일 뿐입니다. 전체와의 관련을 상실한 파편으로 해체된 아도르노가 한국의 공론장에서 끝내 요령부득의 사상가로 굴절되고 만 것은 어쩔 수 없는 일이었습니다. 철학을 연구하는 사람들에게 아도르노에 대한 오해를 선사한 이들은 바로 미학자들입니다. 서로의 언어가 너무 달랐어요. 미학자들은 보편에 대한 지향을 고려하지 않았고, 철학자들은 미학자들의 비개념적 언어를 너무 곧이곧대로 믿었습니다. 아도르노는 보편을 위해 파편을 보존한 미학자였는데 말입니다.

'보편을 위해 파편을 보존'하는 일은 사실 좀 독특한 작업이지요. 그리고 보존할 방법 역시 독특하기 그지없으니 그 이유는, '예술'이라는 한 가지 길밖에 없기 때문입니다. 철학자들에게 요령부득으로 보일만 합니다. 여기에 보편과 개별을 매개하는 예술이라는 관념 차제가 한국의 공론장에서는 무척 낯선 화두라는 사정이 보태졌습니다. 그래서 비평을 하는 연구자들의 저항도 거셌고, 제대로 소개될 기회조차 얻지 못했던 것입니다. 한국의 예술비평은 예술비평치고 약간 기이한 구석이 있는 현상이기도 합니다만, 어떤 특정한 예술관에 대한 성실성을 전면에 내세우는 경향으로 크게 기울어져 있습니다. 이른바 '한국적 반영론'인데요, 문학을 비롯한 예술이 민족사의 진보에 기여해야 한다는 당위를 암암리에 전제하면서 그런 신념을 얼마나 잘 작품에 '녹여냈는가'와 같은 견지에서 비평의 언어들을 구사하는 흐름입니다. 작품의 창작 과정을 '녹여내다'라는 자연과학적 어휘로 표현하는 데서 단적으로 드러나듯이 과학주의 모델을 반영하고 있지요. 진리는 이미 주어진 상태라는 것인데 여기에서 기이한 일이 또 벌어진답니다. 진리로서의 진보 이상이 이미 마련되어 있다고 가정하는 것이지요. 이미 마련된 진보란 더 이상 진보가 아닐 터인데도 '정지된 진보'라는 역설 앞에서 아랑곳하지 않습니다. 그런 진리를 예술이라는 '감각적 기관'을 사용해 될 수 있는 한 많은 사람들에게 설득력 있게 제시할 수 있어야 한다는 요지입니다. 지난 세기 반파시즘 투쟁기에 게오르크 루카치 György Lukács (1885~1971)라는 헝가리 출신 사상가가 절대정신과 예술의 관계를 논한 헤겔 미학을 세속화시켜 '객관 세계의 반영'을 예술론의 한가운데로 끌어들인 적이 있었는데요, 한국적 반영론은 이 루카치 미학을 일종의 매뉴얼 수준으로 도구화시키는 논리적 작업으로 예술론을 꾸렸습니다. 그 결과 헤겔이 중시했던 정신과 감성 사이의 긴장이 예술에서 완전히 축출되는, 반예술적 흐름을 일궈내고 말았지요. 실증적인 파편들의 나열이 '생생한 삶의 현장'을 증언한다는 식의 거짓과 미혹이 계속됐습니다. 이렇듯 긴장이 사라진 예술작품이 자본주의 사회에서 한갓 상품으로 전락함은 당연한 귀결이겠지요. 한국적 반영론이 열과 성을 다해 관리한 리얼리즘론은 중산층의 소비문화를 추인하는 작품들을 긍정함으로서 자본주의 소비문화를 조장했고, 그래서 오늘날 한국의 문화지형이 물질주의에 발목을 잡히고 만 일면

이 있습니다. 하루 빨리 벗어나야겠지요.

오늘 소개하려는 아도르노는 이런 물질주의 흐름에 거스를 가능성을 제공합니다. 아, 이렇게 말하고 보니 이 문장 역시 마찬가지로 '도구적인' 어휘들이 난무하고, 또 어떤 '의지'가 표명되는 풍경에 휩싸여 버렸네요. 그렇습니다. 도구적이지요. 사상가를 거론하면서 어떤 측면에서 '유용한지' 따져보는 세태를 고스란히 반복하고 있으니 말입니다. 앞으로는 가능하면 이런 관성에서 벗어나 사상 자체에 집중하고, 예술작품을 예술작품으로 대하는, 그런 '진보적인' 논의를 할 수 있게끔 한국사회에도 새로운 문화 지형이 짜였으면 좋겠습니다.

한국적 반영론 역시 독일 철학적 미학의 전통에서 물꼬를 튼 것이 사실입니다. 위에서 기술한 헤겔과 루카치 미학 그 언저리의 어휘들을 차용했지요. 거기에 '한국적'이라는 수식어를 붙인 이유는 지나치게 도구화됐다는 사정을 고려할 필요가 명백했기 때문입니다. 한때 한국의 비평가들은 희랍신화에 나오는 프로크루스테스Procrustes●처럼 행동했습니다. 객관적 기준에 맞지 않으면 작품의 질을 폄하하고 구체적인 지침에 따르는 현실적인 처방까지 내리려 했지요. 작가들이 이런 비평가들의 강압에 맞서는 힘을 자신의 내면에서 끌어내는 데 아도르노가 거점을 제공한다는 사실을

● 프로크루스테스
희랍신화에 나오는 인물로 노상강도다. 집에 철로 만든 침대를 두고 지나가는 행인을 붙잡아 자신의 침대에 누이고는 행인의 키가 침대보다 크면 그만큼 잘라내고, 행인의 키가 침대보다 작으면 억지로 침대 길이에 맞춰 늘여서 죽였다고 전해진다. 그의 침대에는 침대의 길이를 조절하는 보이지 않는 장치가 있어, 그 침대에 키가 딱 들어맞는 사람은 없었다고 한다.(위키 백과사전 참조)

강조하고 싶어 위에서 무슨 '가능성을 제공하는 미덕'이 있다는 둥 했던 것입니다. 무엇보다 아도르노의 사상이 예술론에서 과학주의에 굴복하지 않는 인간의 '자유의지'를 중시한다는 점을 강조하고 싶습니다. 과학 물신주의에 빠져 자본주의가 구가하는 생산력의 증대를 진보로 받아들이고 살아야 하는 오늘날, 자본의 팽창 메커니즘에 저항할 가장 강력한 무기를 우리가 이미 보유하고 있다는 사실을 재확인한다면 우리는 이미 극복의 도정에 들어선 것입니다. 이런 견지에서 우리 인간에게 자유의지가 생래적으로 심어져 있음을 환기시키는 예술작품이 소중한 게 아닐까요. 그런데 또 명백한 사실은 이 자유의지가 과학적 자연의 결정력과 충돌한다는 생래적 모순입니다. 당장 '먹고사는 문제'가 발목을 잡지요. 자유의지로 이 결정적인 문제를 어떻게 재구성하는가, 이 재구성의 과정이야말로 '진보'라는 개념의 내포에 걸맞을 것입니다. 인간이 생래적 모순의 노예로 살지 않을 가능성이기도 하겠지요. 아도르노가 예술을 그토록 중시하는 것도 이 때문입니다.

예술을 예술답게 만드는 것이 자유의지라는 요지로 지금까지 말씀드렸는데요, 이런 '요령부득'의 예술론이 독일 사회에서 당연하게 받아들여지기까지 많은 사람들의 노력이 있었음은 물론입니다. 아울러 독일 역사에 들이닥친 여러 차례의 파국도 자유의지가 강조되는 '이상주의 문화 지형'이 사회적으로 정착되는 데 일종의 필요조건으로 작용했음을 부인할 수는 없답니다. 가장 결정적인 요인을 들면 18세기 계몽주의가 혁명으로 귀결되지 않았다는 점, 사회 혁명을 통과하지 않고 시민사회를 구성하여 19세기를 보낸 후 20세기에 파시즘을 맞았다는 점이 있을 것입니다. 이런 독일의 특수적 상황에서 20세기 후반에 '아도르노'라는 종합 사상가가 등장할 수 있었다고 하겠는데요. 또한 그의 독특한 점은 20세기 사상가들이 일반적으로 쉽사리 넘지 않는 경계들을 거리낌 없이 드나들었다는 사실입니다. 학생들을 가르치면서 철학과 사회학을 분리시키면 안 된다고 강조하기를 잊지 않았던 그는 실제로 사회학과 소속 교수였습니다. 음악과 문학에 관한 그의 에세이들, 참 대단하지요. 그런데 그 대단함이 전통적인 철학적 미학과 아방가르드 예술작품을 결합시키는 경계 이탈의 급진성에서 비롯되고 있기 때문에 지적 새로움을 배가시키고, 그 새로움으로 독자들을 즐겁게 만든답니다. 호사가들이 종종 입방아에 올리는 그의 죽음마저도 이런 지적 급진성의 결과라고 해야 할 것입니다. 그는 자신이 입안한 이론을 실천에 옮기려고 시도한 학생운동 진영과의 정면충돌을 피하지 않았습니다. 이론과 실천의 작용 영역을 엄격하게 구분해야 한다는 입장을 고수했던 까닭에 이론의 실천적 적용 Praxis을 현실적 모순의 해결책으로 여겼던 학생들과 결정적으로 다른 입장을 취할 수밖에 없었던 것이지요.

그런데 분과 영역을 그토록 쉽사리 넘나들던 그가 실천 앞에서는 왜 그토록 경직된 모습을 보였을까요? 자신의 수업을 듣고 자기가 쓴 책을 읽은 학생들이 화염병을 들고 거리로 쏟아져 나올 줄 몰랐다면서, 학생들을 자극한 사상가 아도르노는 그야말로 '문화적 현상'이 아닐 수 없습니다. 21세기에 들어와 독일 사회는 68세대의 문화적 현상이었던 그에게 새롭게 관심을 기울인다는 전언입니다. 물론 이제는 전적으로 '이론적 현상'으로 대우하지요. 화염병을 들고 나올 학생들이 더 이상 등장하지 않는 사회

분위기가 형성됐다는 이야기가 될 터이기도 한데요, 이런 '안전지대'에서 아도르노가 읽히는 요즈음 현실을 그 자신은 어떻게 바라볼지 호기심이 발동합니다. 아도르노가 희구했던 상황은 분명 아닐 것입니다. 그렇다면 아도르노는 한국적 수용을 더 긍정적으로 평가해줄까요? 한국에서는 아도르노가 여전히 '문화적 현상'이기를 바라는 분위기가 감지되기 때문입니다. 물론 '수용'이라는 말을 쓸 수 없을 정도로 극히 적은 사람들 사이의 일이기 때문에 거론하기 무척 쑥스럽기는 하지만요. 얼마 안 되는 한국의 독자들은 대체로 아도르노를 68운동의 이론가이지만 인격적 허술함 때문에 좌절한 인물로 이해합니다. 여직 이론을 화염병의 꽃으로 보고 싶은 관성에 매달려 있기 때문인가요? 혹시 그런 관성을 유지하는 사람들이 아도르노를 다시 회생시켜 사회운동의 기폭제로 삼았으면 좋겠다고 생각하는 것은 아닌지요. 지금 이런 문제를 논의할 계제가 아님을 저도 잘 압니다. 앞에서 말했듯이 수용 자체가 안 되고 있는 처지에 무슨 기폭제 운운 한답니까. 단지 그냥 한번 '가상의 질문'을 해본 것입니다. 이론과 실천의 관계 설정이 아도르노의 사상에서 핵심적인 위상을 차지하고 있음을 부각시킬 필요도 있고 해서요.

저는 이 '가상의 질문'을 사유의 기폭제로 삼을 필요가 오히려 절실하다고 여기는 편입니다. 내친 김에 한걸음 더 나가볼까요? 이런 급진적인 질문은 어떤가요? 자본주의 사회의 모순과 시민사회의 갈등을 해결하기 위해 '광장에서의 전투'가 꼭 필요할까요? 광장은 여전히 문제 해결의 공간일 수 있을까요? 현재의 상황에서 아도르노가 어떻게 대답할지 잘 모르겠습니다. 68운동 당시에도 아도르노가 학생들이 광장으로 나간 것 자체에 반대했던 것은 아닙니다. 처음에는 학생들의 주장에 맞장구를 치는 편이었습니다. 나치 정권에서 유대인이 당했던 일을 요즈음에는 학생들이 겪는다는 발언도 했습니다. 태도가 변한 것은 폭력이 발생하면서부터입니다. 일단 광장으로 나가보니 폭력을 피할 수 없었고, 한 번 발생한 폭력이 통제 불능의 상태로 치달아 버린 것이지요. 아도르노는 이론가로서 이 진행 과정을 일종의 필연으로 성찰했습니다. 광장에서의 폭력을 그냥 우연이라고 치부한다면, 이론가의 직분을 소홀히 하는 처신이겠지요. 그런 우연 때문에 이념이 결정적으로 훼손될 수도 있으니까요. '폭력의 자동화'는 변혁을 갈망하는 사회 이론가라면 깊이 고민해야 할 문제가 아닐 수 없습니다. 아도르노가 여타의 사회 이론가와 다른 점은 바로 이 폭력의 문제에 대해 남다른 감수성을 지녔다는 데 있습니다. 그리고 또 이 문제를 성찰하면서 예술에 한층 더 집중했기 때문에 여느 사상가들과는 매우 다른 외관을 보이게 됐던 것입니다. 예술은 사회적 폭력을 흡수하는 상징 체계로 기능할 수 있습니다. 서구 시민사회가 그토록 예술에 공을 들여온 것도 이 때문입니다. 이런 서구예술의 면모가 한국에서 아도르노 수용을 어렵게 만드는 걸림돌이랍니다. 그런데 예술에 대한 내용을 언급하는 것은 아쉽게도 이 정도에서 그쳐야겠습니다. 오늘은 아도르노를 철학자로 소개하는 데 집중하기로 했으니까요.

"어쩌면 이행을 예고했던
해설이 불충분했을지도…"

그런데 아도르노가 이론의 실천적 적용을 추구하는 전투적 학생들에게 '이론 자체에 대한 급진적 탐구'로 방향전환을 하도록 읍소한 사정을 우리는 어떻게 이해해야 할까요? 물론 아도르노는 성공하지 못했습니다. 아도르노는 자신이 입안한 이론의 실천적 귀결을 자신의 몸으로 감당해냈습니다. 죽었지요. 그의 죽음은 물론 우연이기는 했지만, 또 이론의 급진성에서 파급된 사안이기도 했습니다. 그리고 학생들 역시 지향했던 이념을 실현하지 못했습니다. 학생들이 제기했던 문제들이 정치가들에 의해 부분적으로 수용된 것은 사실이지만, 이것은 가능한 빨리 사회를 안정시키고자 하는 정치적인 고려의 측면에서였지 자유와 평등의 확대라는 이념적 차원에서는 아니었습니다. 실제로 당시의 학생운동은 분단의 고착화 과정에 맞물려든 측면이 강합니다. 사회운동은 늘 '본의가 아니었던' 결과를 불러들입니다. 이론가라면 이런 측면도 고민 과정에 포함시켜야 하지 않을까요? 아무튼 그런 현실적인 차원은 이 글에서 일단 제외시키기로 하겠습니다. 너무도 복잡한 문제이기 때문입니다. 전혀 다른 맥락에서 정말로 진지하게, 본격적으로 논의되어야지 섣부르게 접근할 일이 절대 아닙니다.

그렇지만 아도르노를 빌미로 이론과 실천의 관계문제를 한번 거론하는 것도 나쁘지 않다는 판단입니다. 우리가 너무 한쪽 방향으로 쏠려 있지는 않은가, 한번 되짚어볼 필요도 있지 않을까요? 외국의 학문을 연구하는 가장 기초적인 동기는 바로 '타산지석他

山之石'이라고 생각하고 있습니다. 외국 이론을 우리의 문제를 해결할 지침으로 삼을 수는 없습니다. 하지만 우리의 문제를 비춰보는 거울로 삼을 수는 있지요. 이론은 실천됨으로서 진가를 발휘하는 것이 아니라, 이론 그 자체로서 검증되고 천착돼야 할 만큼 '이론적인 문제' 역시 독자성을 지니고 있다는 사실을 아도르노가 자신의 죽음으로 지켜냈다고 하면 지나칠까요?

아도르노가 20세기 후반에 '이론적 실천'이라는 화두를 새삼 우리의 고민거리로 만든 것은 사실이지만, 이 생각 자체는 그에게 새삼스러울 게 없는 '전통'이었습니다. 그는 전통의 아들입니다. 물려받은 것에서 끄집어내는 것이지요. 하지만 절대 호사취미로 골라잡지 않습니다. 자기 삶의 문제와 직결시켰지요. 그는 독일 관념론의 전통을 제대로 계승하면서 파시즘을 불러들인 자본주의에 대해 고민했습니다. 자신이 발붙이고 사는 사회의 경제적 토대를 사유하는 과정에 관념론이 꼭 걸림돌로만 작용하는 것은 아닙니다. 유물론과 관념론은 일반적으로 물과 기름처럼 섞일 수 없어 골라내야 한다고 생각하기 십상이지요. 이런 우리의 선입견을 보란 듯이 날려버린 아도르노지만, 그렇다고 그가 뭐 그리 대단한 예외는 아니었습니다. 살펴보면 많습니다. 유물변증법의 사상가 맑스 역시 헤겔Georg Wilhelm Friedrich Hegel(1770~1831)의 품에서 나왔지요. 아도르노가 맑스주의를 '혁신'했다는 평가를 받는다면, 그것은 자본주의 모순에 대한 고민을 가지고 헤겔을 넘어 칸트Immanuel Kant(1724~1804)로까지 한발 더 거슬러 올라간 결과입니다.

칸트라는 근대의 진원지에서 아도르노가 본 것은 바로 '비판 정신'이었습니다. 아도르노의 사상을 '비판 이론'이라고 하는데, 여기에 연원을 둔 명칭입니다. 칸트적인 의미에서 '비판'이란 구성의 가능성과 한계를 검토하는 태도입니다. 인식 구성을 가능하게 하는, 자연법칙들의 지배를 받는 현상계Erscheinungswelt●라는 안전한 섬을 떠나 험한 파도가 이는 물자체Ding an sich●의 세계로 한발이라도 내딛으면 '헛것'을 본다고 칸트가《순수이성비판》에서 '경고'했지요.(아도르노, 이순예 옮김,《부정변증법 강의》, 세창출판사, 2012, 176쪽) 자본주의의 모순이 가일층 심화되는 20세기 후반, 아도르노는 현실의 문제를 해결하기 위해 이 '비판 정신'을 소환합니다. 이론은 실천의 검증을 받아야 한다는 생각을 앞세우는 사람들이 즐겨 인용하는 포이에르바하Ludwig Feuerbach(1804~1872)의 테제 "이제까지 철학자들은 세계를 다양하게 해설해왔을 뿐이다. 하지만 중요한 것은 세계를 변화시키는 것이다"에 "어쩌면 실천적인 이행을 예고했던 해설이 불충분했을지도 모르는 일이다"(《부정변증법 강의》, 345쪽)는 재해석으로 맞장을 뜨는 것입니다. 실현의 순간을 놓쳐버린 해설이 '다음번의 실천'을 예고하는 사태가 더 이상 발생해서는 안 되며, 더구나 철학이 포이에르바하의 말처럼 실천으로 이행되어 소멸해야 하는 운명이라면 아직 이행의 순간이 찾아오지 않

● **현상계와 물자체**

칸트에게서 물자체는 그 자체로서 존재하는 절대적 실재Realität이다. 우리는 그 현실태Das Wirkliche를 오직 직관의 형식들(시간과 공간)과 사유의 형식들(범주들)속에서만 인식할 수 있다. 이 형식들이 현실성을 갖는 것은 오직 체험하는 의식Bewußtsein과의 관련성에서만이다. 즉 그런 의식의 대상으로서 일 뿐, 그 자체로서가 아니다. 칸트는 일단 범주들(인과성, 실체성 등)을 물자체에 적용하다가 나중에 범주들의 유효성을 현상계에 한정하면서 물자체는 인식할 수 없다고 선언했다. 물자체는 그저 "한계 개념"으로서 사유할 수 있을 뿐이다. 우리가 현상들의 근거로 그리고 그 규정들로 설정하고 받아들여야만 하는 것으로서 물자체는 실증적으로 규정할 수 없다.(Rudolf Eisler, *Kant-Lexikon*, Gallimard, 1994)

앞으므로 철학자는 더욱 더 해설하는 작업에 매진해야 한다는 주장입니다. 계몽을 통해 인간이 해방될 수 있다는 신념을 아도르노는 고수합니다. 그 역시 계몽주의자입니다. 다만 1789년 프랑스혁명 이후 대부분의 혁명적 기획이 너무나도 큰 부작용을 동반했다는 사실을 좀 더 진지하게 고려해야 한다는 입장일 것입니다. 저는 아도르노의 이론적 관심을 이러한 견지에서 이해합니다. '이론을 위한 이론가'라는 비난이 꼭 불편한 것만은 아니죠. 특히 맑스주의가 인간에 의한 자연 착취의 계기를 이론적으로 완전히 배제시킨(《부정변증법 강의》, 130쪽 참조) 인간 중심적 이론이라는 지적은 오늘날 크게 주목할 필요가 있다고 생각합니다. 예기치 않게 사망한 까닭에 아도르노의 저술들에는 단초만 있고 충분히 전개되지 못한 중요한 문제들이 많이 있습니다. 바로 자연에 관한 이론이 그렇습니다. 어쩌면 사회 이론이 이제껏 거듭 불충분성을 노정하게 된 까닭이 사회구성에서 자연의 위상을 적절하게 고려하지 않았기 때문은 아닌지와 같은 생각을 하게 하는 부분들이 그의 저술 곳곳에서 눈에 띕니다. 여하튼 아도르노는 우리에게 '더 많이 생각하기'를 끊임없이 주문하고 있습니다. 앞으로도 우리가 계속 자연 속에서 살고 싶다면 현재와 같은 방식의 과학주의에는 제동을 걸어야 한다는 경고도 합니다. 구성 가능성을 지속시키기 위해 한계점을 밝힌 칸트의 비판 정신을 회복해야 하겠습니다.

비판적 사유 전통의 비판적 계승

맑스주의와 아도르노의 비판 이론만큼 '지적 전통의 현대화'라는 패러다임을 정통으로 구현하는 전통도 없을 것입니다. 헤겔은 맑스에게 자본주의가 인간의 삶을 압박하는 구조를 '모순'이라는 개념으로 파악할 수 있도록 각별한 통찰을 줬지요. 그리고 맑스는 이처럼 해결해야 한다는 투지를 전면에 부각시킨, 무척 역동적인 관계로 사회문제를 개념화시킴으로서 명실상부한 혁명적 사상가가 됩니다. 그는 인류의 역사에 전무후무한 영향력을 행사했습니다. 한 세대 후에 태어난 아도르노는 그 '혁명적 실천'이 현실에서 거듭 표류하는 20세기 후반을 살아가며 표류의 원인을 토대와 상부구조 모두에서 찾는 지적 전투력을 보입니다. 문제를 처음부터 다시 볼 수 있기 위해 칸트로 거슬러 올라간 것이지요.

아도르노가 칸트와 헤겔을 이해하는 방식은 그가 '전체' 혹은 '보편'이라는 개념으로 지칭하는 '체계의 완결성'에서 두 사상가가 드러내는 차이에 주목하고, 그로부터 각 체계의 가능성과 한계를 따져보는 것입니다. 고전철학의 두 대가는 모두 체계의 사상가였습니다. 하지만 체계의 성격은 확연히 달랐습니다. 칸트는 물자체와 현상계의 이원론을 그대로 유지하면서 판단력의 반성 활동에 의한 '다리 놓기'로 체계의 '건축학적 구조'를 완성시켰지요. 헤겔은 칸트가 지은 건축, 즉 두 개의 벽과 그 사이를 잇는 무지개다리에 만족할 수 없었습니다. 단연코 하나로 통일시켜야 한다고 생각했습니다. 헤겔이 보기에 칸트는 너무 소박했습니다. 인간에게는 정신을 자연에 외화시켰다가 다시 정신으로 흡수해서 자연과

정신을 통일시킬 수 있는 능력이 있는데, 칸트는 이를 제대로 활용하지 않았다고 봤습니다. 인간의 정신 능력은 그만큼 강력할 수 있다고 확신했습니다. 그래서 이 변증법적 사유를 체계 수립의 동력으로 삼았습니다. 아도르노는 헤겔의 일원론적 체계가 자본주의 사회에서 많은 문제를 일으킨다는 견지에서 거부하지만, 자신이 아닌 것에 자신을 투사하는 변증법적 사유는 적극 수용합니다. 그런 역동적인 사유로 변증법의 철학자 헤겔의 체계를 가로질러 다시 칸트의 물자체에 도달합니다. 과학주의적 분석과 현금 계산으로 일원론적 체계를 구성하고 있는 자본주의 세계체제 한복판에 '분석될 수 없고 분석되면 안 되는' 물자체를 불러들이는 것입니다. 변증법적 사유의 역동적 힘이 제구실을 한 것이지요. 이러한 사유에 아도르노는 부정변증법이라는 이름을 붙여 헤겔을 기리면서 칸트의 문제의식도 부각시켰습니다. 칸트와 헤겔의 후손임을 잊지 않은 것이지요.

아도르노는 칸트의 이원론 구상에서 과학주의를 상대화시킬 가능성을 보았습니다. 칸트가 과학주의의 도전으로부터 전통적인 형이상학의 영역을 지켜내려 했다면 아도르노는 방향이 반대였다고 할까요. 물자체의 존재에 주목한 아도르노는 이와 같이 전혀 다른 세계가 있음을 의식시켜주는 판단력의 활동을 20세기 후반에 다시 활성화시키려 노력했습니다. 판단력의 활동 영역인 예술에 아도르노가 그처럼 큰 기대를 건 것도 그러한 이유 때문입니다. 부정변증법은 아도르노가 '총체적'이라는 수식어로 지칭하는 사회의 전체주의화를 거슬러 자본주의체제에 내적 균열을 일으킬 만큼 역동성을 보유한 사유입니다. 이 변증법에서도 아도르노는 헤겔과 방향이 반대입니다. 헤겔이 이원론을 일원론으로 통합하기 위해 변증법적으로 사유했다면 아도르노는 다시 떼어놓기 위해 부정변증법적으로 사유합니다. 갈수록 총체화되는 자본주의 세계체제에서 체계 내부에 균열의 가능성이 마련되어 있지 않다면, 그런 체계는 무너질 수 없다고 생각했기 때문일 것입니다. 동서 진영으로 나뉘어서 체제 경쟁을 하던 시절, 아도르노는 자본주의 생산관계에 편입되어 사는 개인과 자본주의 세계체제라는 전체의 관계를 살피고, 현실 사회주의체제에서 노동인민으로 사는 개인과 그 체제의 관계를 살펴서 분석하고 비교한 후 개인이 전체와 관계 맺는 방식에서 두 체제가 마찬가지의 오류를 범하고 있다는 결론을 내립니다. 개인을 개인으로 대우하지 않는다는 점이 요체입니다. 그러므로 '다른' 체제는 대안일 수 없었습니다. 부분과 전체의 관계를 중심으로 체계를 분석했고, 여기에 '내재적 접근법'이라는 용어를 쓰기도 합니다. 이것은 권력의 성격을 분석하거나 생산방식과 생산에 참여하는 구성원들의 처지를 분석하는 일반적인 사회 이론과는 많이 다르지요.

전통을 계승하면서 자신이 처한 객관 현실의 모순을 해결하기 위해 고민한다는 점에서 맑스와 아도르노 둘 다 관념론자였습니다. 고민 대상인 객관 현실이 세대가 다른 두 사상가에게 방향을 달리 지시했을 뿐입니다. 맑스는 독일에서 부르주아 자유주의 혁명이 발생했다가 좌절하는 과정을 몸소 겪은 사람입니다. 반면 아도르노가 관념론 전통에 입문하던 시절, 독일에서 자유주의적 전망은 이미 사라진 지 오래였습니다. 아도르노는 이 점을 잘 알고 있었습니다. 젊은 시절 그가 레닌주의자●였던 적이 있었다는 풍문도 있습니다. 맑스의 사상은 이미 아도르노에게 '전통'에 속했지요. 그 지적 전통을 현실에 직접 적용하는 사회주의 혁명이 발생했다가 좌절하는 과정을 아도르노가 겪은 것입니다. 현실 사회주의체제의 성립은 아도르노에게 일종의 '좌절'로 다가왔던 것이지요. 진보의 이상도, 사회주의 이념도 모두 배반하고 관료제에 의한 '관리된 사회'라는 점에서 서구 자본주의 사회와 다르지 않았기 때문입니다. 이렇게 자신이 살던 20세기 후반부 지구적 삶의 조건을 규정하던 자본주의와 사회주의는 모두 살만한 사회가 아니라고 부정한 아도르노는 그럼 어디에 발붙이고 살려고 했던 걸까요?

여기가 아도르노 사상에서 일반적인 관점으로는 풀 수 없을 것 같은 난제가 발생하는 지점입니다. 수제자였던 하버마스도 불만을 토로했었지요. "시작할 한 점은 마련해 둬야 하는 것 아닌가?"라고요. 하지만 하버마스는 아도르노만큼 전통에 정통하지 못했습니다. 푸코 Michel Paul Foucault (1926~1984)가 명명한 '비판적 태도'의 초석을 닦은 칸트야말로 근대인은 세계 내에 '확고한 한 지점'

● 레닌주의자

좁은 의미로는 20세기 초 레닌에 의하여 러시아에 적용된 맑스주의를, 넓은 의미로는 제국주의시대의 보편적 프롤레타리아 혁명 이론을 가리킨다. 레닌은 맑스주의를 발전적으로 계승하여 제국주의시대의 러시아 현실에 맞는 독창적인 혁명 이론을 개발했다. 그의 사상과 이론은 나로드니즘, 카우츠키의 경제주의, 베른슈타인의 수정주의, 멘셰비즘 등에 대한 치열한 이론투쟁을 거쳐 형성됐다.(두산백과사전 참조)
레닌에 의하면 공산주의자는 다음과 같이 설명된다. 첫째, 맑스주의 원리에 입각하여 역사와 사회를 과학적으로 이해하고, 둘째, 자본주의체제 전복과 사회주의 건설에 헌신하며, 셋째, 정권을 획득한 후에도 위의 변화를 성취하기 위해 매진하고, 넷째, 필요하다면 폭력을 포함한 어떤 수단을 써서라도 정권을 획득하려고 노력하는 지극히 헌신적인 지적 엘리트이다. 레닌의 소수 정예에 대한 강조는 혁명운동에 있어서의 효율성과 분별력의 요청 및 그의 정치 사상에 내재한 권위주의적 경향에서 유래했다.(고봉준, 문학비평용어사전, 한국문학평론가협회 편, 국학자료원 참조)

을 확보할 수 없는 존재임을 증명한 사상가이니까요. 칸트가 가다듬은 형이상학적 이원론은 개별 인간과 세계를 완벽하게 일치시킨 체계입니다. 인간 역시 형이상학적 이원론의 지배를 받아 분열된 채로 이분화된 세계에 속합니다. 이 세상에 온전한 인간으로 설 '한 점'을 확보하지 못하는 인간이 바로 근대인인 것이지요. 그런데 더 큰 문제는 이런 분열된 인간이 자신이 분열되어있음을 깨우친다는 데 있습니다. 아름다운 대상 앞에서 쾌감을 느끼는 순간, 통일된 주체로 자신을 의식하게 되기 때문입니다. 자기분열을 알기 때문에 인간이 불행해졌다고 말하는 게 아주 그른 것은 아니지요. 칸트가 분열을 의식하지 못한 채 분열된 상태로 그냥 살아가도록 인간을 소홀하게 대접하지 않은 결과입니다. 세계 내 존재로는 분열되어 있지만, 분열된 자신을 초월하는 의식 활동을 하는 존재, 참 멋있는 말이긴 한데, 약간 요령부득입니다. 하지만 우리의 삶을 차분하게 들여다보면, 정말 그렇게 살고 있다는 깨달음이 옵니다. 일하고, 애쓰고, 좌절하는 온통 고통의 연속이지만 어느 한 순간 자신에게 자신이 선명해지는 때가 있지요. 칸트는 이와 같은 순간적 통일이 모두에게 가능성으로 심어져 있음을 증명했습니다. 이 순간이 지구상에 꼭 공간적 확산으로 실현돼 있어야만 하는 것은 아닙니다. 분열된 인간의 자기초월이 이루어지는 순간이니까요. 그 초월의 경험으로 분열된 현실의 모순을 깨닫게 된다는 결론을 이끌어낼 수 있겠습니다. 여기까지입니다. 그 다음은 무엇보다 칸트의 영역이 아니었고, 아도르노는 너무 일찍 죽느라 더 나아가지 못했습니다.

철학적 공론장을 위하여

지금까지의 이야기에서 아도르노가 광장보다는 '강의실'을, 거리보다는 '실내'를 이념의 확산을 위해 더 적절한 공간으로 여겼음을 어렵지 않게 알 수 있을 것입니다. 이러한 태도 역시 독일의 전통에 속한다는 말씀을 드리면서 오늘 강좌를 마무리하기로 하겠습니다.

이른바 18세기에 시작되어 온 유럽에 퍼진 살롱 문화인데요, 20세기에 들어와 거의 자취를 감췄다가 최근 독일에서 슬슬 다시 모습을 드러내기 시작한다고 합니다. 물론 생일파티를 비롯한 이런저런 모임에서 그 전통이 면면히 이어져오기는 했지요. 옛날의 틀을 고수하지 않는다는 의미에서 단절되었다고 했던 것입니다. 그런데 살롱의 18세기적 틀에서도 영국, 독일, 프랑스는 제각기 달랐습니다. 하버마스가 《공론장의 구조변동》(한승완 옮김, 나남출판, 2004)에서 논증한 개념을 사용하자면 영국에서는 정치적 공론장 형성의 발판이었던 다방Kaffeehaus들이 곳곳에 생겼고, 독일에서는 문예 공론장을 형성시킨 독서회Lesegesellschaft가 우후죽순처럼 결성됐습니다. 살롱Salon이라는 말의 원산지인 프랑스에도 상류층 인사들의 모임이 없을 리 없었지만 하버마스는 프랑스 살롱에는 그다지 주목하지 않았습니다.

하버마스는 영국의 정치적 공론장 형성 과정에 가장 관심을 뒀는데요. 시민 혁명을 하지 않은 나라에서 의회 민주주의가 꽃핀 점을 높이 평가했던 것이지요. 하지만 영국보다 먼저 독일에서 틀을 잡은 문예 공론장에도 큰 의의를 부여합니다. '공론장' 자체의 원형에 해당하니까요. 안나 아말리아Anna Amalia 백작부인의 독서모임이 효시이자 모범을 제공했다고 알려져 있습니다. 아직 신분제가 완강했던 시절, 귀족 신분이 아닌 괴테Johann Wolfgang von Goethe(1749~1832)와 쉴러 Johann Christoph Friedrich von Schiller (1759~1805) 그리고 헤르더 Johann Gottfried von Herder(1744~1803) 등 문인들이 바이마르 공국 모후의 초대를 받아 궁정에서 함께 담소하고 책을 읽고 의견을 개진하기 위해 정기적으로 모였다는 것은 예사로운 일이 아닙니다.(괴테, 쉴러, 헤르더 모두 형통 귀족이 아닌 평민 출신이었습니다. 문필 활동의 공으로 말년에 귀족 칭호von를 부여받았습니다) 행동거지의 원칙들을 만들어 지키면서도 느슨함은 유지되었고, 격렬한 논쟁은 없었지만 그래도 주제를 정해 의견을 교환하는 이런 형태의 모임에서 하버마스는 근대적 여론 형성의 시작을 본 것입니다. 프랑스 살롱이 옆으로 밀려난 것은 혁명으로 사회구조를 바꿨기에 아무래도 혁명을 하지 않은 영국이나 독일과는 여론 형성과정이 달랐기 때문일 것입니다. 프랑스 살롱은 신분을 과시하는 장으로 머물러 있을 수 있었지요. 부르주아와 귀족이 무슨 일을 해야 하는지 혁명으로 어느 정도 정리가 됐으므로 그냥 자기 일에 집중하거나 권력투쟁을 하면 되었지요. 한편으로는 광장에서의 투쟁도 계속되고 있었고요. 하지만 영국과 독일에서는 이 '신분'이라는 것을 어떻게 근대적으로 재편할지 갈피를 못 잡고 있던 상태였습니다. 특히 독일은 난맥상이 더욱 심한 편이었는데요, 왜냐하면 새 시대의 주인인 시민이 힘을 영 못 쓰고 있었기 때문입니다. 무엇보다도 새로운 권력의 기반인 경제력에서 절대적으로 밀렸습니다. 융커Junker라고 불리는 대토지 소유 귀족들이 농업의 자본주의화를 주도하고 있었으니까요. 대토지를 자본주의적으로 경영하겠다고 마음먹은 귀족은 귀족일까요, 경제 시민Bourgeoiye일가요? 이런 사회경제적 맥락에서 아주 독특한, 독일 특수적 현상이 등장했는데요, 이른바 '교양 시민Bildungsbürger'이라는 개념입니다. 대토지 소유 귀족의 어정쩡한 상황이 '교양'이라는 수식어로 포착된 것이라 할 수 있겠는데요, 혈통은 귀족이지만 내적 지향은 시민이라는 요지로 이해할 수 있겠습니다.

　이 교양 시민의 전통이 독일적 특수성의 많은 부분을 설명해줍니다. '시민'이 사회경제적 개념이 아니라 문화적 내포를 지닌 개념이라는 데서 단적으로 드러나듯이 이 집단을 규정할 외적 지표는 없습니다. 교양Bildung이라는 수식어 역시 모호합니다.(원뜻은 '인격 도야'에 해당합니다) 하지만 교양 시민은 사회적으로 뚜렷하게 드러나는 현상이었습니다. 특히 19세기에는 사회적으로 주도적인 역할을 합니다. 그래서 굳이 사회적인 설명을 하자면 시민혁명의 전망이 차단된 사회에서 귀족이 스스로 '시민'으로 역할을 갈아타기 위해 변신을 도모했던 것이라고 할 수 있겠습니다. 하지만 모든 교양 시민이 다 귀족의 시민화 과정을 통해 형성된 것은 아니고요, 단두대로 가지 않은 귀족이 시민층에 합류하는 방식이 그중 눈에 띄기 때문에 거론 대상이 된 것입니다. 가난한 집안 출신이 공무원 직에 오르면서 교양 시민이 되는 경우도 있었습니다. 물론 무척 어렵고 그래서 드문 일이었지만요. 경제적으로 일정하게 기반을 두고 있어야 함은 당연했습니다. 하지만 경제적 기반이 지표는 아닙니다. 구성원이 스스로를 세련되게 하는 일에 매진함이 지표라면 지표가 되겠습니다. '내면성'이 '교양'의 내포를 이루고 있습니다. 그러다보니 자신이 교양을 쌓고 있음을 밖으로 드러내는 일이 아주 중요해지고 말았습니다. 특히 귀족들에게서 그랬습니다. '시민'이라는 새 시대의 주역이 되는 방법이었으니까요. 18세기 귀족들이 남긴 일기를 보면 자신이 얼마나 부지런하며 근검절약하는지 구구절절 기록한 내용이 많습니다. 신분과 부의 과시가 아닌 내면생활에 집중하고 있음을 드러내는 데 부지런함과 근검절약을 과시하는 방법만큼 효과적인 것이 없을 터입니다. 뭐 꼭 누구에게 보여주기 위해 일기를 썼다고 볼 수는 없겠지요. 귀족들이 그만큼 그러한 자기의식에 열중하고 있었다는 이야기니까요.

이처럼 '자기세련'을 주류의 과시 문화로 정착시킨 독일의 근대가 매우 독특했음을 우리는 어렵지 않게 간파할 수 있습니다. 그런데 이처럼 이상한 문화가 어떻게 해서 사회적으로 정착될 수 있었을까요? 내면성과 자기세련을 과시하는 모임이 주도하는 문화가 18세기와 19세기 동안 계속됐답니다. 독일 귀족이 혁명을 두려워했고, 독일 부르주아는 경제력이 빈약했는데요. 확실한 요인은 이것뿐입니다. 이런 외적 요인만으로 계급 연합이 가능할까요? 여러 가지 분석이 있지만 그 무엇도 명쾌한 설명을 주지는 못하는 것 같습니다. 오래 전에는 민족성 운운하기도 했고, 풍토론을 들고 나온 이도 있었습니다. 하지만 그다지 합리적이지 않다는 평입니다. 그래서 발생요인을 파고들기보다는 진행 과정을 살피는 연구가 오히려 생산적일 수 있게 되었습니다.

우리는 독일적 독특성의 근저에 독일 고전철학이 자리 잡고 있음을 압니다. (살롱에 모인) 교양 시민은 바로 고전 독일 철학의 뒷심을 받아 소그룹이면서도 동시에 전체적으로 일정한 동질성을 공유할 수 있었지요. 물론 모임마다 일정한 특성이 있으며 그 다름을 과시하기도 했습니다. 19세기 중반 요란했던 바그너Wilhelm Richard Wagner(1813~1883) 숭배자들과 슈만Robert Alexander Schumann(1810~1856) 숭배자들처럼 말입니다. 18세기에도 낭만주의 살롱과 고전주의 살롱 사이에 설왕설래가 있었습니다. 하지만 큰 틀에서 철학적 기반은 공유했습니다. 그런 공통분모가 있었기 때문에 문학작품을 독서하면서 공동체 구성원으로 자신을 형성할 수 있었던 것입니다. 문학작품을 읽는 일은 지극히 개별적인 과정입니다. 그리고 감동은 전적으로 사적인 사건이고요. 그런데 그 감동이 바로 보편성을 담보하는 계기가 되는 구도입니다. 그런데 이런 일이 성사되기 위해서는 반드시 필요한 전제조건이 하나 있었습니다. 탁월한 작품이 창작되어야 한다는 사실입니다. 18세기 독일의 문인들은 이 시대적 소명에 부응했습니다. 넘치는 정도였지요. 괴테와 쉴러만 예를 들어도 충분합니다. 괴테에게 철학은 자연스럽게 흘러드는 물과 공기 같은 것이었고, 쉴러에게는 진지한 대상이었습니다. 쉴러의 칸트 연구는 유명합니다. 독일 문학이 철학적이라는 세간의 인상은 정확한 것입니다. 문학이 철학과 결합한 것이지요. 이를 두고 랑시에르Jacques Rancière(1940~)가 '미학적 예술체제의 성립'이라고 규정했던 것입니다. 살롱은 철학과 결합한 예술을 통해 개인이 자기세련을 구하는 장이었습니다.

철학과 예술을 모두 섭렵했다는 견지에서 아도르노야 말로 18세기에 시작된 미학적 예술체제를 제대로 발전시킨 사상가가 됩니다. 그리고 당시 학생층은 18세기의 교양 시민 역할을 했던 것이지요. 그의 사상을 이해하려는 마음이 충분했었습니다. 강의실은 넘쳐났고, 라디오 방송은 인기절정이었습니다. 대중 강연도 매혹적이었습니다. 마치 피아니스트처럼 무대에 올라 마이크를 잡았다고 합니다. 파시즘과 전쟁으로 피폐해진 심성을 회복해야 한다는 사회적 합의가 있었던 것이지요. 이 합의를 이끌어내는 데 아도르노가 결정적으로 기여합니다. 그의 노력과 활동으로 독일의 인문 전통이 전후 독일 땅에 다시 소환될 수 있었습니다. 독일 지식인들이 칸트와 헤겔을 르쌍티망Ressentiment 없이 읽을 수 있게 된 것이 아도르노의 공적이라는 평가가 있습니다. 그리고 아도르노 역시 사회적 계몽에 전력을 다했습니다. '라인 강의 기적'으로 지칭되는 경제적 부흥이 추진되는 한편 인문적 계몽 역시 다시 활성화되었습니다.

이제 마쳐야 할 시간이 됐습니다. 마지막으로 한 가지만 간곡히 부탁드리고 싶습니다. 독일 인문학 수용에 관한 문제인데요. 독일 인문학은 시민혁명을 통과하지 못한 공동체가 민주주의 사회를 이루기 위해 노력한 사유의 결정체입니다. 그 원형에 해당하는 독일 근대 사상과 가장 치열하게 대결한 사람들이 20세기 프랑스 지식인들이었습니다. 자국에서 혁명 전통이 보수화되는 과정을 목도했기 때문이지요. 그 포스트모더니즘이 미국으로 건너가 자본주의에 동화됐습니다. 지난 시기 우리가 자본주의화된 포스트모더니즘을 수입하면서 해방담론인 양 착각했던 것은 지적 전통이 일천했기 때문입니다. 한국사회에 포스트모더니즘이 안겨준 부담과 해악에 대해서는 정말 만시지탄일 뿐입니다. 두 번 다시 이와 같은 지적 허약성에 노출되지 말아야 할 것입니다. 독일 인문학 모두 그렇지만 특히 아도르노의 경우, 영어권에서 수용되면 다른 양태로 변질됩니다. 이상주의 문화 전통의 자유주의적 경험론화라고 할 만한 사태가 발생하는 것입니다. 영어권 연구자들이 영어로 쓰면서 경험론적 외피를 두르게 된 아도르노 연구서를 다시 한국어로 번역하면, 참으로 심각한 굴절이 발생하고 맙니다. 이상주의적 긴장이 모두 증발하고, '정보'만 남습니다. 이제 한국에서도 20세기 프랑스 지식인들이 수행했던 바, 근대의 원형과 치열하게 대결하는 지적 전투가 한번은 발생해야 하지 않을까요? 우리의 연구 역량도 이제는 그 수준에 도달했다고 생각합니다. 따라서 연구자분들께 간곡히 부탁드리는 바는 비판 이론의 지적 긴장은 물론 한국과 독일 사이에 엄연히 존재하는 긴장을 모두 해소시키는 '쉬운' 인문학의 유혹에 저항해주시라는 것입니다. 인문학은 정말 '정보'일 수 없으며 이제 한국에서도 신문지상에 '알기 쉬운 것이 사기'라는 깨달음이 오르내리는 시절이 됐습니다. 또 다시 퇴행에 물꼬를 트면 안 되겠지요.

더 읽어보면

좋은 책

테오도르 아도르노, 김유동 옮김,《계몽의 변증법》, 문학과지성사,
2001.

독일 프랑크푸르트학파의 두 핵심 사상가 호르크하이머와 아도르
노가 비판 이론의 핵심 테제를 제출한 책이다. 책 제목이 그대로
'테제'이다. 독일 인문학이 20세기 자본주의 세계체제에서도 보편
성을 지닐 수 있음을 증명한 책이기도 하다. 계몽이 지구상에 처음
약속했던 행복을 가져오지 못했음을 탄핵하는 내용을 담고 있다.
저자들은 계몽을 탄핵하지 않는다. 계몽이 처음 약속과는 정반대되
는 결과를 지상에 불러왔음을 고발할 따름이다. 그래서 '변증법'이
라는 말을 쓴 것이다. 이 테제를 계몽이 무능했다거나 이성이 잘못
됐다는 식으로 이해하면 곤란하다. 이 책의 목적은 계몽이 변증법
적으로 전복되는 과정을 계몽하는 데 있다. 자기계몽 혹은 재계몽
의 과업을 독자들에게 안겨주는 것이다. 저자들의 요청에 부응하기
위해 독자는 인간의 이성 능력이 계몽을 추진하는 분석 능력에 국
한되지 않음을 분명히 의식하고 있어야 한다. 인간의 정신 능력은
실천이성과 판단력도 아우른다. 아도르노는 분석적 계몽의 전횡에
서 벗어날 가능성을 판단력에서 찾는다. 그래서《미학 이론》집필
에 그토록 오래 공을 들였다.

테오도르 아도르노, 이순예 옮김, 《부정변증법 강의》, 세창출판사, 2012.

파시즘 지배가 전쟁으로 막을 내린 후 독일로 돌아온 아도르노는 전통적인 변증법을 혁신하여 새로운 철학방법론을 정립한다. 《부정변증법》(1966년)으로 이 작업을 마무리한다. 이 책을 집필하면서 동시에 프랑크푸르트 대학에서 학생들에게 중요한 요점들을 강의했는데, 그 내용을 아도르노 문서실Archiv에서 2002년에 책으로 묶었다. 아도르노가 강의할 때 녹음을 해둔 음원이 있었기 때문에 가능한 일이었다. 실제 내용은 《계몽의 변증법》과 동일하다고 할 수 있다. '변증법적 전복'의 내부역학을 '분석'한 《계몽의 변증법》이 지구상에 등장한 재앙을 다룬 사회비판서라면 《부정변증법》은 재앙을 불러들이는 인간의 사유를 다루기 때문이다. 파국을 부르는 인간의 어리석음을 파헤치는 철학서인 것이다. 사유 주체는 전통적인 사유 방식으로는 대상을 제대로 파악할 수 없다. 그런데도 진리를 확보한 양 의기양양해 하기 때문에 파국을 부른다는 요지이다. 진리 구성에서 실패하는 근본적인 이유는 잘못된 사유를 하고 있는 주체가 객관세계의 저항을 피할 수 없기 때문이다. 그런데 자본주의 문명은 이 '객관'의 저항을 눌러왔다. 과학기술의 덕택이다. 21세기에도 계속 누를 수 있을지, 의문이다. 《부정변증법》의 전언은 명확하다. 물질의 저항을 사유 과정에 수용하면 사유 주체는 진리구성이 부정됨을 터득하게 된다는 사실이다. 이 '부정'이 참된 진리이다. '강의록'의 미덕이 십분 발휘되는 책이다.

한나 아렌트,
전체주의를 넘어
정치의 길을 보다

—

김선욱

한나 아렌트
Hannah Arendt(1906~1975)

한나 아렌트는 독일 하노버에서 출생하여 유년시절의 대부분
을 쾨니히스베르크에서 보냈다. 철학과 신학에 관심이 많았
던 그녀는 마르부르크 대학에서 불트만과 하이데거에게 배
웠다. 그곳에서 하이데거와 사랑에 빠졌으나 곧 그를 떠나
하이델베르크의 야스퍼스를 찾아 그의 지도로《아우구스티
누스의 사랑 개념》이란 논문을 써 철학 박사학위를 받았다.
이후 아렌트는 정치적 억압과 유대인 박해가 점차 심해지
던 독일에서 시온주의자들을 위해 활동하다 체포되어 심문
을 받은 뒤, 모든 것을 뒤로하고 어머니와 함께 1933년에 프
랑스로 망명했다. 거기서 수용소에 갇혔다가 결국 탈출하여
1941년에 미국으로 망명했다.

　첫 번째 주저인《전체주의의 기원》(1951)은 서술 방식 등
으로 인해 학계에 많은 논쟁을 일으켰지만, 이 책의 발간과
더불어 그녀는 본격적인 정치 사상가의 길을 걸었다.《인간
의 조건》(1958)은 가장 널리 읽히는 저술이다. 또한 악의 평
범성을 주장한《예루살렘의 아이히만》(1963)으로 아렌트는
유대인 사회의 배척을 받기도 했으나 많은 찬사도 아울러 받
았다. 아이히만에 대한 경험을 바탕으로 아렌트는 정치적 악
을 유발하는 정신의 문제에 집중하여《정신의 삶》(1978)을
남겼다. 이밖에도 여러 저술들이 있고, 유고집도 계속해서
출간되고 있다.

관조적 삶과 활동적 삶

2012년, 한병철 교수가 쓴 《피로사회》(문학과지성사)가 많은 반응을 얻었죠. 이 책의 기본 테제는 지금 너무 열심히 살다보니 사회가 너무 피곤해졌다, 그래서 가난을 극복했는지는 몰라도 피로한 사회가 됐다는 것입니다. 이 책은 이런 사회 분위기를 만든 대표적인 사상가로 한나 아렌트를 꼽고 있습니다. 저는 한병철 교수의 지적이 무척 흥미 있었고 또 많은 부분에 동의했지만 거기서 아렌트에 대한 비난으로 넘어가는 것에는 비약이 있다고 생각했습니다. 물론 아렌트에게 그런 측면이 있기는 하지만 말이지요.

　한병철 교수는 아렌트를 표적으로 삼으면서 그녀의 vita activa 개념에 주목합니다. 라틴어로 vita는 생명 또는 삶이고, activa는 활동 혹은 행위라는 말인데, 이 두 말을 합한 vita activa라는 표현은 정치적 삶을 의미하는 것으로 흔히 '활동적 삶'이라 옮깁니다. 여기에 쌍을 이루는 말이 vita contemplativa로 철학자의 삶을 의미하며 흔히 '관조적 삶'이라고 옮기지요. contemplativa는 철학자들이 하는 관조 혹은 사색을 의미하는 말이니까요. 아렌트의 저서 중 가장 중요하다고 할 수 있는 《인간의 조건》(이진우·태정호 옮김, 한길사, 1996)은 원래 영어로 쓰였어요. 이후 독일 출판사에서 그 책을 독일어로 번역하겠다고 하니까, 아렌트가 번역할 필요 없다며 자신이 같은 내용을 독일어로 다시 써버립니다. 그래서 나온 독일어 책 제목을 아렌트는 《활동적 삶 Vita Activa》라고 붙였지요.(아렌트가 말년에 썼지만, 완성하지 못한 것을 유작으로 출간하게 된 책이 《정신의 삶》인데, 이 책은 《인간의 조건》과 대응해 Vita Contemplativa에 해당됩니다.

《인간의 조건》이 인간의 정치적 활동에 초점을 두고 쓴 것이라면,《정신의 삶》은 사유와 의지, 판단 등 인간의 내면에서 일어나는 일에 대하여 철학적으로 다루고 있기 때문입니다.)

《인간의 조건》을 쓰기 전에 아렌트는 〈vita contemplativa and vita activa〉라는 논문을 내는데 거기서 재밌는 이야기를 하고 있습니다. 피타고라스Pythagoras(BC 580~BC 500)가 철학자와 정치가의 삶에 대해 평가한 이야기를 아시나요? 피타고라스는 인간의 삶을 올림픽 게임에 비유하면서, 세 유형으로 나눕니다. 즉, 올림픽 경기에서 게임에 임하는 사람이 있고, 그것을 구경하는 사람이 있으며, 또 구경하는 사람들 대상으로 물건을 파는 장사치가 있다는 것이지요. 여기서 게임에 임하는 사람들은 정치가이고, 구경꾼은 철학자라고 피타고라스는 말합니다. 그리고 이 세 유형의 삶 가운데 가장 고차원적인 삶은 철학자의 삶이라고 말합니다. 이런 관점은 아리스토텔레스의 《니코마코스 윤리학Ethica Nicomachea》에서 반복됩니다.《니코마코스 윤리학》을 보면 앞에는 정치적 삶이 더 중심이고 더 중요하다고 주장하는 듯하지만, 뒤에 가면 철학적 삶을 강조합니다. 헷갈리는 부분입니다. 정치 사상을 전공하는 분들과 그 책을 같이 읽었던 적이 있었는데, 서로가 자신의 전공이 더 중요하다고 아리스토텔레스가 말하고 있다는 식으로 주장하다가 한바탕 웃었던 적이 있었지요. 아리스토텔레스는 과연 철학적 삶이 더 높다고 생각했을까요, 정치적인 삶이 더 높다고 생각했을까요?

아렌트는 이 문제를 간단히 해결해버립니다. 피타고라스나 아리스토텔레스가 철학이 더 중요하다고 한 것은 결국 자신들이 철학자이기 때문이 아니냐는 것입니다. 철학자들이 자기가 잘났다

처음 읽는 독일 현대철학

256

고 얘기한 것이라는 말입니다. 정치학을 하는 사람들은 활동에 바빠서 글을 잘 안 남기는데 반해, 글을 꼭 남기는 사람들은 철학자들이잖아요. 아렌트는 정치적인 삶이 철학적 삶과 마찬가지로 중요한 것이 아니냐고 말합니다. 사실 서양의 전통에서 vita contemplativa가 vita activa의 우위에 있다고 여긴 것은 편견이며 그로 인해 정치적 행위가 왜곡됐다고 아렌트는 주장합니다. 그래서 정치적 삶이 제대로 평가받고, 나아가 현대사회에서 정치의 중요성을 다시 인정받는 가운데 정치가 회복돼야 한다는 주장을 담은 것이 《인간의 조건》입니다.

아렌트는 우리들에게 정치적인 삶의 중요성과 정치 회복의 필요성을 깨우쳐 주려 합니다. 그래서 많은 사람들은 아렌트가 vita contemplativa보다 vita activa를 더 중요하게 봤다는 결론을 내리지만, 사실상 아렌트에게는 어느 게 더 우월하고 어느 게 더 열등한가가 문제인 것은 아닙니다. 정치적 삶의 회복을 주장하는 것이 vita contemplativa보다 더 중요하다고 주장한 것은 아니라는 말입니다. 유고집으로 나온 《정신의 삶》은 아주 철학적인 책입니다. 아렌트가 초기에는 정치적 얘기를 많이 하다가 뒤로 갈수록 철학적인 얘기를 많이 하므로, 사상의 정합성을 연구하는 사람들은 아렌트의 사상에 변화가 있었다고 얘기하기도 하죠. 그런데 제가 보기에는 변화가 있었던 게 아니라, 아렌트가 시기마다 강조하고 싶었던 게 달랐던 것 같습니다. 그래서 우리는 궁극적으로 아렌트가 두 유형의 삶이 한데 어우러지는 어떤 차원을 이야기했다고 볼 수 있습니다. 그런 시각에서 보면 일관성을 갖춘 아렌트의 사상을 볼 수 있게 됩니다.

진리의 문제와 정치

아렌트는 철학자일까요? 아렌트는 스스로를 정치철학자라고 말하지 않고 정치 사상가 혹은 정치 논평가라고 말합니다. 아렌트는 정치철학political philosophy이라는 단어가 일종의 형용모순이라고 말합니다. 둥근 사각형이란 말처럼 말이죠. 그런 건 있을 수 없잖아요. 사각형에는 각이 있는 법이고, 둥글면 원이니까요. 철학이 철학스러우려면 정치는 배제해야 하는 거고 정치 영역에는 철학이 들어가서는 안 된다는 얘기입니다. 다시 말해 철학과 정치는 본질적으로 다른 레벨에 있기 때문에 정치철학이란 말 자체는 형용모순이라는 것이지요. 정치는 인간의 복수성●이 바탕이 되어 이루어지는 영역이므로 다원성이 근원적으로 자리 잡아야 하는데, 철학은 하나의 진리, 즉 다름을 거부하는 특성을 가지고 있으니 정치 영역은 서양의 전통 철학적 접근법으로 다가가서는 안 된다는 말입니다. 따라서 우리가 정치철학의 원조라고 부르는 플라톤에게 아렌트는 이렇게 크게 한 방을 날립니다.

《정치의 약속》(제롬 콘 편집, 김선욱 옮김, 푸른숲, 2007)은 아렌트가 1950년대에 쓴 글을 묶어서 만든 유고집입니다. 그 책의 첫 번째 논문은 '소크라테스'라는 제목을 달고 있습니다. 원래의 제목은 '철

● **복수성**
인간은 모두 다르다는 것을 표현하는 아렌트의 용어로 영어로는 'human plurality'이며, '인간의 다원성'이라고 옮기기도 한다. 인간이 서 있는 지점이 다 다른 것처럼 동일한 사물도 서로 다르게 볼 수밖에 없으며 생각이나 관점도 모두 다르다고 아렌트는 말한다. 물론 인간에게는 서로 비교 가능한 특징도 있으나 근원적으로는 차이와 다양성을 특징으로 갖는다는 주장이다.

학과 정치'였지요. 여기서 아렌트는 플라톤이 정치에 대한 오해를 얼마나 확산시켰는지, 정치철학이란 이론으로 얼마나 많은 잘못된 생각을 만들어냈는지를 분석합니다. 그러고는 오히려 플라톤보다는 소크라테스의 사상, 즉 플라톤 초기 대화편에 나오는 소크라테스의 말에 담겨 있는 정치에 대한 이해가 플라톤의 것보다 더 낫다는 것을 보여주고 있습니다. 플라톤 이래로 정치철학의 핵심 문제는 보편적 가치 혹은 보편성을 중심으로 형성됐고, 보편성을 확보하기 위해 철학은 정신적인 힘인 이성에 의존해 문제를 풀어갑니다. 이런 문제 형성은 플라톤이 스승인 소크라테스의 죽음이 정치적으로 이루어진 것 때문에 가능했다고 아렌트는 생각합니다. 그러나 플라톤의 길은 소크라테스가 생각했던, 개성에 바탕을 둔 다원성의 장인 정치 영역에 대한 이해에 근본적으로 반하는 것이라는 통찰을 하게 됩니다. 그래서 진리가 아니라 의견이 정치의 중심이라는 것을 소크라테스 사상에 바탕을 두고 밝혀내며, 진리 주장이 정치 영역을 파괴할 수 있다는 경고를 내립니다. 이러한 경고는 이론적 통찰이 아니라, 아렌트가 가졌던 전체주의에 대한 경험과 이해를 바탕으로 인식한 데 바탕을 둔 것입니다.

이런 생각은 세계시민이냐 민족이냐, 라는 대립적 문제 구도에 대해서도 답을 줍니다. 세계시민이 되려면 어떤 특정한 민족성이라는 것이 배제돼야 할 텐데, 아렌트는 유대인으로서 그리고 이와 동시에 세계시민으로서 말과 생각을 펼칠 수 있다고 믿습니다.《예루살렘의 아이히만》(김선욱 옮김, 한길사, 2006)에 나오는 것처럼, 유대인 중심에 대해서는 보편적인 인간의 관점에서 비판할 수 있고, 보편성 주장에 대해서는 유대인으로 또 여성으로의 특성을 바탕으로 말할 것을 요구합니다. 아렌트는 이 두 가지를 한꺼번에 그리고 서로 모순 없이 드러나는, 다시 말해 철학적으로 구체적이면서도 보편적인 것을 함께 가져 나갈 수 있는 정치 사상을 제시합니다.

《정치의 약속》과《인간의 조건》에서는 아렌트가 철학을 부정하고 정치의 반철학적 특성만을 강조한 것처럼 보이지만 아렌트의 만년의 작업인《정신의 삶》에서는 다시 철학적 사유의 중요성을 다룹니다.《정신의 삶》은 세 부분으로 나뉘어 있습니다. 제1권이《사유》, 제2권은《의지》, 그리고 제3권은《판단》이지요. 아렌트는 1권과 2권의 내용을 완성한 뒤 3권은 제목과 머리 인용구절만 써놓고는 사망했어요. '판단'이란 앞에서 언급했던, 특수한 것을 다루면서도 보편적인 차원을 놓아 버리지 않는 가운데 특수성의 특성을 잘 살리는 인간의 정신 능력을 말합니다. 이 부분을 잘 설명해줬다면 아렌트 사상의 정점이 됐을 텐데, 많은 사람들이 아쉬워했습니다. 그래서 아렌트가 1960년대 말에 뉴욕에 있는 뉴스쿨New School for Social Research에서 강의할 때 조교를 했던 로널드 베이너Ronald Beiner(1953~)가 아렌트 교수의 노트와 자신이 노트한 내용을 종합해《칸트 정치철학 강의》(김선욱 옮김, 푸른숲, 2002)라는 책을 아렌트 사후에 냈습니다. 어쨌든 이 과업을 아렌트가 미완으로 남겨 놓았는데, 이는 아렌트 전공자들에게는 축복이기도 합니다. 후학이 개입해서 할 일을 남겨준 셈이니까요.

삶에서 우러난 정치 사상

아렌트는 1906년에 독일 하노버에서 태어나서 칸트의 활동지였던 쾨니히스베르크에서 어린 시절 대부분을 보냅니다. 18세가 되던 해인 1924년에 마르부르크 대학에 들어갑니다. 당시 마르부르크 대학에는 하이데거가 강의를 하고 있었지요. 하이데거는 철학의 왕이라고 얘기할 정도로 그 당시의 독일 청년들에게 엄청난 인기를 끌고 있었고 소문이 대단했습니다. 하이데거는 그때 《존재와 시간》이라는 책으로 나중에 나올 내용을 강의하고 있었고, 학생들에게 상당한 충격과 흥미를 자아냈지요. 그의 철학의 카리스마에 매료된 18세의 아렌트는 30대 중반의 하이데거와 사랑에 빠지게 됩니다. 중년의 하이데거도 매력적인 젊은 학생에 빠져 버린 것 같고요. 그래서 1년 정도 연인 사이로 지내다가 아렌트는 하이데거를 떠납니다.

짧은 기간이었지만 하이데거의 사상으로부터 받았던 영향이 컸다고 볼 수 있습니다. 그러나 하이데거와 아렌트 사상에는 근본적인 차이가 있습니다. 하이데거는 인간을 죽음을 향해 나아가는 존재라고 규정하며, 자기 자신에 대한 결단도 죽음의 현재화를 통해 가능하다고 설명합니다. 하지만 아렌트는 죽음의 반대를 얘기하고 있습니다. 새로운 시작, 탄생성natality을 정치에 참여하는 인간의 특징으로 본 것이지요. 이 개념은 아우구스티누스Aurelius Augustinus(354~430)에게서 배운 것입니다.

우리가 태어나기 전에 우리가 있었을까요? 물론 윤회輪廻를 말하는 불교에서는 그렇다고 대답하겠지만, 아우구스티누스 혹은 기독교적 관점에서는 그렇다고 답할 수 없습니다. 우리가 태어나기 전에 우리는 없었던 존재이고, 탄생을 통해서 비로소 우리의 존재가 시작됩니다. 그러므로 탄생이란 없었다가 생기는 것입니다. 우리가 이런 존재이므로, 우리 속에는 무엇인가를 처음 시작할 수 있는 능력이 갖춰져 있습니다. 왜 이 세상에는 전에 없었던 일들, 전례 없었던 일들이 자꾸 생겨서 우리를 충격에 빠트리고 놀라게 만드는 것일까요? 그 이유는 우리에게 탄생성이 있기 때문이라는 말입니다. 한 사람이 뭔가 새로운 것을 만들어내면, 그것이 인간 관계망 속에 돌을 던지듯이 일파만파로 퍼져 결국 수많은 새로운 일들이 생겨나기 때문입니다. 이 개념은 정치적 행위의 중심에 놓여 있습니다. 새로운 역사를 만들어내는 혁명도 이 탄생성에서 생겨나는 것이고요.

아렌트가 마르부르크 대학에 들어갔던 당시 그녀의 관심사는 철학과 신학이었습니다. 신학이란 유대인 신학이 아니라 개신교 신학을 말하는 것입니다. 당시 마르부르크 대학에는 루돌프 불트만Rudolf Bultmann(1884~1976)이라고 하는 유명한 신학자가 있었지요. 하이데거와 불트만이 함께 성서의 〈요한복음〉을 읽었다는 이야기는 유명하죠. 어쨌든 마르부르크에서 1년을 보낸 뒤, 하이데거를 떠나 야스퍼스Karl Jaspers(1883~1969)에게로 가요. 당시에 하이데거와 야스퍼스는 독일 철학의 쌍벽을 이루고 있었지만 철학적 내용은 극단적으로 달랐습니다. 하이데거가 무신론적 실존주의자라면 야스퍼스는 유신론적 실존주의자입니다. 하이데거는 유신론적 접근에 대해서 강렬하게 비난하며 허무주의를 극복하려고 했던 게 아니라, 허무의 깊이로 들어가면서 인간의 실존을 발견하려고 했습니다. 그는 나치즘에 동조했고, 자신의 철학적 논리를 나치즘 찬양에 활용하기도 했습니다. 물론 나중에 나치로부터 핍박을 받기도 했지만 말이죠. 하지만 야스퍼스는 유대인 부인과 이혼하라는 나치의 압력을 받고는 아내와 함께 독일에서 스위스 바젤로 도망을 갑니다. 이후에 제2차 세계대전이 끝나자 하이델베르크 대학으로 돌아와서 총장이 되어 독일인들이 세계에 범한 범죄에 관해 설파하기도 하지요.

아렌트가 '세계 관찰자'라는 표현을 쓰는데, 이는 야스퍼스에게서 배운 것입니다. 야스퍼스에게로 간 아렌트는 '아우구스티누스의 사랑의 개념'이라는 제목으로 박사학위 논문을 씁니다. 그러고 나서 교수자격 논문을 유대인 라헬 파른하겐Rahel Varnhagen(1771~1833)에 대해 쓰지요. 여기서 아렌트는 유대인이라는 사실이 갖는 정치철학적 중요성을 짚어 봅니다. 어린 시절에 아렌트는 자기 자신이 유대인이라는 점에 대해서 별로 의식하지 않고 지냈습니다. 자기 부모들도 동화된 유대인이었고 독일 사회에 완전히 편입되어 살았는데, 이제 유대인으로 산다는 게 뭔지 본격적으로 고민하기 시작한 것이죠.

당시 유대인으로서 나치에 대항해서 움직였던 집단은 시온주의자밖에 없었기 때문에 아렌트는 시온주의자가 아니면서도 시온주의자의 일을 도와줬어요. 그러다가 비밀경찰에게 잡혀 일주일 동안 심문을 당합니다. 운이 좋았던 아렌트는 고문이나 폭력 없이 집중 심문만 당하고 일주일 만에 풀려납니다. 풀려난 그날 밤 아렌트는 어머니와 함께 독일을 떠나 파리로 갑니다. 거기서도 아렌트는 시온주의자들을 도왔습니다. 그러다가 프랑스에 나치의 괴

뢰 정권이었던 비시 정부가 생기면서 프랑스 지역에 살던 유대인들은 수용소에 들어가게 됩니다. 아렌트도 구르Gurs 수용소에 잡혀 들어가지요. 거기서 유대인들은 수용소를 벗어나기 위해 증명서를 위조하려 합니다. 그때 수용소 안에서 논쟁이 벌어졌습니다. 우리가 과연 위조문서를 만들어서까지 불법적인 방식으로 탈출해야 하느냐, 아니면 정직을 지킬 것인가를 놓고 논쟁을 한 것이지요. 여러분은 어떻게 하시겠어요? 아렌트는 위조에 참여했고 탈출했습니다. 위조에 참여하지 않고 남아 있던 80여 명의 사람들은 나중에 거기서 그대로 기차로 아우슈비츠로 이송됐고, 결국 모두가 다 죽었지요.

1941년, 아렌트는 수용소에서 도망을 쳐서 포르투갈, 스페인을 지나 뉴욕으로 갑니다. 미국 시민권 받은 건 1951년이고요. 영어를 잘 했을 리도 없고, 영어를 배울 돈도 없었을 테니까 가사 도우미를 했는데, 일하던 집의 주인에게 영어도 배우고 글도 쓰고 자기표현도 하면서 한 5년을 지내다가 제2차 세계대전의 종말을 맞습니다. 그 시점에 팔레스타인 지역에서 이스라엘은 독립국가를 건립하지요. 유대인들은 1930년대 말부터 시작해서 미국에 있는 유대인들 집단에서 자기네들이 그 땅으로 들어갈 수 있도록 하기 위해서 영국과 많은 나라들을 설득합니다. 1930년대 말부터 1940년 초에 전제미국유대인 연합회에서 팔레스타인 지역에 유대인 주권국가를 수립한다는 결의를 하게 됩니다.

유대인 주권국가를 세운다는 말은 주인이 그 땅에서 시민의 권리를 갖는다는 얘기잖아요. 영토나 구획이 정해지고 국가의 국경선 안에 유대인이 주권을 갖는 겁니다. 문제는 그 지역 안에 살고 있던 팔레스타인 사람들의 주권이 어떻게 되는가에 있습니다. 주권이 없어서 고통을 겪어봤고, 그래서 독립국가의 건립을 생각했던 유대인의 입장에서는 당연히 그럴 수 있겠다고 생각할 수 있지만, 주권국가를 팔레스타인 지역에 건설하겠다는 것은 새로운 난제를 낳게 됩니다. 그 난제는 자신이 경험한 고통을 다른 민족에게 동일하게 만들어준다는 것입니다. 유대인이 유럽에서 고통을 당했던 것은 유대인들이 거기에서 주권국가를 갖지 못했다는 의미인데 이제 팔레스타인 사람들도 동일한 경험을 하게 됩니다. 팔레스타인은 주권이 없는 2등 시민으로 그 지역에서 살아야 하니까요. 주권은 '권리를 가질 권리 the right to have rights'입니다.

이런 문제점을 직시한 아렌트의 대안은 거기에 연방국가를 만드는 것이었습니다. 작은 지역 공동체를 만들고 그 지역에 지역 협의체 council를 만들자는 것이죠. 유대인의 협의체, 팔레스타인인의 협의체를 만들어 그 협의체를 종합하는 연합체를 형성한다면 문제가 해결되지 않겠냐는 생각이었습니다. 그렇게 되면 유대인은 1등 시민, 팔레스타인인은 2등 시민이 되어 분쟁이 발생하게 될 여지가 없다는 것입니다. 제가 보기에는 탁월한 아이디어인데 당시 미국에 거주하던 영향력 있는 유대인들은 철없는 여자애의 말로 간주했죠. 물론 이 생각은 아렌트만의 것이 아니라, 마이너리티를 형성하던 시온주의의 한 그룹에서도 같은 주장을 했었습니다. 어쨌든 아렌트의 '권리를 가질 권리' 개념은 최근에 새롭게 주목을 받고 있고, 주권국가 형태의 지구촌 국가체제가 야기한 문제점을 해결할 수 있는 실마리를 제공한다고 여겨지기도 합니다. 적어도 오늘날의 팔레스타인 문제를 아렌트는 예견했고 또 해결책도 나름대로 제시했다고 말할 수 있겠지요. 이처럼 아렌트는 정치 문제에서도 유대인이라는 입장에만 머무르지 않고 보편적인 관점에서 접근하고 있습니다.

제2차 세계대전이 끝난 뒤 아렌트는 본격적인 연구에 뛰어듭니다. 1951년에 《전체주의의 기원》(박미애·이진우 옮김, 한길사, 2006)이 나오죠. 이 책은 많은 논란을 일으켰고 또 주목도 많이 받았습니다. 《전체주의의 기원》은 전체주의에 대해 본격적으로 다룬 최초의 저서인데, 역사적인 내용들을 많이 다뤘으나 철학적입니다. 그리고 서술은 이야기narrative, 스토리텔링 방식으로 전개됩니다. 이 책의 목적은 전체주의에 대한 이해라고 설명을 합니다. 여기서 사용한 '이해'의 의미에 주목해봅시다. 예를 들어 엽기적인 살인마가 있다고 합시다. 그 사람에 대해서 우리 한번 이해해보자라고 말한다면 우리는 기분이 이상해집니다. 흔히 이해한다는 말은 용서한다는 말과 동의어처럼 생각되기 때문이지요. 그 사람의 입장이 돼서 왜 그럴 수밖에 없었는지를 살펴보면 그 사람 입장을 이해할 수 있게 되는 거고, 결국 용서나 인정에 이를 수 있다는 말처럼 들립니다. 그런데 아렌트는 그런 의미로 쓴 게 아닙니다. 엽기적인 살인과 마찬가지로, 전체주의 혹은 유대인에 대한 학살은 인정하거나 용서할 수 있는 일이 아닙니다. 하지만 아렌트는 그런 일을 한 사람들에 대해 단지 '나쁜 놈들'이라는 딱지를 붙여 더 이상 생각하지도 않는 것도 정답이 아니라고 본 것입니다. 오히려, 그 과정을 잘 살펴서 그런 일들이 다시 재발하지 않도록 하는 것이 중요하고, 이를 위해서 필요한 게 그 같은 끔찍한 결과로 이어지게 된 필연적 과정을 이해해야 하는 것이라는 말입니다. 그래서 아렌트는《전체주의의 기원》에서 반유대주의에 대한 본격적인 서술과 제국주의로 나아가게 된 역사적 과정, 나아가 나치즘과 구소련의 스탈린주의 등으로 이어지는 일련의 과정을 분석하고 비판합니다. 이를 모두 전체주의라는 개념하에 풀어가는 것이지요.

《전체주의의 기원》의 마지막 부분에 '테러와 이데올로기'라는 절이 있습니다. 이 부분 아주 압권입니다. 독일의 나치즘의 경우와 구소련의 스탈린주의의 경우에 전체주의를 운영하기 위한 장치로 공통적으로 작동하는 것이 테러terror의 장치라는 것이지요. 히틀러 Adolf Hitler (1889~1945)는 유대인들을 수용소로 몰아넣고 학살하며, 누구라도 저항을 하면 저렇게 될 수 있다는 본을 보여준 것입니다. 구소련에서도 수용소를 만들고 비밀경찰을 가동합니다. 이렇게 생각해봅시다. 우리 주위에 있는 안경 쓴 남자만 골라서 완전히 왕따를 시키고, 애를 먹이거나 말을 안 들으면 누구나 저렇게 될 수 있다고 하면 두려움이 발생하게 되고 전체주의적 분위기가 형성되는 것입니다. 우리나라 학교 교실에서 벌어지는 심각한 학교 폭력이 이런 식으로 많이 이루어집니다. 물론 이런 테러의 대상이 그렇게 되는 것은 뭔가 근본적인 잘못이 있어서가 아니고, 그야말로 별것 아닌 이유로 발생하는 것입니다. 그러니 이런 상황이 일상적인 삶 자체를 얼어붙게 만들고 일상적인 삶 속에서 이루어지는 소통과 대화 자체를 어렵게 만드는 것이죠. 나아가 아렌트는 이데올로기가 어떻게 사람들의 삶을 전체주의로 몰아가며, 그 속에서 테러를 어떻게 작동시키는지를 분석합니다. 이 부분은 아렌트의 탁월한 업적으로 꼽히는 것 중에 하나입니다.

정치의 회복

1958년에 발간된《인간의 조건》은 아렌트의 정치 사상의 기본 개념들을 담고 있습니다. 앞서 설명 드린 vita activa와 vita contemplativa, '사적인 것the private'과 '공적인 것the public', '사회적인 것the social'과 '정치적인 것the political' 등을 구별하지요. '사적인 것'과 '공적인 것'이란 표현은 여성주의자들에게는 알레르기와 같은 반응을 유발하는 것입니다. 왜냐하면 이 개념 구분은 자유주의적 정치 사상에서 정치적인 영역과 비정치적인 영역을 나누고, 전자는 공적 영역으로 또 후자는 사적 영역으로 구분하면서, 여성의 역할과 관련되는 부분은 비정치적인 영역으로, 즉 사적인 것으로, 또 정치적인 영역은 남성적인 걸로 구분해 여성에 대한 정치적 차별을 만드는 개념이 됐기 때문입니다. 비록 개념은 동일하지만 개념을 구분하고 설명하는 내용에 있어서 아렌트의 개념 구분은 자유주의적 정치 사상의 개념 구분과는 다릅니다. 이 둘을 오해해서는 안 됩니다. 나중에 여성주의자들 가운데는 아렌트의 개념 구분에서 오히려 여성주의 철학의 길을 발견해내기도 합니다.

중요한 것은 아렌트가 이 개념을 구분한 이유입니다. 왜냐하면 고대 그리스 정치사회에 대한 분석을 바탕으로 정치의 핵심 성격을 끄집어내는 장치로 이 개념들이 유용하기 때문입니다. 고대 그리스 사회에서 사적 영역에 해당하는 것은 oikos, 즉 '가정'입니다. 가정 안에서 이루어지는 문제는 경제economy입니다. 영어의 economy의 어원이 바로 oikos지요. 고대 그리스 사회에서는 경제 문제를 가정 내에서 해결하기를 원했고, 그것을 할 수 있는 사람만 공적 영역에 나와서 공적인 일에 참여할 수 있다고 생각했습니다. 공적 영역은 폴리스polis입니다. 폴리스는 정치 공동체이고요. 아렌트는 고대 그리스에서 oikos 대 polis의 대립을 발견하고 이를 사적인 것과 공적인 것의 대립이라는 개념 작업으로 이어갑니다.

중세가 지나고 근대가 들어서면서부터 사적 영역에 해당되는 경제가 개인의 차원에서만 작동하지 않고 국가적인 차원으로 확장되며 국가적인 관심사가 됩니다. 일단 국가적인 관심사가 되면 공적 관심을 얻게 되지요. 따라서 경제의 성격이 변화됩니다. 본래는 사적인 것인데, 공적 영역에 들어와 공적 관심을 획득한 것이지요. 그렇다고 해서 경제의 본래적인 사적 성격이 공적인 것으로 질적 변화를 갖게 되는 것은 아닙니다. 경제가 가진 본래의 사적 특성이 공적 영역에 작용하면서 공적 영역에 많은 문제를 야기합니다. 가장 큰 문제가 '정치의 실종'입니다. 그래서 아렌트는 공적 영역에서 공적 문제를 다루는 부분을 특징해 '정치적인 것'이라 부르고, 경제와 같은 성격의 것, 즉 본래 사적인 것이지만 공적 영역에서 작용하는 것을 '사회적인 것'이라고 부릅니다. 이 개념은 오늘날의 사회를 이해하는 데 중요한 개념틀로 활용됩니다.

이처럼 구분된 개념 틀에 해당되는 사안들이 정확히 무엇이냐를 꼬집어 말하려 한다면, 우리는 인간의 활동에 대한 보다 섬세한 구분이 필요합니다. 인간의 활동을 노동labor, 작업work, 그리고 행위action를 나누는 아렌트의 구분은 이런 취지에서 중요하지요.

'노동'이란 농사, 수렵, 가사 노동 등 생존과 직결되는 일과 가사도우미의 일처럼 음식을 만드는 일 등을 말합니다. 인간의 신진대사와 직결되는 활동이지요. 이 일들은 노예제 사회에서는 노예에게 맡겼던 일입니다. 이 일을 해결하지 못하면 다른 일을 하기가 어렵습니다. 고대사회는 노동문제를 노예제라는 구조를 통해 해결했지만, 현대사회는 돈을 이용해 해결하려 합니다. 현대사회에서는 모두의 일이기 때문이지요. 그래서 오늘날 모든 사람들이 다 자유롭고 평등한 정치적 권리를 지닌다고 하면서도 현실적으로는 시민의 자유로운 정치 참여가 어렵습니다. 먹고사는 문제가 더 급하니까요. 이런 일은 피할 수 없습니다. 안 먹으면 죽으니까요. 이런 특성을 표현하는 철학 용어가 필연성 necessity입니다. 이런 필연성이 공적 영역에 들어오면 회피할 수 없는 강한 매력을 발산합니다. 돈이라면 눈이 돌아가는 것도, 필연의 힘이 있기 때문입니다.

'작업'이란 주거 공간 및 그에 부속하는 물품 혹은 의복 등과 같이, 인간적 삶에 필요하지만 생명 유지를 위한 긴급성을 요구하지는 않는 일을 말합니다. 노동의 대상물은 주기적인 생산을 해야 하지만, 작업의 대상물은 작업 방식이 다릅니다. 예컨대 어떤 탁자를 만들려면 먼저 머릿속에 탁자에 대한 상상을 해야 하고, 그에 따라 육체적 활동을 더해서 머릿속에 있는 형태를 현실 속으로 구현해냅니다. 탁자 만들기와 같은 작업은 시작과 끝이 있는 직선적인 과정이죠. 또 한 번 만들어지게 되면 항구성을 갖습니다. 노동의 과정은 씨를 뿌리고 거둬들이고, 먹고 싸고 또 싼 게 거름이 되는 순환이 중심이며, 그 생산물은 계속 소비와 생산이 반복됩니다. 하지만 작업 과정은 시작과 끝이 있고, 그 산물은 사용의 대상이 됩니다. 탁자나 통나무집을 만들려면 몇십 년 동안 잘 자란 나무를 잘라야 하지요. 파괴의 특성을 갖는 것입니다.

노동과 작업을 구별하는 것이 생태 철학적으로도 아주 중요하다고 말한 사람이 바로 찰스 테일러Charles Taylor(1931~)입니다. 그는 《불안한 현대사회》(송영배 옮김, 이학사, 2001)에서 노동과 작업의 차이에 대한 무시가 환경 파괴의 원인이 된다고 지적합니다. 이것이 인간사회를, 자연세계를, 생태계를 아주 파멸시키고 있다고 얘기하죠. 옛날에는 컵을 하나 만들어 쓰다가 조금 깨지면 다시 붙여 쓰기도 하고, 또 잘 사용해 물려주기도 했지요. 종이컵은 한 번 쓰고 버리게 되는데, 사용 대상인 컵을 종이로 만들어 소비하는 것은 환경에 큰 해를 끼치는 일입니다.

'행위'란 자신의 고유한 특성을 드러내는 활동을 말합니다. 정치 행위가 대표적인 예가 되지요. 정치 행위는 크게 두 가지로 나눌 수 있습니다. 하나는 '말'이라는 행위입니다. 정치가들이 하는 건 말밖에 없잖아요. 그러나 그 말을 기록으로 남겨 놓으면 조약이 되기도 하고 법이 되기도 하죠. 정치는 전부 말로 이루어집니다. 아리스토텔레스는 인간은 정치적 동물이라고 했습니다. 가령 인간은 커피를 마시는 동물이라는 말은 인간에 대한 정의로 부족합니다. 커피는 안 마시면 그만이니까요. 정치 행위를 인간에게서 배제했을 때는 인간이 인간다울 수 없다는 것이 인간은 정치적 동물이라는 말의 의미일 것입니다. 정치판은 시끄러운 게 맞고, 시끄러운 게 중지되지 않는 게 중요합니다. 아리스토텔레스가 말한 인간은 정치적 동물이라는 정의는, 인간은 말을 하는 동물이라는 정의 바로 다음에 나오는 내용은 바로 말과 정치의 연관성에 대한 통찰에 바탕을 둔 것이지요. 정치의 핵심은 언어를 사용하는 존재가 언어 속에서 개인의 차이를 만들고 그 언어를 통해서 어떤 의

견들을 조정하는 것입니다. 물론 정치 행위는 말을 하지 않고서도 가능합니다. 말 없이 행동으로만 정치적 표현을 할 수도 있는데, 그 경우, 말 없는 행위에는 해석이 뒤따르게 됩니다. 자칫 어떤 행위는 오해를 불러일으키고, 결국 처음의 의도와는 완전히 다르게 해석되어 사태가 진전이 되는 경우가 많지요. 말 없이 이루어지는 정치적 행위는 말이 사용되는 해석에 의존할 수밖에 없습니다.

인간의 활동에 대한 이러한 섬세한 구분을 통해서 보면 인간이 더 잘 이해가 되고, 정치에 대한 더 적절한 처방도 가능합니다. 맑스는 인간의 활동을 노동이라는 개념 하나로 모두 설명하려합니다. 그래서 정치가 인간에게 본질적으로 요구되는 것이라는 이해를 할 수 없었습니다. 맑스가 자본주의를 분석하고 해결 방법을 모색했지만, 이상적 사회가 도래했을 때의 삶의 모습이, 모두가 자신이 하고 싶은 일을 하며 아침에 일어나 일을 하고 저녁에 낚시질하고 취미생활 하는 사회, 혹은 국가가 소멸되고 정부가 필요가 없는 사회와 같은 것이었는데, 이는 결국 정치 없는 세계를 말하는 것입니다. 이런 취지에서 아렌트는《인간의 조건》에서 맑스를 비판합니다.

인간의 조건이란 말은 인간이 인간답게 살 수 있는 조건이라는 뜻입니다. 인간의 활동으로 노동과 작업과 행위를 구분했고, 이 세 가지는 모두 인간적 삶에 필요한 것입니다. 문제는 정치적 행위를 자칫 잊고 사는 데 있다는 것입니다. 아렌트의 주장은 한마디로 얘기하면 정치의 회복, 정치의 복권입니다.

아이히만과 악의 평범성

《인간의 조건》을 쓴 이후인 1960년에 아렌트가 연구를 위해 여행을 떠나려다가 긴급 뉴스를 접하게 됩니다. 칼 아돌프 아이히만 Karl Adolf Eichmann(1906~1962)이란 사람이 아르헨티나에서 이스라엘 비밀경찰에게 체포 당해서 예루살렘으로 압송된 것이지요. 아이히만은 유대인 학살에 큰 책임이 있는 사람이었습니다. 물론 유대인들을 죽인 원흉은 히틀러이고 히틀러 직속으로서 소위 유대인 문제를 해결하는 총 책임자는 힘러 Heinrich Himmler(1900~1945)라는 사람입니다. 힘러 밑에서 지시 받은 사안을 가장 '탁월한' 방식으로 문제를 해결해낸 사람이 아이히만입니다. 물론 해결했던 문제가 유대인을 죽이는 거였고요. 유대인문제를 해결하는 방식은 처음에는 추방 혹은 해외 이주로 시작합니다. 유대인들 가운데는 많은 재산을 가진 이들이 많았는데, 그들을 그냥 보낼 수 없었지요. 추방의 목적 중 하나는 가진 재산을 다 빼앗고 단지 미화로 몇백 불정도만 가지고 떠나게 하는 것이었습니다. 손에는 몇백 불만 딱 쥐고 여권과 비자만 갖고 떠나게 하려니 그것도 만만치 않은 작업이었습니다. 그래서 아이히만은 2층 건물 하나를 통째로 사용해 유대인들이 1층에 들어서면서 자신의 모든 재산 관련 문서와 각종 서류들을 처리하게 했습니다. 먼저 집을 처리하고, 그 다음에는 사업을 정리하고, 그 다음에 여권을 만들고, 그 다음에 비자를 만드는 식으로 작업했지요. 아침에 들어가 낮에 2층에서 나올 때는 2~300불과 비자, 여권을 모두 갖고 나오게 됩니다. 이 시스템이 아이히만의 머리에서 나왔습니다. 이런 시스템을 만들 정도로 아이히만은 "똑똑하게" 일처리를 했습니다.

전쟁이 한참 진행될 때는 유대인 학살을 최종 해결책으로 선택합니다. 이때는 유대인들의 수송이 문제가 됩니다. 우선 유대인들을 한 구역으로 몰아넣습니다. 그래서 게토라는 게 만들어지죠. 게토를 벽으로 막아 밖으로 나오지 못하게 하다가 나중에 그 사람들을 끄집어내어 집단수용소concentration camp로 보냅니다. 집단수용소에서 다시 이들을 죽음의 수용소death camp로 보내고요. 죽음의 수용소가 만원인 경우가 있었어요. 불가리아에서 그 문제를 해결하는 방법은 이랬습니다. 유대인들을 전부 짐차에 태우고 밖에서 잠근 채 열차를 출발시킵니다. 레일은 다 연결되어 있으니 그냥 그렇게 매일 빙글빙글 돌렸어요. 열차를 결코 세우질 않았습니다. 여러 날이 지난 후 질식해 죽은 시체를 열차에서 끄집어내 땅에 묻는 식이었지요.

그러다 제2차 세계대전이 끝날 즈음에 패색이 짙어지니 아이히만은 이태리를 거쳐 아르헨티나로 혼자 도망을 갔어요. 이름도 바꾸고요. 독일에서는 가족들이 전부 남아 있었습니다. 도망간 아이히만이 처음에는 비참하게 살았지만 나중에는 벤츠 공장에 취직해서 웬만큼 살게 됐어요. 경제적 여유가 생겼을 때, 집에 돈도 보내고 편지도 보냈습니다. 그러다 나중에는 아이들과 아내를 데려왔고요. 굉장히 가정적인 남편이죠? 근데 이 사람이 어느 이유에서였는지 시사 잡지에 자신의 신분을 알립니다. 왜인지 모르겠지만 아이히만 스스로 자신을 노출시켰던 거예요. 그러자 비밀경찰이 강제로 비행기에 태워서 예루살렘으로 데리고 오지요. 그렇게 예루살렘에서 재판이 벌어집니다. 세계의 주목을 받았던 세기의 재판이었어요. 1960년의 일이었습니다. 전쟁이 끝난 뒤 15년이 지나고서였죠. 세기의 재판이다 보니 고문이나 어떤 심한 처우도 할 수 없었어요. 변호사 선임할 권리를 부여해 아이히만은 독일인 변호사를 선임했습니다. 비용은 이스라엘 정부가 냈고요. 재판은 히브리어로 진행됐고 재판 내용은 전부 통역을 해서 전 세계로 알려졌어요. 이 재판이 끝난 뒤 아이히만은 사형 선고를 당하고 곧 이어 사형이 집행됩니다. 이런 재판이 벌어지는 것을 알고 아렌트는 모든 연구를 중단한 채 예루살렘으로 갑니다. 아렌트는 미국의 지성인 잡지 《뉴요커》에 연락을 해 특파원 자격을 얻어 재판에 참관하고 기록을 남기죠. 이렇게 해서 나오게 된 책이 《예루살렘의 아이히만》입니다.

이 책은 엄청난 반향을 일으켰습니다. 핵심은 이렇습니다. 여러 이야기를 통해 모두가 아이히만이 괴물인 줄 알고 있었는데, 재판을 참관하고 보니 이 사람은 지극히 평범한 사람이었다는 것입니다. 아주 가정적이었다는 거예요. 괴물 같은 사람이라면 길에 돌아다니는 개나 고양이를 총으로 쏴 죽일 수 있는 사람이겠지만 아이히만은 그런 사람이 아닌 평범한 모습을 보였다는 것입니다. 정신과 의사 10명이 아이히만의 정신 상태를 검진했는데, 그들도 정상이라고 확인해줬어요. 정신에 이상이 있어야 하는데 지극히 정상이라는 점을 알고는 정신과 의사들 자신이 미칠 지경이라고 대답했습니다. 이런 모습을 목도한 아렌트는 그에 대해 '평범한 악' 혹은 '악의 평범성the banality of evil'이라는 판단을 내립니다. 1951년에 출간했던 《전체주의의 기원》에서는 유대인 학살에 대해 '총체적인 악the total evil'이라고도 했고 '근본 악the radical evil'이라는 말도

썼습니다. 악 중에서도 완전한 악, 인간의 내면에 가장 근본에서 부터 나오는 근본 악이라고요. 그런데 《예루살렘의 아이히만》에서는 '악의 평범성'이라는 말을 씁니다. 여기서 banality는 '진부함' 또는 '평범', '일상성'을 뜻합니다. 아주 특별한 것도 아니고 근본적인 것도 아니고, 그냥 여기저기에서 볼 수 있는 악이라는 의미지요. 아렌트는 이 평범한 악을 현대에서 쉽게 볼 수 있다고 얘기합니다.

평범한 악이 드러나는 징조는 말과 표현에서 나타납니다. 대화가 자연스럽게 이루어지지 않고 주어지는 질문이나 자극에 대해 적절하게 반응하지 못하며, 상투어나 상투적 표현에 매몰되어 있거나 자신의 생각에 사로잡혀 있는 것이 그 징조입니다. 우리의 생각은 언어로 이루어집니다. 해석학자인 가다머를 통해 배울 수 있듯이, 사유는 언어 없이 이루어지지 않습니다. 그런데 이 사유가 제대로 작동하지 않는 것의 징후는 말이 고착화되어 있는 상태입니다. 말의 고착화는 사고 불능의 표지입니다. 아이히만의 언어는 관공서에서 쓰는 표현이나 상투어들로 채워져 있었죠. 표어나 구호 같은 것들이 말 속에서 툭툭 튀어나왔고요. 아렌트는 이점에 주목합니다. 악의 평범성은 사유의 불능에서 나오는 것입니다. 동시에, 남의 입장에 서는 능력이 없다는 것을 의미합니다. 결국 아이히만의 문제는 무사유thoughtlessness로 정리가 됩니다. 사유, 혹은 생각이란 계산calculation이나 인지 능력cognition을 의미하는 것이 아닙니다. 계산 능력이라면 아이히만도 탁월했죠. 여러 일들을 잘 처리했거든요. 그런 처리 능력이나 인지 능력, 혹은 계산 능력과 무관하게 존재하는 정신 능력이 사유입니다. 이는 자신이 하고 있는 일의 의미를 묻는 능력과 직결됩니다. 자신이 하는 일의 의미를 묻지 못했던 아이히만의 모습. 이 모습은 오늘날 열심히 자신에게 주어진 일을 하며 살아가는 현대인의 모습과도 닮아 있습니다. 악은 평범한 모습을 하고 있다는 말입니다.

　유대인의 입장에서는 아이히만에 대해 이런 평가를 내리는 아렌트를 이해할 수 없습니다. 유대인 말살을 수행했던 악마와 같은 존재에 대해, 누구나 그런 모습일 수 있다는 평가는 어떤 점에서는 유대인들에 대한 모욕처럼 느껴질 수도 있지요. 그래서 많은 유대인들이 분노했습니다. '한나 아렌트, 당신이 이스라엘의 딸이냐?' 실제로 이렇게 비판하는 글도 나왔습니다. 그러나 양심적인 유대인들의 집단에서는 아렌트에 대해 깊이 인정하고 공감을 표합니다. 유대인 집단들도 하나의 색깔로만 존재하는 것은 아니죠.

아렌트의 공화주의

이후 아렌트의 작업은 두 가지 방향으로 전개됩니다. 아이히만과의 만남을 통해 갖게 된 인간의 정신 능력에 대한 의문은 철학적 작업으로 이어져 나중에 《정신의 삶》이라는 제목으로 그녀의 사망 이후에 책으로 나오게 됩니다. 하지만 이 책은 앞서 말한 것처럼 미완성의 저작으로서 우리에게 남겨졌습니다. 완성하지 못한 《판단》부분은 이후 몇몇 학자들에 의해 나름대로의 완성이 시도되긴 했으나 큰 영향력을 주지는 못했고, 여전히 우리의 과제로 남아 있다고 생각합니다. 현재 전해지고 있는 아렌트의 가르침만으로도 후대에 많은 영향을 주는 것입니다.

그리고 다른 한편 아렌트는 현실사회에서 벌어지는 주요한 이슈들에 대해 정치 평론가로서, 혹은 공공 지식인으로서 발언하고 글쓰는 작업을 했습니다. 미국의 베트남전쟁 참전에 마침표를 찍게 만든 미국방부 비밀문건인 소위 '펜타곤 문서'와 관련해 정치와 거짓문제, 미국에서 발생한 시민 불복종운동과 관련해 법의 본질에 대한 문제, 학생운동과 관련해 진정한 권력과 폭력의 문제 등이 《공화국의 위기》를 통해 발표됩니다. 이 책은 공공 지식인으로서의 아렌트의 정치 사상적 작업의 깊이를 아주 흥미롭게 보여줍니다. '공화국'이란 표현을 통해 미국을 통해 드러난 공화주의의 바람직한 면모를 적극적으로 드러내고, 또 그에 깃들어 있는 정치 사상적 문제점들에 천착했던 것이지요. 애초에 《전체주의의 기원》을 썼을 때에도 단지 과거사에 대해서만 초점이 맞춰져 있었던 것이 아니라 미래에 다가올지도 모르는 전체주의에 대한 대비라는 생각도 아렌트에게 있었습니다. 그런 염려는 1960년대에 나온 《혁명론》(홍원표 옮김, 한길사, 2004)에서도 이어지며 그것이 《공화국의 위기》(김선욱 옮김, 한길사, 2011)에서 꽃을 피우고 있다고 해도 과언이 아닙니다. 아렌트 사상이 후대의 새로운 공화주의 사상의 발흥에 큰 영향을 줬던 것은, 그녀의 사상 속에 공화주의적 사유의 씨앗이 곳곳에 뿌려져 있기 때문입니다.

구체적인 문제들을 다루면서 보편적인 시각을 놓치지 않고 있고, 또 보편적인 논의를 이끌어내면서도 구체적인 차원을 절대로 방기하지 않는 것이 아렌트 정치 사상의 가장 큰 특징이라고 생각합니다. 이런 점은 구체적으로 유대인으로서의 자신에 대한 인정을 중요하게 여기면서도 동시에 아이히만의 경우처럼 인간 자체의 문제를 바라보기도 하고, 또 공동의 사회를 세워 나가는 관심으로 나아가기도 합니다. 이런 묘한 방향 설정과 더불어 정교한 설득적 장치의 구성, 그리고 단순한 이론가로서가 아니라 몸소 체험한 시대의 아픔을 자신의 사상 속에 녹여내는 모습 등이 우리로 하여금 아렌트에 대해 끊임없는 관심을 갖도록 유혹한다고 생각됩니다.

•••

더 읽어보면
좋은 책

아렌트가 쓴 저술들 대부분이 현재 우리말로 번역되어 있다. 아렌트의 영어가 다소 까다롭기는 하지만, 아렌트 원전을 꼼꼼히 읽을 때 각별한 재미를 느낄 수 있다는 게 아렌트 연구가들이 공통적으로 하는 말이다. 아렌트의 저술은 거의 전부 영어로 쓰였다.

김선욱, 《정치와 진리》, 책세상, 2001.

아렌트의 정치관을 간단하고 집약적으로 설명하는 책이다. 《정치의 약속》에 나오는 〈소크라테스〉 부분과 《인간의 조건》에서 설명되는 기본 개념들을 명료하게 소개하고 있다. 1장에서 3장까지는 아렌트 주장을 잘 정리했고, 4장과 5장은 아렌트 정치관을 바탕으로, 한국사회에 필요한 시민정치 및 연대 개념 등을 저자의 관점에서 해석해내고 있다.

김선욱, 《한나 아렌트 정치판단 이론》, 푸른숲, 2002.

아렌트 사상을 해석하는 몇 가지 관점들 가운데 소통철학적 관점에서 아렌트 사상을 해석하는 책이다. 아렌트 사상과 관련된 몇 가지 해석상의 문제점들을 지적하고 또 해결책을 모색한다. 특히 아렌트가 완성하지 못한 판단 이론이 어떤 방향으로 정립되어야 할 것인지에 대한 주장도 담고 있다.

···

한나 아렌트, 김선욱 옮김, 《예루살렘의 아이히만》, 한길사, 2006.

제2차 세계대전의 전점인 아이히만이 1960년 예루살렘에 압송되어 이루어진 세기의 재판에 대한 아렌트의 기록이다. 아렌트는 '악의 평범성' 개념을 주장해 유대인들로부터 많은 비난을 받았지만, 수많은 학자들로부터 찬사를 받기도 했다. 그 내용이 여기 담겨 있다. 재판 과정을 아렌트 관점에서 설명하고 있고, 아이히만에 대한 철학적 분석을 제시하며, 재판 결과에 대해 자신의 입장을 체계적으로 제시하는 가운데, 현대사회에서 발생할 수 있는 악의 근원을 지적해낸다.

한나 아렌트, 김선욱 옮김, 《공화국의 위기》, 한길사, 2011.

공공철학자로서의 아렌트의 면모를 여실히 보여주는 글 모음집이다. 미국이 베트남전에서 물러나게 된 결정적 기회를 제공한 '펜타곤 문서'와 관련하여 정치에서 거짓이 어떻게 작용하는지를 보여주는 〈정치에서의 거짓말〉, 미국 인권운동을 다루며 불복종운동과 법 개념의 핵심을 논하는 〈시민 불복종〉, 그리고 폭력과 권력의 본질을 짚어주는 〈폭력론〉이 담겨 있다. 현실문제에 대한 깊은 고민을 통해, 현실을 다루는 데 필요한 개념들을 해명하고 재정립함으로써 독자로 하여금 자신의 시대를 스스로 고민하는 방법을 알게 해준다.

실현의 진리를
찾아 나선
한스 게오르크 가다머

—

박남희

한스 게오르크 가다머
Hans Georg Gadamer(1900~2002)

한스 게오르크 가다머는 해석학을 존재론적 철학으로 끌어올린 20세기 철학사에 커다란 획을 그은 철학자이다. 1900년에 태어나 2002년 죽기까지 격동의 시간과 공간을 살아낸 그는 한편으로는 칸트, 헤겔, 니체, 후설, 하이데거로 이어지는 독일 사유의 전통의 맥을 이어갔고, 또 다른 한편으로는 이들과는 전혀 다른 철학에의 길을 걸어갔다. 그에게 철학함이란 단순한 지식학이 아니라 구체적으로 자신을 실현해가는 실천학을 의미한다. 이는 곧 달리 이해하며 자기를 실현하는 해석학이어야 함을 말한다. 그는 해석학 안에서 실재성이 아닌 삶의 현사실성에 근거한 이해운동을 진리로 언표하며, 그동안 오도된 진리의 개념을 새롭게 개진한다. 그는 이와 같은 자신의 철학을 그대로 삶으로 살아낸 보기 드문 철학자로도 유명하다.

　주요 저서로《진리와 방법》,《고통》,《교육은 자기 교육이다》등이 있다. 이 외에도 국내에 소개되지 않은 책 중에《새로운 철학 I·II》(1987),《미학과 시학 I·II》(1993),《헤겔의 변증법》(1980),《하이데거의 길》(1983),《철학의 시초》(1996),《아름다움의 현실성》(1977) 등이 있다.

각 시대마다, 공동체마다 그리고 사람마다 지향하고 있는 가치들이 있습니다. 가다머가 추구했던 것은 무엇보다 '사람이 어떤 존재이냐는 문제'입니다. 사회문제도 국가문제도 시대문제도 결국은 나의 존재문제로 귀결되고 또 시작된다고 본 것이지요. 그가 이렇게 생각하게 된 까닭은 그의 삶과 밀접한 연관이 있을 것입니다.

그는 1900년에 태어나 2002년에 사망하기까지 세기적 역동기의 한가운데에 있었던 독일인이었습니다. 과학이 급격하게 발달하고 자본주의가 심화되며, 극단적 이데올로기가 세계를 두려움으로 몰아간 시기를 독일인으로서 살아간 가다머는 당연히 이러한 문제의 발생과 원인 그리고 이러한 세계에서 산다는 일, 그리고 자신과 다른 사람들이 처한 상황에 대해 사유할 수밖에 없었겠지요. 그가 이러한 물음을 바탕으로 도달한 점은 결국 이러한 문제의 원인과 피해자이기도 한 우리의 존재에 대한 물음이 아니었을까요? 도대체 우리가 누구이기에 한편에서는 죽임을 당하고 또 한편에서는 같은 사람을 죽이는 일들이 자행되는 것일까, 그러한 행동을 가능하게 하는 것은 무엇일까, 사람은 어떻게 이렇게 다를 수 있는 것일까, 도대체 사람은 어떤 존재일까를 물으며 우리 존재의 존재성을 문제 삼게 된 것이지요.

가다머는 이러한 물음을 해명할 수 있는 길을 찾아 고대로까지 깊이 사유해갑니다. 그리고 존재한다는 것이 무엇이며 어떻게 존재하는가를 사유와 이해의 문제로 해명해가지요. 우리는 이런 그를 가리켜 '존재론적 해석자'라고 부릅니다. 그가 사람을 이해하는 존재로 이야기하며 이해의 문제를 존재론적 차원으로 끌어올리기 때문이지요. 우리가 가다머를 공부하려는 까닭도 바로 이 문제와 연관이 있지 않나 싶습니다. 칼 폴라니 Karl Polanyi (1886~1964)가 말했듯이 우리가 살아가는 지금도 모든 것이 급격히 변화하는 대전환의 시대이기에 우리도 그와 비슷한 질문을 던져야 하지요. 그래서 우리보다 앞서 살았던 가다머와의 대화를 통해 먼저 산자의 지혜를 구해보려고 합니다.

그의 학문은 오늘날 영향을 미치지 않는 분야가 없을 만큼 다양한 곳에 접목, 활용되는데요. 그 까닭도 바로 그가 자신의 삶에서부터 학문을 출발하기 때문일 것입니다. 그렇다면 그가 살아온 삶은 어떠했을까요. 그의 사상에 대해 이야기하기 전에 그의 삶부터 살펴보기로 하겠습니다.

방법이 아닌 진리에 대한 열망

가다머는 1900년 2월, 독일의 중부에 있는 아름다운 도시 마부르크 Marburg에서 태어났습니다. 그러나 두 살 되던 해에 화학과 교수였던 아버지를 따라 지금은 폴란드인 브레슬라우 Breslau에서 유년기, 청소년기를 보냅니다. 그곳은 잘 알고 있듯이 독일의 팽창정책에 의해서 연장된 전쟁터였어요. 여러분은 아마도 유명한 브레슬라우 전투를 아실 것입니다. 가다머는 그곳에서 자신이 목격했던대로 전쟁놀이를 하며 자랍니다. 그러던 어느 날, 사춘기에 접어든 가다머는 우연히 게오르게 Stefan George (1868~1933)의 시 〈25시〉를 읽게 되지요. 그리고 충격에 휩싸이게 됩니다. 자신이 얼마나 세상을 좁고 단순하게 봤는지를 깨닫게 되면서 주변을 돌아보기 시작합니다. 그리고 자신이 알고 살았던 삶과 세계와는 너무 다른 일들을 목도하면서 새롭게 사회문제에 관심을 가지기 시작하지요. 여러분은 이와 같은 삶에 전환점을 가져온 경험이 있으셨는지요. 이 글을 읽는 이 시간이 바로 그런 계기가 되는 시간이었으면 합니다.

이후 가다머는 사회와 관련된 여러 책들을 읽기 시작했고, 이와 관련된 더 근원적인 문제에 골몰하기 시작합니다. 그래서 그는 자신이 태어난 고향 마부르크로 돌아갑니다. 마부르크라는 도시는 개신교운동이 이곳에서부터 싹텄다고 말할 만큼 독일의 전통이 살아 숨 쉬고 있는 아름답고 작은 학문의 도시이지요. 그곳에서 가다머는 사람들과 어울리며 철학, 신학, 역사 등의 텍스트를 읽기 시작해요. 특히 마부르크학파라고 불리기도 하는 신학자 불트만Rudolf Bultmann(1884~1976)과의 오랜 교우는 그의 사유에 큰 영향을 미치기도 합니다.

현실문제를 직시하게 된 가다머는 보다 근원적인 원인을 긍구하기 위해 공부의 필요성을 느끼며 대학에서 철학을 전공하기로 결심합니다. 여기에서 가다머는 신칸트학파와 조우하게 되지요. 신칸트학파란 헤겔에 의해서 주도된 당시의 절대적 이성주의가 낳은 폐단을 극복하기 위해 칸트에게로 돌아가 다시 철학의 문제를 살펴보고자 한 운동입니다. 다시 말해 신칸트학파는 "우리는 사물 자체das Ding an sich는 알지 못하고 단지 그 현상만을 알 뿐이다"라고 말한 칸트에게로 돌아가 이성의 한계를 절감하면서 인간이성의 전통에 대한 면밀한 고찰을 하려는 철학사조라고 할 수 있습니다. 이들의 학문하기는 당연히 칸트의 텍스트를 다시 읽는 일에서부터 시작했겠지요. 그러나 그들은 칸트만이 아니라 자연스레 고대 그리스 로마시대의 문헌에 대한 고증, 이해, 해석의 문제에 주목합니다. 가다머 역시 이러한 흐름 속에서 공부했습니다. 그가 해석학을 하게 된 이유도 이와 무관하지 않겠지요. 실제로 가다머는 1922년에 신칸트학파인 나토르프의 지도하에 박사학위 논문인 《플라톤의 대화에 있어서의 기쁨의 본질Das Wesen der Lust in den platonischen Dialogen》을 씁니다.

그러나 그의 학문에 결정적인 영향을 준 것은 무엇보다 하이데거와의 만남에서 찾아야 할 것입니다. 당시 프라이부르크Freibrug 대학에서 후설의 조교로 있던 하이데거와의 만남을 통해 가다머는 철학의 새로운 길로 접어듭니다. 하이데거를 통해서 그는 철학이란 신칸트학파의 날카로운 논증이나 고전에 대한 연구 이상의 그 무엇이어야 한다는 생각을 하게 된 것이지요. 그는 실제로 하이데거에게서 5년간 지도를 받으며 1929년 교수자격 논문《플라톤의 변증법적 윤리학: 필레보스에 대한 현상학적 해석 Phänomenologische Interpretationen zum Philebos》을 씁니다. 가다머 철학의 많은 부분이 하이데거 사유와 공유하는 까닭도 바로 이 때문입니다. 하지만 가다머는 하이데거를 넘어서 해석학을 존재론으로 끌어올립니다.

이후 대학의 강단에서 강의를 시작한 가다머는 1937년 라이프치히Leipzig 대학에서 철학교수 생활을 하다가, 1946년에는 하이데거의 후임으로 그 대학의 총장에 오르기도 합니다. 이때 한 연설에서 다룬 '사물에 대한 객관성', '자기 자신에 대한 정직성', '타자에 대한 관용성'은 종종 하이데거가 했던 연설에 담긴 내용인 근로 봉사, 국방 봉사, 학문 봉사와 비교되면서 회자되기도 하지요. 그러다 사회적 정치적 여건으로 학문하기에 어려움을 느낀 가다머는 1949년에 야스퍼스의 후임으로 하이델베르크Heidelberg 대학으로 옮깁니다. 이곳에 온 이후에야 안정을 찾고 학문에 몰두하게 되고요. 그리고 그의 나이 60세가 되던 1960년에 이르러서야 비로서 그의 처녀작이자 대표작인 《진리와 방법Wahrheit und Methode》을 출간하게 됩니다.

이 책은 그의 나이 환갑이 되어서 출간된 만큼 여타의 다른 철학서와는 다른 깊이와 넓이가 느껴집니다. 곰삭은 음식과 같다고 할까요. 예술, 종교, 언어와 같은 다양한 학문과도 밀접한 연관성을 가지면서 서양사를 꿰뚫고 있는 이 책은 수십 년간의 그의 연구가 집약되어 있는 20세기 철학사에 기념비적인 작품입니다. 이 책에서 가다머는 진리를 실체적으로 실재하는 것이 아니라 늘 달리 이해하며 자신을 실현해나가는 '이해의 운동'으로 봅니다. 그의 이러한 진리에 대한 언급은 당시 많은 오해를 불러일으키며 논쟁의 중심에 서게 합니다. 전통적으로 진리란 실재적이라는 관념이 팽배했으니까요. 그래서 이해의 운동이라는 새로운 진리를 이야기하는 가다머는 다방면에서 많은 도전을 받게 됩니다. 이것이 그 유명한 20세기의 철학적 논쟁인 아도르노와의 실재성 논쟁, 하버마스와의 적용의 문제와 관련한 논쟁, 데리다Jacques Derrida(1930~2004)와의 대화 가능성에 관한 논쟁, 베티와의 해석의 객관성에 관한 논쟁 등입니다. 이밖에도 그는 수없이 많은 논쟁의 중심에 있었습니다. 이는 달리 말하면 그가 그만큼 철학사적으로 중요한 의미를 가진다는 것을 반증하는 것이라 할 수 있지요. 그래서 가다머는《진리와 방법》2판 서문에서 자신이 의도하는 바가 무엇인지를 보다 분명하게 그리고 확실히 밝힙니다. 그동안 우리는 도구적 이성이 추구하는 방법을 진리로 삼아왔으나, 진리는 무엇이 아닌 늘 달리하며 있는 이해의 운동 그 자체라고 말이지요. 그리고 자신은 바로 이러한 존재론적인 관점에서 진리의 물음을 묻고 있는 것이지 그것으로 파생된 2차적인 일을 이야기하는 것이 아님을 분명히 합니다.

가다머가 60세가 되던 1960년에 나온 이 책을 우리는 다시 그만큼의 시간을 보낸 뒤인 2012년이 되어서야 한글로 마주하게 됐습니다. 책을 읽어 보면 아시겠지만 사실 이 책은 철학사만이 아니라 예술, 역사, 문학, 조각, 사진 등 서양의 정치, 사회, 문화 전체를 꿰뚫어야 읽을 수 있습니다. 더욱이 가다머가 신칸트학파의 영향을 받은 탓에 용어 하나, 개념 하나를 고증하듯이 엄밀하게 작업을 하고 있어서 독해가 수월하지가 않습니다. 그뿐만 아니라 나선적 방식의 글쓰기와 독일어의 전형적인 만연체로 쓰여 있어 더욱 그렇습니다. 그러니 읽기만 한다면 얻는 것 또한 많다는 역설도 성립하겠지요.

이러한 어려움 때문인지 가다머의 다른 책들도 국내에 거의 번역이 되어 있지 않습니다. 아주 단편적인 것들만이 몇 권 소개됐을 뿐, 그의 다양한 사상을 접할 수 있는 길이 그리 많지 않습니다.《과학시대의 이성》(박남희 옮김, 책세상, 2009),《철학자 가다머 현대의학을 말하다》(이유선 옮김, 몸과마음, 2002),《고통》(공병혜 옮김, 철학과현실사, 2005),《교육은 자기교육이다》(손승남 옮김, 동문선, 2004)가 현재로서는 전부라 하겠습니다. 그 때문에 그의 사상을 접할 기회가 적어서인지 철학사 안에서 가다머가 차지하고 있는 중요성에 비해 그의 인지도가 국내에서는 상대적으로 매우 약한 편입니다. 가다머 전공자의 층도 두텁지 못하고 악순환이랄까요. 이러한 상황에서 가다머를 소개할 수 있어 기쁩니다.

그의 사상을 본격적으로 공부하기 전에 그의 대표작인 《진리와 방법》에 대해 좀 더 이야기할 필요가 있는 것 같아요. 이 책은 해석학의 고전으로 지성인이라면 읽어야 할 필독서라고 할 수 있습니다. 책은 3부로 구성되어 있는데 1부는 예술 경험, II부는 정신과학, 그리고 III부는 언어문제를 다루고 있지요. 그런데 가다머가 왜 책의 시작을 예술 경험으로부터 시작하는 것일까요. 그 까닭은 아마도 가다머가 말하려는 새로운 진리에 대한 문제와 맞물려 있는 것 같습니다. 자신이 새롭게 개진할 진리에 대한 이해를 돕기 위해 먼저, 예술에서의 경험문제를 논한 후에 본격적으로 정신과학이라는 이름하에서 그동안 서양 사유가 철학사 안에서 진리문제를 어떻게 다뤘는지 논하려는 것이겠지요. 방법과 구별만을 다루는 협소한 학문적 영역으로 좁혀진 정신과학보다는 예술의 만듦이 열어주는 동시성과 전체성의 차원이 자신이 말하고자 하는 새로운 진리경험을 보다 잘 드러낼 수 있다고 가다머는 생각하는 것이 아닐런지요. 그래서 1부에서 예술 경험을 논한 다음, 2부에서 전통적 진리와 다른 이해의 운동이라는 새로운 진리에 대하여 이야기합니다. 가다머는 이를 위해 근대철학이 지향하는 주 – 객의 대립관계를 폐기하고, 실재성이 아닌 사실성의 지평에서 진리란, 분리할 수 없는 삶의 연관 안에서 나와 함께 일어나는 살아 있는 '이해의 운동'이라고 보며 이를 '실현의 진리'로 이야기합니다. 그리고 3부에서는 이 이해의 문제를 보다 집약적으로 설명하기 위해 언어 안에서 이해가 어떻게 모든 것을 하나로 하면서 말해지는지 다루지요. 이 부분은 실제적으로 해석학에 가장 중요하다고 할 수 있습니다. 자, 그럼 그의 사상 안으로 본격적으로 들어가 보기로 할까요.

늘 달리 실현해가는 이해의 운동

가다머는 무엇보다도 과학기술문명이 우리의 삶을 어떻게 오도해 가는지를 나치의 출현과 함께 사유한다고 할 수 있습니다. 전혀 무관할 것 같은 이 둘 사이에 필시 무언의 연관이 있다는 가정하에서 사유를 진척시키고 있는 것이지요. 그래서 가다머는 자신이 살고 있는 사회문제 즉 과학기술의 전횡, 인종차별, 자본주의의 폐단, 정치적인 맹신, 이데올로기의 갈등, 사회와 개인의 문제 등이 생겨난 보다 근본적인 원인을 찾아 서양 사유 안으로 깊이 천착해 들어갑니다. 그리고 그는 이렇게 말합니다. '이 모든 문제는 데카르트의 지적처럼 사유하는 일에서 유래된다'라고요.

그러나 데카르트의 사유는 현실의 생생한 삶을 배제한 이론적 지식으로 전락됨으로 이성을 도구화하는 우를 범하고 말았다고 가다머는 비판합니다. 이러한 도구적 이성이 진리라는 이름으로 절대화되면서 동일성의 논리로 작동하고 이에 근거한 과학기술이 급격히 발달하게 됨으로 과학문명에 환상을 가지게 된 사람들은 인간 이성에 대한 신념을 보다 강화해가면서 자신을 절대시하기에 이르렀다는 것이지요. 자신을 절대화함으로 자신 외의 모든 것을 대상화와 배제, 차별하는 사람들은 이로 인한 권력투쟁에 시달리게 마련이라는 것입니다. 바로 이러한 면이 총체적으로 드러난 상황이 가다머 자신이 살았던 독일의 현실이라고 생각했던 것이지요.

그래서 가다머는 이러한 도구적 이성에 의한 동일성의 논리에 따른 도그마에 갇히지 않는 새로운 사유의 필요성을 절감하며 철학 안으로 긴 여정을 떠납니다. 이성에 대한 성찰 여행을 시작하는 것이지요. 다시 말해서 인간의 정체성을 해명하는 이성이라는 것의 진정한 의미가 무엇인지 찾아 나선 것입니다. 가다머는 이를 위해 근대에서도 여전히 살아 있는 흔적을 따라서 중세로, 고대로 사유의 여정을 떠납니다. 가다머는 이러한 흔적을 '교양Bildung'과 '공통감각sensus communis'과, '판단력Urteilskraft' 그리고 '취미Geschmack'에서 찾습니다. 아직 여기에는 정신과학의 오래된 전통이 살아 숨 쉬고 있다면서 헤겔과 칸트와 씨름하지요. 또한 이를 규명코자 중세의 신비주의 전통 속에 살아 있는 이성의 개념 안으로 더 깊이 들어섭니다. 그리고 다시 고대로의 여정을 이어가는 것이지요. 가다머는 그곳에서 근대에서 말하는 이성과는 다른 삶의 현실성 안에서 살아 움직이는 사유의 전체성과 만납니다. 그리고는 고대의 이성의 전통을 이끌고 다시 중세와 근대를 관통해나오면서 근대의 이성과 다른 새로운 이성 개념인 '이해Verstehe'를 논하고 있습니다. 그런 의미에서 이해란 이성의 다른 이름이라고 할 수 있을 것입니다. 그가 이성이 아닌 이해라는 이름을 새롭게 사용하는 까닭은 근대의 도구적 이성과의 구별을 하기 위함이라고 할 수 있지요. 아무튼 근대의 이성에 세례를 받은 사람들에게 새로운 이성, 즉 이해를 이해시킨다는 것은 결코 쉬운 일이 아닐 것입니다.

가다머는 '이해'를 지식을 구하는 인식론의 차원에서가 아니라 존재론적 차원에서 새롭게 구하고 있습니다. 그는 이성을 오성, 감성과 구별된 육체와 분리된 정신의 이론 체계 위에 올려놓지 않습니다. 도대체 어디에서 어디까지가 이성이고 감성인가를 되물으며 우리는 분리되어 존재하는 것이 아니라, 모든 것을 하나로 연결된 존재라는 사실을 강조합니다. 우리의 이성이란 이 모든 것들을 하나로 이해하며 있는 정신의 운동으로 보고, 이를 근대의 도구적 이성과 구별하기 위하여 '이해'라고 말하는 것이지요. 다시 말해서 가다머가 말하는 이해는 무엇을 파악하기 위한 수단이나 방법이 아니라 마주하는 모든 것들을 하나로 융합하면서 나를 있게 하는 전체성의 지평을 가리킵니다. 나와 이해를 분리할 수 없는 하나 안에서 파악하는 것이지요. 우리가 어떻게 이해하는가에 따라 우리는 달리 존재한다는 것입니다. 쉽게 이야기해서 이해를 달리함으로 존재도 달리한다는 것이지요. 사람은 일정한 시간과 공간 안에서 살아가는 존재이기에 사람은 저마다 처한 현실이 다르며 이해도 달리한다는 것입니다. 그래서 결국 우리의 존재도 달리하는 것이고요. 이해란 단순히 지식을 구하는 인식론적인 문제가 아니라, 우리가 어떻게 존재하는가 하는 존재론적 문제인 것입니다. 그래서 그는 앞에서 말한 것처럼 '존재론적 해석학자'라고 불리는 것입니다. 그동안 해석학은 무엇을 어떻게 이해하고 해석할 것인가를 궁구했다면, 가다머는 이와 달리 이해는 곧 존재함이라는 존재론적 차원에서 해석의 문제를 다룸으로 철학은 곧 해석학이 되어야 한다고 주장하는 것이지요.

　가다머가 말하는 이해의 운동은 고정된 것이 아니라 늘 달리하는 것으로 나보다 앞서 있는 모든 것들을 지금 내가 당면한 문제와 더불어 하나로 융합하면서 늘 달리 새롭게 자기 자신을 실현해갑니다. 가다머는 이를 '지평융합Horizontverschmelzung'이라고 합니다. 그런데 사람들은 이 이해의 운동이 아닌 이해의 운동에 의해서 드러난 결과나 현상들을 진리로 절대화하기도 하고 맹종하는 까닭에 현실의 많은 문제들이 있다고 가다머는 생각하는 것입니다. 그래서 가다머는 진리란 무엇이 아닌 늘 달리 유동하는 이해의 운동 그 자체로 이해의 운동은 실체적이지도 실재하지도 않다고 역설합니다. 가다머는 사유의 역사가 이를 증명해보인다면서 각 시대마다, 공동체마다 진리를 언급하지만 그것은 단지 그 시대의 이해, 즉 공유된 이해일 뿐이라고 주장합니다. 이와 같은 진리관은 전통적인 진리관을 뒤흔드는 사건이지요. 그래서 많은 사람들이 가다머를 상대주의로 몰아가기도 합니다. 그러나 상대주의가 진리가 여럿이라고 한다면, 가다머는 다른 차원에서 진리를 개진하기에 그를 상대주의자라고 하는 것은 그를 제대로 이해하지 못한 것이라 하겠습니다.

이해는 이미 적용이며 해석이다.

가다머는 이러한 '이해'의 문제를 '적용Anwendung'의 문제와 연관시키면서 '해석Auslegung'에 관한 이야기를 합니다. 그에 따르면 이해와 적용과 해석은 다른 것이 아니라 하나 안에서 일어나는 동시적인 일이라는 것이지요. 마치 삼위일체의 신을 이야기하듯이 이해와 적용과 해석은 모두 하나의 다른 측면이라는 것입니다. 가다머의 말에 따르면 '이해는 언제나 이미 적용이며Verstehen ist hier immer schon Anwenden, 적용은 또 해석'인 것이지요. 그렇기에 이해는 언제나 적용이자 해석Verstehen ist immer Auslegung이라고 할 수 있습니다. 바로 이것이 가다머 철학의 가장 큰 특징입니다.

전통철학이 이해와 적용과 해석을 분리해서 봤다면 가다머는 이 셋이 해석학적 과정에서 함께하는 성립 요소라고 말합니다. 적용은 모든 이해를 종합하는 계기이지요. 이에 관련해 벌어진 논쟁이 바로 하버마스와의 논쟁입니다. 하버마스는 우리가 무엇을 알고 난 후에 비판적 사고에 따라 그것을 어떤 일에 적용시키는 것이라며 이해와 적용을 분리하여 생각하는 데 반하여, 가다머는 이 둘은 분리될 수 없는 하나의 일이라며 우리가 무엇을 이해한다는 것은 단지 지식적 차원에서 머리로 아는 것이 아니라 나의 전체가 그것을 내 안에 이미 적용시키면서 있는 것이라고 합니다. 다시 말해서 사람은 모든 것을 그렇게 이성적으로 의지를 발하여 행위하며 있는 것이 아니라 나보다 앞서 있는 전통이나 관습까지도 의식하던 못하던 하나로 이해하면서 적용하며 해석하며 있는 것이라고 하는 것이죠. 가다머는 이해와 적용과 해석은 그렇기에 앎에 관여하는 것이 아니라 존재를 생성해나오는 삶의 일이라는 것입니다.

가다머는 때문에 다른 사람들이 말하는 적용과 자신이 추구하는 적용을 구별합니다. 즉 우리가 무엇을 알고 난 후에야 선별적으로 적용할 수 있다는 입장에서의 적용을 가다머는 Applikation으로 표기하고, 자신이 말하려는 적용, 즉 모든 것이 하나로 있다는 의미에서의 적용은 Anwendung으로 구별해서 쓰고 있지요. 이외에도 가다머의 철학에는 다른 철학자들이 쓰는 개념을 재개념화하고 구별해서 쓰는 경우가 많습니다. 이 문제는 뒤에서 차차 언급하기로 하고 다시 우리의 논의로 돌아갈까요? 하버마스는 가다머와 달리 우리가 무엇을 알고 판단한 후에 이를 적용하기도 하고, 하지 않기도 한다고 이야기하지만 가다머는 이해란 단지 무엇을 알고 모르는 차원이 아닌 이미 나의 전체가 세계와 만나는 전인적인 행위라고 말합니다. 이것은 판단력과 시대의 가치와 나의 지향성이 하나로 있는 지극히 윤리적인 일로 이해는 책임이 동반된 자기 존재 생성의 일이라는 것이지요. 지켜야 할 법이 있기 때문이 아니라 나의 모든 것이 법에 저촉됨이 없는, 지켜야 할 당위가 나의 외부에서 주어지는 것이 아닌 자신의 내부에 있는 자율적이고 이성적이며 윤리적인, 그러나 역동적인, 그래서 자신을 늘 달리 실현해나오는 일을 가다머는 이해와 적용, 그리고 해석으로 이야기하는 것입니다.

가다머는 이것을 '경험 Erfahren'의 문제로도 이야기하기도 합니다. 가다머가 말하는 경험은 영미의 경험론에서 이야기하는 오감에 의한 관찰이나 경험을 의미하는 것이 아닙니다. 그렇다고 대상에 대한 직접성을 강조하는 체험 Erleben을 뜻하는 것도 아닙니다. 그가 말하는 경험은 어느 특정한 무엇을 내가 경험하는 것이 아니라 어떤 일에 내가 참여함으로 그것과 하나가 되는 만남과 같은 사건을 가리킵니다. 그러므로 경험한다는 것은 앎의 차원이 아니라 나의 모든 것을 같이하는 존재적인 차원을 지시합니다. 이는 이해의 운동과 같이 삶이란 본래 분리될 수 있는 것이 아니라 전체적으로 있는 것이라고 말합니다. 다시 말해서 우리가 상황에 따라 편리를 위해 구분하고 나누어 볼 뿐, 구별된 이론이나 삶이 있는 것은 아니라는 것이지요.

어떤 이론으로도 우리 삶의 전체성을 온전히 담을 수는 없다는 그의 주장은 바로 인간 이성의 한계를 보여주려는 것이기도 합니다. 우리가 무엇을 말하는 순간 또 다른 한편으로는 말해지지 못하는 한계 속에서 우리는 늘 달리 사유하고 이해하며 적용하며 해석하며 살아가는 것이라는 가다머의 주장은 그가 독일 낭만주의의 전통 아래에 있음을 말해줍니다. 근대의 계몽주의가 이성에 대한 무한한 신뢰에서 출발한다면 독일 낭만주의는 이와 달리 이성의 불완전성, 그 한계를 절감하는 데 있지요. 이는 멀리 중세의 신비주의 전통과도 연결되며, 고대의 수사학적 전통과도 맥을 같이 한다고 할 수 있습니다.

가다머가 말하는 이해와 적용과 해석의 하나됨은 근대의 경험론과 합리주의 전통 아래에 있는 계몽주의의 이성의 빛 아래에서는 온전히 설명할 수 없는 내적 융합이자 신비의 영역입니다. 그래서 계몽주의에 세례를 받은 이들은 가다머의 이와 같은 주장을 받아들이기가 버거울 것입니다. 이 때문에 해석학 안에서도 객관적 해석의 방법을 주창하며 가다머와 맞서는 베티, 알버트 등과 같은 해석학자들이 있기도 합니다.

이는 이론과 실천이 분리됨으로 파생된 다양한 문제들에 대해서 가다머는 아리스토텔레스의 실천이성 pronesis 처럼 실천과 이론을 하나로 사유함으로 현실의 버거운 문제를 해소해가려는 시도라고도 말할 수 있을 것입니다. 이는 아는 것이 힘이 아니라 아는 것은 곧 사는 일이어야 한다는 것을 의미하는 게 아닐까요? 가다머의 이런 주장은 사실 고대 소크라테스의 앎에 대한 문제를 새로운 시선으로 보려는 것이라고 하겠습니다. 그래서 가다머는 근대 주체가 가지는 일방성과 동일성에서 주어지는 폐단을 지적하며 새로운 진리를 이해의 운동으로 이야기하는 것이라 하겠습니다.

존재 언어와 놀이로서의 대화

가다머는 이와 같은 진리의 문제를 '언어'로 그리고 '놀이'와 '대화'로 거듭 이야기합니다. 그가 이처럼 되풀이 하여 새로운 진리로서 이해의 운동을 이야기하는 까닭은 주체에 의해서도 객체에 의해서도 이끌리지 않는 역동적인 관계에서 새로운 사유 방식을 논하려고 하기 때문일 것입니다. 아마도 객관이나 주관 어느 한쪽에 의해서 일방적으로 행해질 때 생길 수 있는 다양한 문제들을 중세와 근대를 통하여 여실히 보았기 때문이기도 하고요.

먼저 가다머는 언어를 단순히 사물을 지시하는 기호나 의사소통을 위한 수단내지는 방법으로 여기지 않고 존재론적 차원에서 접근합니다. 언어는 단순히 자신의 생각을 드러내는 도구나 기호만이 아닌, 그 시대 공동체의 가치와 더불어 말하는 사람의 생각과 습관까지도 그대로 담는 역사적이고 문화적이며 존재론적인 것이지요. 왜냐하면 사람은 자신이 처한 상황에서, 자신이 가지는 역사와 전통 안에서 마주하는 모든 것을 하나로 이해하면서 있고, 이를 언어 안에서 사유와 존재의 융합을 이루기 때문입니다. 그 래서 가다머는 '이해되어질 수 있는 존재는 언어 Sein, das verstenden werdenkann, ist Sprache'라고 이야기합니다.

그러한 면에서 언어란 단순한 언표 Aussage가 아니라 우리의 존 재성을 말해주는 것입니다. 그러기에 가다머의 언어는 정확히 사 용하고 기억하며 전달, 학습돼야 하는 것, 그래서 사실이 진위여 부를 가리고 분별하고 분석하고 판단하는 기능을 하는 게 아니라 공동체의 가치와 개인의 경험을 하나로 담아가는 그래서 언제나 다시 이해되고 해석되어야 할 것으로 이야기합니다. 가다머가 이 렇게 언어를 이해하는 이유는, 언어를 언어가 발생하는 보다 근원 적이고 종합적인 차원에서 보기 때문입니다. 언어를 단지 도구로 서만이 아니라 자신의 존재성을 열어 보이는 존재론적 차원으로 보는 것이지요. 다시 말해 가다머는 언어를 사유하는 인간의 생각 을 담아내는 그릇으로서만이 아니라 시간과 전통 속에서 익어 온 삶의 흔적으로, 그리고 자신을 정립하는 힘으로 이야기하는 것입 니다.

그런 의미에서 '나'는 나를 말하는 언어이기도 합니다. 나는 나 이전에 앞서 주어진 문제들은 물론 지금 나로 인하여 생겨난 문 제에 이르기까지 모든 것을 하나로 하면서 나를 이야기하기 때문 입니다. 가다머는 이처럼 글자는 물론 사람들 사이에서 나누는 음 성, 자연현상, 태도, 표정, 옷차림, 음색 톤 등에 이르기까지 모든 것을 언어로 이야기합니다. 우리가 그것을 마주하는 한 그래서 그것이 내게 말을 건네는 한 그것은 언어라는 것입니다. 사람은 언어로 사유하기 때문이라는 것이지요. 그런 의미에서 그는 사유하는 사람에게 언어 밖의 세계란 없다고 이야기하기도 합니다. 가다머는 이처럼 모든 것을 언어로 이야기합니다. 그러기에 우리는 모든 것을 이해하고 해석해야 하는 것이기도 하지요.

우리가 사유를 한다는 것은 언어로 사유하며 언어란 본질적으로 대화라고 가다머는 이야기합니다. 사유한다는 것은 자신 안에서 내적 대화를 하는 것이라 하겠지요. 자신과 나누는 내적 대화인 사유는 자신의 내면을 성찰하는 자신을 새롭게 하는 일이라고 할 수 있습니다. 사람은 언어로 사유하며 언어를 통해 자기 자신을 형성해가는 존재일 뿐만 아니라, 언어를 매개로 타자와 만나고 대화하며 이전과 달리 자신을 실현해가는 존재라는 것이지요.

나만이 아니라 너, 그도 우리 모두 다 그렇다고 이야기합니다. 그러기에 우리 모두는 누가 누구를 부리거나 배제하거나 함부로 할 수 없는 존귀한 자입니다. 또한 우리 모두는 나이와 성별과 인종, 지식 등 그 어떤 것으로도 차별할 수 없는 개별적 존재자인 것입니다. 아버지는 아버지대로, 아들은 아들대로 우리 모두는 인격적 동등성을 지닌 존재인 것입니다. 그때에만 우리는 서로 존중하는 참다운 대화를 나눌 수 있다는 것입니다. 아마도 세상의 많은 문제가 참다운 대화의 부재로 인해 생긴 것은 아닌지 가다머가 생각하는 것 같습니다.

가다머는 대화란 서로 다른 둘이 만나 서로 다른 이질성을 받아드리며 이전과 달리 자신을 생성해가는 과정이라고 말합니다. 어느 한쪽에 의해서 일방적으로 행해지는 것이 아니라, 서로 다른 이질성을 존중하면서 그와 함께 더불어 이전과 달리 새로움 앞으로 나아가는 것을 가다머는 대화라고 보지요. 가다머는 이것을 내가 무엇을 이야기하는 것이 아니라 대화에 내가 참여하는 것이라며 이를 '놀이Spiel'로 설명합니다. 즉 놀이는 내가 노는 것이 아니라 놀이에 참여함으로 놀이와 하나가 되는 것입니다. 대화 역시 이와 같을 때만 참다운 대화가 가능하다는 것이지요.

이는 가다머가 지나친 수동성을 낳을 수 있는 객관주의나 근대의 주체 중심으로 파생된 주관주의가 가진 문제들을 극복하기 위해서 주관과 객관, 그 어느 쪽으로도 편중되지 않은 새로운 사유 방식을 제시하는 것이라고 할 수 있습니다. 그래서 예술 경험을 통해 이해의 운동이라는 새로운 진리를 개진하면서 이를 '경험'으로 '언어'로, '대화'로, 놀이로 거듭 설명해나가는 것이지요. 그만큼 가다머는 근대의 사유가 낳은 엄청난 현실을 새로운 사유로 극복한다고 할 수 있습니다. 그래서 그는 이성이나 의지만이 아닌 그리고 인간 중심의 근대적 주체만이 아닌 나의 의지로는 어찌할 수 없는 나 이전의 역사, 전통, 관습까지도 하나인 전체성의 차원에서 자신의 철학을 전개시켜 가는 것이지요.

과거로의 회귀인가, 새로운 실현인가?

그렇다면 그의 이러한 철학은 어떤 의미가 있으며 다른 철학과 어떤 차이가 있을까요? 혹자는 가다머의 철학을 과거로의 회귀라고 비판합니다. 그는 계몽주의가 불식시켰던 선입견을 되살리고

'권위Autorität'를 복권시키며, 전前 역사를 인정하기 때문이지요. 그러나 앞서 이야기했듯이 과연 가다머가 과거로 회귀함으로 현재의 문제를 해소할 수 있다고 믿었던 것일까요? 오히려 그러한 문제를 해소하기 위해서 어느 한쪽으로도 치우치지 않은 새로운 사유 방식을 이야기하려고 한 것은 아닐런지요. 물론 가다머가 과거를 인정한 부분이 있는 것은 분명합니다. 가다머는 전도된 현실을 바로 세우기를 원했으니까요. 그래서 우리가 잃어버린 '전승' 안에서 귀중한 유산을 되살리고 싶어 했습니다. 그렇다고 시간을 거슬러 가는 것이 아니라 오늘 지금 여기에서 이를 다시 이해하고 해석하려는 것이 가다머 철학의 중심이지요. 다시 말해 단순히 과거를 찬양하거나 수용하자고 이야기하는 것이 아니라, 비판적으로 수용하면서 이와 더불어 미래로 나갈 것을 이야기했다는 것입니다. 그가 끊임없이 지평융합과 적용을 이야기하는 까닭도 바로 여기에 있습니다.

　가다머가 근대 계몽주의와는 달리 인간이 처한 현사실성에서 그의 철학을 출발시키며 우리가 이미 어떤 상황 안에 처해져 있는 존재라고 주장하는 까닭도 이 때문이지요. 우리는 좋든 싫든 옳든 그르든 우리의 의지와는 관계없이 주어진 세계 안에 있다는 것입니다. 이것이야말로 사실을 기만하지 않은 학문의 정직성이라고 가다머는 말합니다. 가다머는 우리 삶에 알게 모르게 영향을 끼치며 있는 이러한 것을 가리켜 '영향작용사Wirkungsgegichte'라고 하지요. 이는 기존의 전통Tradition과 달리 비판이 매개된 전승Überlieferung이라고 이야기합니다. 우리는 과거의 것을 그냥 수용하며 있는 것이 아니라 늘 비판 속에서 현재 안에서 새롭게 하나로 하면서 만난다는 것이지요. 그러기에 우리는 늘 달리 새롭게 이해하고 해석하며 자기 자신을 실현해나간다는 이야기를 하는 것입니다.

때문에 그가 과거로 회귀했다고 보는 것은 그를 상대주의자로 여기는 것만큼이나 그를 오해하는 것입니다. 오히려 그는 사유가 고착되고 고정되는 것의 위험성을 간파하고 늘 달리 새롭게 나아가는 이해의 진리의 운동을 이야기하는 것이지요. 그래서 이를 통해 2,000년이 넘게 사랑을 외치는 기독교가 통용된 사회에서 일방적으로 한쪽이 다른 한쪽의 수백만 명을 살상했던 문제를 극복하려고 했다고 할 수 있습니다. 그가 보기에 이 문제는 어떻게 사유하는가, 즉 무엇을 어떻게 이해하는가의 문제에서 기인한다고 보는 것이지요. 그래서 가다머는 자신이 생각하는 것을 절대적 진리로 신봉하는 사람들에게 진리란 늘 달리하며 있는 이해의 운동이라고 말하며 끊임없이 사유할 것을 권합니다. 사유하는 일이야말로 자신의 내면을 성찰하는 철학함이며 이는 곧 늘 달리 이해하고 해석하는 일로서, 진리는 고정된 무엇이 아니라 늘 달리 이해하며 적용, 해석하는 그 자체라 하는 것입니다. 그래서 가다머는 '실재성 Realität'에서가 아니라 '사실성 Faktizität'에 근거하여 진리에 대한 언명을 달리하는 것입니다.

이러한 그의 주장에 의견을 달리하는 사람이 많은 것도 사실입니다. 하버마스와 같은 이들에게서 제기되는 물음과 오해 중 하나로 사회가 의도적으로 왜곡하는 부분에 대해 가다머는 아무런 설명도 하지 못한다며, 그것은 가다머가 변화를 취하기보다는 무비판적인 보수적 성향을 가지는 것이기 때문이라는 것이 있습니다.

가다머는 이러한 비판에 대해 다음과 같이 자신을 변호합니다. 자신은 무엇에 대한 판단을 하기에 앞서 그것이 그것으로 있게 된 존재일반에 대한 이야기하는 것이고, 비판은 그것이 그것으로 드러난 다음 가해지는 것이라면서 존재론과 시회비판은 다른 층위라고 이야기합니다. 즉 존재자가 어떻게 존재하는지 이야기되고 나서야 존재하는 것에 대한 가치판단이 주어질 수 있다며 자신은 지금 가치판단을 하기 전의 존재적인 문제를 목도하는 것임을 확실히 밝히지요.

그리고 베티와 같은 이들은 가다머의 해석학이 해석의 객관성을 잃고 주관주의에 빠졌다고 비판합니다. 가다머는 이에 대해 다음과 같이 반박합니다. 이해하고 해석하는 일은 자신만의 생각에 의해서 행해지는 것이 아니라 오히려 그 사회 공동체의 가치와 더불어 판단하고 적용하면서 이루어지는 것으로서, 이해의 운동은 오히려 근대의 주체 중심의 사유가 가지는 주관주의를 시정해가려는 것임을 역설합니다. 그리고 근대가 진리로 여기는 객관성이란 현실과는 거리가 있는 추상적인 것으로 이러한 진리는 현실의 문제를 해소할 수 없다고 하면서 이해의 운동이란 주관과 객관 그 어느 쪽에도 속하지 않는 현사실성에 근거한 새로운 해석학적 객관성이라고 말합니다.

데리다는 또 전혀 다른 사람 사이에 어떻게 대화가 가능한가를 물으며 대화의 불가능성을 주장하는데 반하여, 가다머는 우리에게는 일반적 공통성 Allgemeinheit과는 다른 해석학적 보편성 Univerzalität이 있어서 이를 통해 우리는 다름을 인정하면서도 대화를 할 수 있다고 말하지요. 마치 같은 공동체원들은 같은 공통감각을 가지며 가치를 공유하듯이 사람은 전혀 다르기만 한 것이 아니라 같은 점을 공유하기도 하다는 것이지요.

여러분 생각은 어떠세요? 이들의 비판처럼 과연 가다머가 과거로 회귀하고, 주관주의에 빠지고, 무비판적이며, 자기이해 중심일까요? 그 판단은 가다머의 사상 안으로 좀 더 깊이 들어가 보고 난 후에야 내릴 수 있을 것입니다. 이를 위해 우리는 먼저 그의 대표작인《진리와 방법》을 정독해나갈 필요가 있습니다. 그러나 그것이 어려우신 분은 차선으로 제가 뒤에 추천해놓은 책들을 읽어가길 바랍니다.

더 읽어보면
좋은 책

한스 게오르크 가다머, 박남희 옮김, 《과학 시대의 이성》, 책세상,
2009.

이 책은 그의 대표작 《진리와 방법》 외에 그의 사상을 다룬 유일한
번역서일 것이다. 가다머가 1976년에 6편의 강연과 논문을 모아 엮
은 책이다. 그래서인지 문장에도 문제가 많고 이로 인한 번역의 부
족함도 있지만, 그의 사상을 접하는 데 도움이 될 것이다. 그는 이
책에서 자연과학과 다른 정신과학에서의 이해 개념을 특히 헤겔과
의 관계 속에서 새롭게 개진하며, 왜 해석학이 실천학이어야 하는
지에 대해 썼다.

조지아 윈키, 이한우 옮김, 《가다머》, 민음사 1999.

이 책은 가다머의 책들이 아직 번역되어 나오기 오래 전에 가다머
를 이해할 수 있는 길잡이 역할을 했다. 최근에 다시 개정판으로
나왔으니 가다머의 사상에 대해 전반적으로 알고 싶을 때 참고하
면 좋을 것이다. 비교적 가다머의 사상을 객관적으로 자세하게 소
개하고 있다.

장 그롱댕, 최성환 옮김, 《철학적 해석학 입문》, 2008.

이 책은 가다머에 관한 책은 아니지만 가다머의 시선에서 해석학
전반을 기술하면서 가다머의 해석학에 대한 소개를 병행한다. 해

∙∙∙

석학 전체에서 가다머 해석학의 의미를 안다면 가다머를 이해하는
데 큰 도움이 되는 것은 물론이다. 아마도 가다머의 철학에 관해서
가장 최근에 나온 책이 아닐까 싶다.

오토 푀글러, 박순영 옮김,《해석학의 철학》, 서광사, 1993.

하이데거의 제자이기도 한 푀글러가 쓴 이 책은 해석학의 역사를
기술했다고 할 수 있으리만치 다양한 해석학의 문제들을 다룬다.
가다머의 해석학을 논하기보다 가다머의 해석학이 가지는 문제를
다양한 관점에서 묻고 싶을 때 참고한다면 좋을 것이다.

위르겐 하버마스의
의사소통 행위 이론과
생활세계 식민화

―

김원식

위르겐 하버마스
Jurgen Habermas(1929~)

위르겐 하버마스는 현재 그의 모국인 독일은 물론 유럽 전체를 대표하고 있는 사회철학자이다. 그는 또한 근 한 세기에 걸쳐 비판 이론의 전통을 고수하고 있는 프랑크푸르트학파 2세대의 대표자이기도 하다. 유소년기에 히틀러의 지배와 제2차 세계대전을 경험했으며, 이후 전쟁의 폐허 위에서 민주주의와 복지국가 체계를 수립하고 나아가서 통일을 이룩했던 독일의 현실 속에서 사회적 해방의 가능성을 지속적으로 고민해왔다.

일반적으로 철학자들에게는 그들의 사유를 추동하는 근본적인 문제와 개념이 있게 마련이다. 하버마스 철학의 핵심 개념은 아마도 이성적 '대화'라고 할 수 있을 것이다. 그는 지속적으로 나와 너의 대화 속에서 갈등을 넘어선 공존과 화해의 가능성을 모색해왔고, 이러한 근본 직관에 의거해 자신의 사회 이론은 물론 민주주의 이론도 발전시켜 왔기 때문이다. 그가 대화를 매우 중시한다는 사실은 그가 개입했던 많은 논쟁들을 통해 그리고 그의 지속적인 정치적 발언들을 통해서도 확인할 수 있다.

학자로서의 그의 고민과 삶의 결과들은 당연히 그의 수많은 저서와 글들로 남겨졌다. 그의 주저를 꼽는다면 먼저《의사소통 행위 이론》(1981)이다. 이 저서를 통해서 언어적 상호작용에 대한 그의 오랜 관심이 비로소 체계화 되고, 나아가서는 현대사회의 문제점에 대한 그의 진단도 명확히 제시됐기 때문이다. 이후에도 많은 중요한 저서들이 있지만 우리가 각별히 주목할 필요가 있는 저서를 꼽는다면,《사실성과 타당성》(1992)이 있다. 이 저서는 오늘날의 사회문제들에 대해 그가 제시하는 정치적 대안이라고 할 수 있는 민주주의론을 명확히 개진하고 있기 때문이다.

이 원고는 《프랑크푸르트학파의 테제들》(연구모임 사회 비판과 대안 지음, 사월의책, 2012)에 실린 원고를 일부 수정, 보완한 내용임을 밝혀둔다.

하버마스의 방대한 작업을 소개하는 짧은 글에서 많은 욕심을 낼 수는 없습니다. 때문에 여기서는 모든 사회철학자들의 핵심적인 고민이라고 할 수 있는 '시대 진단'과 '대안 제시'에 국한하여 그의 작업을 소개하고 평가해보고자 합니다. 그렇지만 하버마스의 시대진단과 대안을 이해하기 위해서는 먼저 이러한 작업들의 기초가 되는 의사소통 행위 이론을 간략히 살펴볼 필요가 있을 것입니다.

의사소통 행위 이론

하버마스는 상호 주관성, 즉 나와 너의 관계의 측면에 착안하여 포괄적인 이성 개념을 제시함으로써 근대적 이성의 협소화를 비판하고, 나아가서 복합적인 근대의 차원들을 포착할 수 있는 발판을 마련하고자 했습니다. 이러한 그의 작업에서 핵심을 이루는 것이 바로 '의사소통 행위Kommunikatives Handeln'라는 개념입니다. 하버마스는 이를 통해서 고립된 주체에 기초한 근대적 의식철학●의 패러다임을 상호 주관성에 기초한 의사소통 패러다임으로 전환하고자 했습니다. 홀로 사유하는 데카르트적 '나'가 아니라 서로 대화

● 의식철학

의식철학은 인간의 의식을 출발점으로 삼아서 세계를 해명하고자 하는 기획이다. 이러한 기획은 더 이상 의심할 수 없는 사유의 확실성에서부터 철학의 출발점을 확보하려고 했던 데카르트에서 비로서 분명하게 드러난다. 이후 의식철학은 근대적 경험론과 합리론, 독일 관념론을 경유해 후설의 현상학에 이르기까지 지속된다.

를 주고받는 우리가 이제 논의의 출발점이어야 한다는 것이지요.

하버마스에 따르면, 베버Max Weber(1864~1920)를 비롯하여 프랑크푸르트학파 1세대들로 하여금 근대화 과정을 단지 도구적 이성의 지배나 그로 인한 총체적 물화物化로 진단하게 만든 근본 원인 중의 하나는 그들이 사회적 행위를 너무 협소하게 규정한 데 있습니다. 베버는 사회적 근대화에 대한 해석에서 목적합리적 행위 유형의 확산에만 주목했으며, 이러한 영향 아래에서 호르크하이머와 아도르노의 《계몽의 변증법》(1947)은 근대화 과정뿐 아니라 문명화 과정 전체를 자기 보존을 위한 도구적 행위와 도구적 이성의 확대 과정으로 해석하게 됐다는 것입니다.(M. 호르크하이머·Th. W. 아도르노, 김유동·주경식·이상훈 옮김,《계몽의 변증법》, 문예, 1995)

인간의 모든 행위를 도구적 행위로 환원하는 이러한 해석의 근저에는 근대적 의식철학 모델이 존재합니다. 데카르트 이후 자기의식의 확실성으로부터 출발하는 근대 의식철학은 주체와 객체라는 근본 구도 속에서 세계를 이해하고자 했습니다. 그런데 이렇게 주체-객체 구도를 전제하게 되면 타인을 포함한 세계 전체, 나아가서는 자기 자신 역시 주체의 대상으로 규정될 수밖에 없습니다. 그렇기 때문에 하버마스는 의식철학의 패러다임을 넘어서 주체와 주체 사이의 상호작용을 행위의 근본 모델로 삼는 의사소통 패러다임의 도입을 요구하게 되지요.

하버마스는 인간의 행위 유형을 '도구적 행위', '전략적 행위', '의사소통 행위'라는 유형들로 구별하여 설명합니다. 사실 그는 초기에 '노동과 상호작용'의 구분을 시도한 이래로, 도구적 행위로 환원될 수 없는 의사소통 행위의 영역이 존재한다는 사실을 입증하고자 지속적으로 노력해왔습니다. 하버마스의 분류에 따르면, 인간의 행위는 크게 비사회적 행위인 '도구적 행위'와 '사회적 행위'로, 사회적 행위는 다시 성공을 지향하는 '전략적 행위'와 상호 이해를 지향하는 '의사소통 행위'로 구별될 수 있습니다.

도구적 행위나 전략적 행위는 비판 이론 1세대들이 주목했던 인간의 행위 유형이라고 할 수 있습니다. 도구적 행위 모델에 따르면 인간은 자기 보존을 위해 객체나 타자를 도구로 규정하고 이용할 수밖에 없습니다. 이런 틀 속에서는 인간의 개념적 사유조차 이미 타자에 대한 동일화, 차이의 배제와 억압의 기제를 내장하고 있는 것으로 해석되며, 그런 한에서 인간의 모든 인식과 행위는 자기 보존을 위한 타자에 대한 지배와 억압 행위로 규정됩니다. 이러한 인식에 입각하여《계몽의 변증법》은 문명화 과정 전체를 인간의 자연 지배, 타자 지배, 자기 지배가 총체화되어 도구적 질서로 전면화되어 나가는 과정으로 그리고 있습니다.《계몽의 변증법》의 필자들은 세이렌Seiren의 유혹을 이겨내기 위해 자신의 몸을 돛에 묶었던 오디세우스Odysseus의 예를 통해서 자연 지배와 타자 지배가 이미 자기 자신에 대한 지배와 억압을 전제하고 있다는 사실을 상징적으로 보여주기도 했지요.

그러나 하버마스는 언어적이고 사회적인 존재인 인간에게는 타자를 단지 도구화하지 않고 타자의 타자성을 인정하는 의사소통 행위의 가능성 역시 존재한다고 말합니다. 의사소통 행위는 사회적 행위자들이 상호 이해를 목적으로 서로의 행위 계획을 조정하는 데에서 성립합니다. 여기서 행위자들에게 일차적으로 중요한 것은 자신의 목적을 성취하는 것이 아니라, 공동의 행위 계획에 대한 합의를 성취하고 이를 통해 서로의 행위를 조정하는 것입니다. 하버마스는 화용론적인 언어 분석을 통해 이러한 의사소통 행위 유형의 특징을 밝혀내고자 했으며, 이러한 분석을 통해서 인간의 언어에는 상호 이해라는 본래적 목적이 내재되어 있음을 보여줬습니다.

의사소통 행위 속에서 화자는 자신의 주장을 제기하며, 청자는 그러한 주장의 타당성을 인정하거나 그에 대해 비판을 제기합니다. 이러한 상호 주관적인 관계 속에서 주체는 타자를 나와 동등한 주체로 인정해야만 합니다. 만일 이러한 상호 인정이 전제되지 않는다면 합리적 대화 자체가 성립할 수 없을 테니까요. 하버마스의 분석에 따르면 화자의 주장에는 일반적으로 세 가지 타당성 요구가 함축되어 있습니다. '진리Wahrheit', '규범적 올바름Richtigkeit', '진실성Wahrhaftigkeit 요구'가 그것입니다. 하버마스는 의사소통 행위에서 이러한 타당성 요구의 복합적 차원이 등장한다는 사실에 주목하여, 포괄적 이성으로서의 '의사소통 이성' 개념을 제시하고 있습니다.

사실적 진리, 규범적 올바름, 의도의 진실성 여부 모두에 대해 비판과 논거를 통한 토론 및 정당화가 가능하다는 점에서 이 영역들 전체는 이제 합리적 논의가 이루어질 수 있는 영역입니다. 그의 분석에서는 특히 사실적 진리에 대한 논의와 구별되기는 하지만, 규범적 논의들 역시 보편적 정당화가 가능하다는 점이 강조되고 있고요. 이렇게 규범적 차원의 합리성을 회복해내는 것은 하버마스에게, 나아가서는 비판적 사회 이론 일반의 수립을 위해서 매우 중요한 의미를 갖습니다. 이성의 도구화는 결국 모든 규범의 정당화를 불가능하게 만들기 때문입니다. 만일 철저히 도구적인 이성의 기준에서 본다면, 살인을 하지 말아야 하는 그 어떤 이성적인 당위적 논거도 제시될 수 없을 것입니다. 그리고 이는 결국 사회비판의 성립 자체도 역시 불가능하게 만들 수밖에 없습니다. 현실에 대한 모든 비판은 그러한 비판이 전제하는 척도에 대한 보편적인 규범적 정당화를 전제할 수밖에 없기 때문이죠.

의사소통 행위와 이성이라는 개념에 기초해서 하버마스는 도구적 이성과 질서의 전면화라는 획일화된 일면적 사회관을 극복하고, 나아가서 포괄적 이성 개념을 기초로 이성의 일면화를 비판할 수 있는 기점을 확보하게 됩니다. 그리고 이를 통해 본래적인 근대의 기획은 포괄적 이성의 실현을 지향하는 것이었지만, 자본주의적인 일면적 근대화로 인해 의사소통 이성의 파괴와 도구적 이성의 지배 현상이 나타나게 되었다는 방식의 진단이 비로소 가능해질 수 있습니다.

생활세계 식민화

하버마스는 의사소통 패러다임으로의 전회에 기초하여 이층위적 사회 개념을 제시했으며, 나아가서 '생활세계 식민화Kolonialisierung der Lebenswelt'로 압축되는 현대사회에 대한 비판적 진단을 제시했습니다. 그는 사회를 '체계'와 '생활세계'라는 두 차원에서 동시에 파악할 것을 제안합니다. 이는 기존의 사회 이론들이 가지는 일면성을 극복하기 위한 전략이라고 할 수 있지요.

베버와 루카치 Lukács,György(1885~1971) 그리고 그들의 작업을 수용하고 있는 1세대 비판 이론가들은 사회적 합리화의 과정을 단지 도구적이고 기능적인 행위 및 질서의 확대 과정으로만 해석해 왔습니다. 베버는 경제 체계나 행정 체계의 차원에서 진행되는 행위 체계의 합리화만 파악했을 뿐, 생활세계 내의 일상적 실천에서 나타나는 다차원적인 합리화 과정을 올바로 해명하지 못했고, 그 결과 근대적 합리화 과정을 단지 목적합리성의 증대 과정으로만 해석했지요.

하버마스의 평가에 따르면 베버가 가지는 이러한 한계는 결국 그의 행위 개념이 지닌 편협성에서 기인합니다. 베버는 그의 행위 이론적 전제를 통해서 사회적 합리화의 진행이 단지 목적합리성의 관점에서만 해명될 수 있다는 선입견을 갖게 됐다는 것입니다. 또한 베버는 상호 이해를 지향하는 행위와 성공만을 지향하는 행위를 명확히 구별하지 못했기 때문에 결국 사회적 합리화 전체를 목적합리적 행위와 그에 기초한 사회 질서의 확대 과정으로만 보게 됐다는 것이지요.

이러한 이론적 결함은 1세대 비판 이론에서도 마찬가지로 반복됩니다. 호르크하이머나 아도르노는 프롤레타리아계급에 대해 루카치가 가지고 있었던 역사철학적 희망은 거부한 채, 그의 사물화 이론만을 수용했습니다. 그 결과, 그들 역시 근대적 합리화를 도구적 이성의 확대 과정에 지나지 않는 총체적 물화의 과정으로 해석할 수밖에 없었습니다.

하버마스는 이층위적 사회관을 통해서 근대적 합리화 과정에 대한 이러한 일면적 이해와 그에 따른 비관주의적 시대 진단에 저항하고자 합니다. 이를 위해 먼저 필요한 것은 근대적 합리화 과정에 대한 새로운 진단과 해석의 개념적 기초를 마련하는 것이 었고, 앞서 살펴본 의사소통 행위와 합리성에 대한 하버마스의 탐구가 바로 이러한 기초 작업이라고 할 수 있습니다. 여기에 기초해서 이제 그는 사회적 합리화 과정을 좀 더 포괄적이고 복합적인 과정으로 그려냅니다.

그에 따르면 모든 사회는 두 차원에서, 즉 '사회 통합'과 '체계 통합'이라는 차원에서 스스로의 통합성을 유지하며, 따라서 사회 진화 과정 역시 구별되는 두 차원에서 동시에 진행됩니다. 모든 사회는 그것의 존속을 위해 물질적 차원과 상징적 차원에서의 재생산을 필요로 한다는 것이지요. 하버마스는 상징적 차원의 재생산을 생활세계에, 물질적 차원의 재생산을 체계에 할당합니다. 상징적 차원의 통합과 재생산, 물질적 차원의 통합과 재생산이 각각 생활세계와 체계라는 개념을 통해서 포착되는 것입니다.

전략적 행위와 의사소통 행위를 구별했듯이, 하버마스는 사회 질서의 차원에서 체계와 생활세계의 개념도 구별합니다. 그렇기 때문에 체계와 생활세계라는 개념 쌍은 전략적 행위와 의사소통 행위라는 행위 이론적 구별과도 연관이 있다고 봐야 합니다. 물론 행위 유형과 사회 질서 사이에 명확한 귀속관계가 성립하는 것은 아닙니다. 생활세계는 단지 의사소통 행위만이 귀속되는 영역이 아니며, 체계 내에서 의사소통 행위가 성립 불가능한 것도 아니기 때문이죠. 그렇지만 행위 유형들이 그것이 지향하는 목적을 통해 구별되는 두 가지 유형으로 설정됐던 것과 마찬가지로, 체계와 생활세계도 사회 질서를 구성하며 분석적으로 구별되는 두 가지 측면으로 도입됩니다.

한 사회가 생활세계의 상징적인 통합과 재생산을 이루기 위해서는 다양한 차원에서의 통합과 연속성이 보장돼야만 합니다. 원칙적으로 볼 때, 생활세계의 질서는 오직 상호 이해를 지향하는 의사소통 행위를 통해서만 유지되고 재생산될 수 있습니다. 왜냐하면 문화적 의미나 규범의 정당성은 화폐로 구매되거나 권력에 의해 강요될 수 없기 때문입니다. 한 사회는 그 문화적 지속성과 정체성을 유지하기 위해서 공유된 문화적 해석의 틀과 전통을 유지해야 합니다. 또한 한 사회는 그 자신의 존속을 위해 도덕이나 법과 같은 규범적 질서를 확보해야 하지요. 뿐만 아니라 한 사회는 자신의 존속을 위해 새로운 세대들에 대한 사회화 과정을 지속해야만 합니다. 그렇기 때문에 하버마스는 문화, 사회, 인격을 생활세계의 세 가지 구성 요소로 제시합니다. 이를 통해서 그는 후설 이래로 '항상 이미' 전제된 선先 이해의 지평으로만 다루어지던 생활세계 개념을 사회학적 차원으로 확장합니다.

나아가서 모든 사회에는 물질적 재생산을 위해 경제적 질서와 정치적 질서의 수립 역시 필요합니다. 하버마스에 따르면, 생활세계가 주로 참여자 관점에서 포착되는 상징적 차원과 관련되는 데 반해서, 체계는 관찰자 관점에서 드러나는 행위 결과들의 기능적 안정화의 차원과 관련이 있습니다. 교환과 관련된 경제적 질서, 권력과 관련된 정치적 질서는 참여자 관점에서 포착되는 행위 동기들과는 무관하게 진행되는 행위 결과들 사이의 객체화된 조정과 통합의 과정이라고 할 수 있지요.

사회 진화 과정 속에서는 이러한 두 차원에서의 발전이 동시에 진행됩니다. 생활세계는 점차 합리화되고, 이와 더불어 체계의 복잡성도 증대됩니다. 사회 진화의 초기 단계에서 체계와 생활세계는 밀접하게 서로 결합되지요. 신분제 사회에서 볼 수 있는 바와 같이 미분화된 사회에서 체계를 구성하는 경제적 질서나 정치적 질서는 생활세계의 규범적 질서에 의존하며 그것과 명확하게 구별되지 않습니다. 그렇지만 사회적 근대화 과정을 통해 체계와 생활세계의 영역은 분화되며, 나아가 체계는 자립적인 성격을 지니게 됩니다. 경제 체계와 행정 체계에서 복잡성이 증대하면서 유발되는 의사소통의 부담을 줄여주기 위해 화폐와 권력과 같은 매체들이 등장하며, 이를 통해 체계는 점차 생활세계의 명령으로부터 분리, 자립화되어 나간다는 것입니다.

　이미 베버가 지적했듯이, 사회적 근대화의 주된 특징은 근대 국가와 자본주의 경제체제의 성립에서 찾을 수 있습니다. 체계의 측면에서 보자면, 근대 국가의 성립은 권력을 매체로 하는 공공 행정 영역이 자립화되는 것을 의미합니다. 근대 국가체제는 법적으로 정의된 위계적 권력 질서를 통해 국민들에게 명령권을 행사합니다. 이러한 명령의 정당성 근거는 이미 제정된 법적 절차에 의해서 주어지며, 명령에 대한 거부는 곧 제재의 위협에 직면합니다. 여기서 일반 시민들은 명령을 수용하거나 거부하는 단순한 선택지만을 지니며, 그러한 명령의 정당성은 법적으로 정의된 형식적 절차를 준수했는지 여부일 뿐입니다. 이와 마찬가지로 화폐를 매체로 하는 자본주의적 시장 질서 역시 규범적 질서로부터 자립화됩니다. 화폐는 거래 당사자들 사이의 관계를 표준화하고 단순화함으로써 상품 교환을 확대시킵니다. 권력이나 화폐 매체들은 당사자들 사이의 의사소통을 우회하여 사회적 상호작용을 가능하게 하며, 이를 통해 체계의 질서들은 의사소통 행위를 통해 재생산되는 생활세계의 질서로부터 자립화되어 나간다는 것입니다.

물론 체계와 생활세계의 분리가 양자 사이의 완전한 단절을 의미할 수는 없습니다. 왜냐하면 체계를 성립 가능하게 하는 제도들이나 법 체계는 궁극적으로 생활세계에 기초하기 때문입니다. 제도나 법 체계가 화폐나 권력과 같은 매체들이 성립하기 위한 전제조건이기는 하지만, 매체들이 이러한 제도들과 직접적으로 동일시될 수는 없습니다. 법 제도는 매체들이 기능하기 위한 전제일 뿐이며, 화폐나 권력과 같은 매체들은 제도와는 구별되는 자율적인 자기 확장 논리를 가지고 있기 때문입니다. 하버마스는 이러한 사실을 각별히 강조하는데, 이는 그가 경제와 행정 체계의 자율성 자체가 가지는 진화적 성과를 인정하며 복잡화된 체계를 생활세계의 논리를 통해 제어하는 게 불가능하다고 보기 때문입니다. 그는 과거 사회주의 실험의 실패를 이러한 불가능성을 보여주는 한 사례로 보기도 합니다.

체계 복잡성의 증대 및 자립화와 더불어 법과 도덕규범의 차원을 중심으로 진행되는 생활세계의 합리화 역시 진척되지요. 그리고 이러한 생활세계의 합리화 과정은 근대에 이르러 전통적 세계관의 탈주술화와 문화적 가치 영역들의 분화를 요구합니다. 진선미의 세계관적 통일성을 보장하던 종교적, 형이상학적 세계관은 해체되고 의사소통 합리성에 내재하는 타당성 요구들은 과학과 기술, 도덕과 법, 예술과 예술 비평이라는 제도적 영역으로 분화되지요. 가치 영역들 사이의 제도적 분화와 민주주의적 사회 제도의 확립은 근대에 이루어진 생활세계의 합리화 과정을 표현한다고 할 수 있습니다.

그렇지만 체계와 생활세계 사이의 이러한 분화 과정이 순조롭게만 진행되는 것은 아닙니다. 자본주의체제 안에서 이루어지는 사회 진화는 체계의 자립화를 넘어서 체계의 명령이 생활세계에 침투하는 '생활세계 식민화'를 야기하기 때문입니다. 여기서 한 가지 주의해야 할 부분은 하버마스가 문제 삼는 게 체계의 매체들이 생활세계를 식민화하는 문제일 뿐이지, 체계의 복잡화나 자립화 그 자체는 아니라는 점입니다.

맑스는 자본주의적인 경제 자체를 소외로, 계급 착취의 한 양식으로 규정하고, 그러한 물화된 질서 자체를 생활세계 질서로 대체할 것을 요구했습니다. 그리고 이는 현실 사회주의체제에서 프롤레타리아 독재에 기초한 중앙 집권적 계획 경제의 형태로 구체화됐고요. 하버마스는 이러한 시도가 첫째, 자본주의 경제 체계의 발전이 가지는 생산에서의 효율성이라는 장점을 무시하고 있다는 점에서, 둘째, 화폐라는 매체를 단지 권력이라는 매체로 대체할 뿐이라는 점에서 근본적인 문제가 있다고 말합니다. 따라서 그는 화폐와 권력을 매체로 하는 체계의 자립화가 지닌 일차적인 의의를 인정하는 조건에서 그러한 매체들이 자신들이 기능하기에 적합한 영역을 넘어서서 생활세계 질서를 파괴하는 경우만을 문제 삼습니다.

하버마스의 진단에 따르면, 효율성만 지향하는 체계의 명령이 상호 이해의 메커니즘을 요구하는 생활세계에 침투하면서 여러 가지 부정적 효과들이 나타나기 시작하며, 생활세계는 이에 저항한다는 것이죠. 또한 그는 가족, 학교, 문화 영역 등 상호 이해에 기초한 의사소통적 질서를 통해서만 유지될 수 있는 영역들에 화폐나 권력과 같은 매체들이 침투하는 과정을 통해 생활세계 식민화 현상들이 발생한다고 말하며, 특히 법제화 경향에 대한 분석을 통해서 이러한 현상들을 구체적으로 다룹니다. 가족 법이나 학교법 등의 제정은 그것이 아동이나 여성 혹은 학생이나 학부모들의 권리를 보호한다는 목적에서부터 시작된 것이기는 하지만, 가족이나 학교를 그와는 이질적인 화폐나 권력과 같은 매체들을 통해 재정의를 하게 되면서 다양한 저항들을 불러일으키게 된다는 것입니다. 생활세계의 영역들에 대한 체계 논리의 침투는 합리적 의사소통을 통한 생활세계의 질서 유지를 교란하고, 생활세계를 물화하는 결과를 초래합니다. 예를 들어, 문화 영역이 시장에서의 이윤 추구 논리에 의해 지배되고, 교육이 경제 성장을 위한 노동력 재생산 과정으로만 정의되는 곳에서는 자율적인 문화적 가치의 추구나 전인적인 교육이 이루어지기를 기대할 수 없을 것입니다.

하버마스에 따르면 이러한 식민화에 대한 저항은 단순히 화폐나 권력을 통한 체계의 보상책을 통해서 해결될 수 있는 문제가 아닙니다. 여기서 중요한 점은 복지국가가 제공해줄 수 있는 보상이 아니라, 위협에 처한 삶의 방식을 방어하는 것이기 때문이죠. 이제 새로운 사회 갈등들은 자원의 분배가 아니라 '생활 형식들의 문법'을 문제 삼는 것입니다. 체계 논리에 의한 식민화 효과에 대해 이러한 사회적 저항들이 진행되기는 하지만, 다른 한편으로 이러한 사회적 저항은 의식의 파편화로 인해 억압됩니다. 문화 영역들이 전문화되고 그것들이 일상적 의식과 소통하는 계기를 상실하면서 일상적 의식은 사회 전체에 대한 조망을 상실한 채 파편화되고 있다는 것입니다. 때문에 하버마스는 이제 왜곡된 이데올로기가 아니라 파편화된 의식이 저항의 잠재력의 실현을 방해하게 된다고 말하기도 합니다.

하버마스는 새로운 사회운동의 활성화를 생활세계 식민화에 대한 저항의 표출로 해석하고, 이러한 갈등을 '신新정치'라고 표현합니다. 구舊정치가 경제적·사회적 안전, 치안 및 국방과 관련된다면, 신정치는 삶의 질, 평등권, 개인의 자기실현, 참여와 인권 등의 문제들과 관련됩니다. 이러한 저항의 시도는 그 성격상 특정한 계급에 국한된 것이 아닙니다. 이러한 저항은 현대사회의 자기 파괴적 경험에 당면하거나 그에 민감하게 반응하는 사람들에 의해 진행되며 '성장에 대한 비판'이라는 주제는 이들을 결합하는 끈이 되고 있습니다.

하버마스는 본래적인 근대의 기획이 의사소통 합리성에 담겨 있는 풍부한 합리성의 차원을 포괄하고 있다고 봅니다. 그렇기 때문에 우리가 체험하는 근대성의 역설, 합리화의 역설은 단지 자본주의적 근대화 속에서 포괄적 합리성이 제한적으로 실현되고 있다는 사실에 대한 징표일 뿐입니다. 그는 사회 진화 과정을 설명하기 위해 '발전 논리Entwicklungslogik'와 '발전 역학Entwicklungsdynamik'이라는 개념을 사용하는데요. 사회적 진화의 과정은 구체적이고 경험적인 상황 속에서 이루어지는 발전 역학과 보편적 발전 논리의 수준에서 동시에 접근할 수 있습니다. 이러한 개념적 구별에 따르면, 생활세계 식민화로 인한 현대적 병리 현상의 출현은 발전 역학에 해당하는 문제일 뿐, 발전 논리 그 자체의 문제는 아닙니다.

결국 생활세계 식민화를 통해 나타나는 현대적 병리 현상들, 즉 계몽의 한계는 이제 더 이상 불가피한 것이 아닙니다. 발전 논리의 측면에서 보자면, 근대라는 기획은 과학 기술의 발달, 보편주의적 윤리의 가능성, 예술의 자립화라는 세 측면을 모두 포괄하며, 그것들 사이의 조화를 모색하는 종합적 기획입니다. 그렇기 때문에 하버마스는 탈근대적인 시대 비판들에 맞서 근대를 '미완의 기획 unvollendetes Projekt'으로 규정하면서 근대성의 이념을 옹호하려고 하지요. 물론 이러한 근대의 기획이 지닌 잠재적 가능성이 실제로 실현될지 여부는 미리 결정될 수 있는 문제가 아니죠. 왜냐하면 그러한 잠재성의 실현은 결국 역사적이고 우연적인 요소들 및 비판적 실천과 결부된 발전 역학의 문제일 수밖에 없기 때문입니다.

생활세계 식민화와 토의 민주주의

지금까지 우리는 '생활세계 식민화' 개념을 중심으로 하버마스의 시대 진단을 검토했습니다. 이에 따르면 현대사회의 병리 현상들은 체계 논리에 의한 생활세계 논리의 침식의 결과로 해석됩니다. 그렇다면 이제 진보 정치의 실천적 과제는 체계 논리의 침식을 제어할 수 있도록 생활세계의 저항을 강화하고 이를 제도화하는 것이 될 것입니다. 하버마스는 그의 토의 민주주의deliberative democracy 론을 통해서 이러한 과제를 민주주의 정치 이론 차원에서 해명하고 있습니다.

이에 대해 살펴보기 전에, 생활세계 식민화라는 하버마스의 시대 진단이 복지국가의 등장과 가지는 관계에 대해서 간략히 살펴보고자 합니다. 왜냐하면 그의 시대 진단 방식은 개입주의 국가의 등장과 복지국가의 타협이라는 후기 자본주의적 현실을 배경으로 하기 때문입니다. 하버마스는 개입주의 국가의 등장과 복지국가의 타협으로 인해 맑스주의적 계급 혁명 이론은 현실 적합성을 상실했다고 진단합니다.

개입주의적 국가의 출현을 통해서 자본주의 경제에 내재하는 위기 경향은 통제되며, 복지국가의 타협은 노동자의 사회적 지위를 제도화하고 복지 체계를 구축함으로써 계급 갈등을 완화하는 효과를 발휘합니다. 또한 국가가 경제 행위의 한 주체가 되고 복지 제공자가 되면서 자본가와 노동자 사이의 갈등은 이제 국가와 시민사회 사이의 갈등으로 전환됩니다. 자유주의 국가는 계약을 통해 이루어지는 공정한 경제 질서를 유지하는 기능을 수행할 뿐이라고 주장할 수 있었지만, 개입주의 국가가 출현함으로써 이제 국가는 더 이상 중립성이라는 가상을 유지할 수 없게 된다는 것이지요. 국가는 시민사회의 요구에 직접적으로 응답할 수밖에 없으며, 그런 한에서 사회적 갈등의 축은 이제 국가와 시민사회 사이의 관계로 전환됩니다. 시민사회 공론장Öffentlichkeit의 역할을 강조하는 토의 민주주의 모델에 관심이 집중되는 근본적 동기 역시 이러한 상황 속에서 이제 사회 개혁의 주체는 더 이상 특정한 계급이 아니라 경제적인 압박에서 자유로운 시민들이라는 인식으로부터 주어진 것입니다.

하버마스는 복지국가의 등장에 대해 이중적 태도를 취합니다.

먼저 복지국가의 출현이 계급 불평등의 완화에 기여하고, 나아가 사회권 보장을 통해 자유권 및 참정권의 실질화에도 기여했다는 점에서 그는 복지국가의 출현에 긍정적 입장을 취합니다. 그러나 그는 복지국가의 등장과 확대는 생활세계의 영역에 대한 침해를 가져오는 측면이 있다는 사실에도 주목합니다. 복지국가의 확대가 수혜자들의 자율성에 손상을 가져오고, 의사소통 행위를 통해 유지되는 생활 영역들의 고유 논리를 침해하는 결과를 초래한다는 것입니다.

하버마스는 복지국가의 출현을 통해 계급 갈등이 제도화되고 있다고 진단하고 있을 뿐 아니라, 앞서 살펴본 바와 같이 현실 사회주의는 자본주의 시장 질서가 가지는 효율성을 부정하고 권력이라는 매체의 성격을 올바로 포착하지 못함으로써 비민주주의적 독재로 귀결됐다고 주장하기도 합니다. 때문에 그는 사회주의적 계급 혁명의 가능성을 부정하고, 민주주의의 급진화를 자신의 대안으로 제시합니다. 문제는 체계 논리가 생활세계를 침식함으로써 발생하는 사회적 병리 현상들을 해소하는 것이며, 이는 민주주의의 활성화를 통해서만 가능하다는 것이죠. 이런 점에서 하버마스의 토의 민주주의론은 민주주의의 심화를 통해 생활세계 식민화를 극복하고 생활세계와 체계 사이의 균형을 회복하려는 기획이라고 정의할 수 있습니다.

하버마스의 토의 민주주의론은 법에 대한 그의 탐구와 밀접한 연관이 있습니다. 그의 정치 이론에서 법의 문제가 논의의 중심이 되는 이유는 무엇보다도 생활세계가 체계의 간섭, 침투를 제어할 수 있는 유일한 통로, 언어가 바로 법이기 때문이죠. 하버마스에게 법은 체계를 제어하는 특수한 기능 체계인 동시에, 규범적 정당성의 원천이기도 합니다. 법은 민주적 입법 과정을 통해서 정당화 과정과의 연관성을 유지하는 동시에, 경제 체계나 행정 체계와의 기능적 소통 가능성을 확보하고 있다는 것입니다. 그렇기 때문에 이제 법은 체계와 생활세계 전반을 관통하는 사회 통합의 중심 매체로 등장합니다.

이러한 법의 이중성에 기초하여 민주적 절차에 입각한 의사소통적 권력이 행정 권력으로 전환될 수 있을 때에만 체계의 논리에 대한 실질적 영향력을 행사하는 것도 가능합니다. 화폐나 권력과 같은 매체들은 법적 제도화를 그것이 기능하기 위한 기초로 삼고 있으며, 오직 법적 언어를 통해서만 제어될 수 있습니다. 생활세계의 요구는 법적 언어로 번역될 때 비로소 체계의 질서와 소통할 수 있지요.

토의 민주주의는 시민사회 공론장에서 진행되는 다양한 토의들을 기초로 하는 입법부의 심의 및 그 결과인 입법 행위를 통해 국민 주권의 이념을 실현하고, 이를 통해 체계 논리에 의한 생활세계의 침식을 제어하려는 기획이라고 간략히 말할 수 있을 것입니다. 그런데 여기서 우리는 공론장의 요구와 소통하는 입법 행위를 통해 출현하는 의사소통 권력이 체계가 산출하는 부작용을 제어할 뿐, 결코 체계 질서 자체를 대체하지 않는다는 점을 기억해야 합니다. 앞에서도 강조했듯이, 하버마스는 생활세계의 논리에 의해 체계 논리를 대체하는 것에 반대합니다. 그뿐 아니라 그는 입법부를 중심으로 사회를 하나의 단일한 통일체로 파악하는 것에 대해서도 반대합니다. 분화된 현대사회에서 더 이상 전체를 총괄하고 지배하는 중심은 존재하지 않는다는 것입니다. 입법 행위를 중심으로 하는 정치가 기능면에서 모든 사회적인 문제들에 대해 관여하더라도, 복잡한 기능 체계들의 분화를 통해 성립하는 현대 사회에서 더 이상 입법부나 정치가 전체를 지휘하는 중심으로 표상되어서는 안 된다는 것입니다.

하버마스의 토의 민주주의는 이중적인 정치라고 할 수 있습니다. 이때 이중성이란 토의 공간의 이중성, 민주주의가 구현되는 장소의 이중성을 말합니다. 공론장과 의회의 관계를 중심으로, 우리는 이 이중성을 이해할 수 있을 것입니다. 공론장과 의회는 상이한 토의 공간이며, 동시에 민주주의가 구현되는 장소들입니다. 물론 이 양자는 결코 무관한 것이 아닙니다. 토의 민주주의는 시민사회의 요구가 집약되어 입법 과정에 실질적인 영향력을 행사할 것을 요구하기 때문입니다.

공론장은 시민사회 내부에서 작동하는 의사소통의 망(네트워크)이라고 할 수 있습니다. 여기서 시민사회는 자본주의적 경제 체계나 국가 영역으로부터 자율성을 가지는 사회 공간을 의미합니다. 시민사회 공론의 형태는 언론, 텔레비전의 공론, 문학적 공론, 정치적 공론, 학술적 공론 등 매우 다양합니다. 그리고 다양한 형태로 존재하는 공론들은 생활세계의 문제와 훼손들에 대해 민감하고도 신속하게 반응합니다. 그리고 이러한 문제 제기들은 자유로운 의사소통의 망 속에서 하나의 주제나 문제 제기로 집중되고, 이를 통해 사회적 이슈가 형성됩니다. 그러나 이러한 공론장은 다른 한편으로 무질서하며 또 외부적 조작에 쉽게 노출된다는 단점 역시 있습니다.

때문에 이러한 공론장에서 진행되는 의사소통만으로 모든 문제가 해결될 수는 없습니다. 공론장이 다양한 문제를 제기하기는 하지만, 스스로 그러한 문제의 해결책을 확정할 수는 없기 때문입니다. 분산된 공론장이 생활세계의 문제들을 예민하게 감지하고 그 요구를 입법부에 집약적으로 전달할 수는 있지만, 분산된 공론장의 요구가 입법의 최종적 정당화의 공간이 될 수는 없습니다. 그렇기 때문에 공론장은 그것을 보완하는 제도로서 국민 주권을 대변하는 입법부의 존재가 필요합니다. 경제나 행정 체계에 직접적으로 영향을 미칠 수 있는 것은 의회의 적법한 절차에 따른 입법 활동이 행정 권력을 통해 구체적으로 실행됨으로써 비로소 가능할 수 있습니다.

결국 하버마스가 말하는 토의 민주주의는 활성화되고 성숙된 시민사회의 공론과 제도화된 의회의 상호작용을 통해서 발전되는 민주주의를 지향합니다. 민주주의가 선거 기간 중에 단 한 번만 주권을 행사하는 형식적인 민주주의로 전락하지 않기 위해서, 그리고 시민들의 생동하는 요구가 정치적 이슈가 되고, 또 시민들이 자발적으로 그러한 요구를 제기하기 위해서 토의 민주주의라는 개념이 제기되는 것입니다. 이렇게 민주주의가 활성화될 때 체계 논리에 의한 생활세계 식민화의 제어도 비로소 가능할 것입니다.

새로운 도약을 위하여

생활세계 식민화 테제로 대표되는 하버마스의 시대 진단은 프랑크푸르트학파 1세대 비판 이론의 비관주의적 시대 진단이 지닌 한계들을 극복하고, 새로운 사회운동의 등장을 이론적으로 해명할 수 있는 준거 틀을 제공하는 등 비판 이론 발전에 중요한 기여를 한 것으로 평가할 수 있습니다.

먼저, 하버마스는 사회 통합과 진화를 생활세계와 체계라는 두 차원에서 동시에 파악함으로써 근대화 과정을 도구적 질서의 전면화 과정으로만 파악하는 일면화된 시대 진단 방식을 극복할 수 있는 기초를 제공하였습니다. 근대적 합리화 과정을 도구적 질서의 전면화 과정으로만 규정할 경우, 우리는 생활세계의 합리화 과정을 올바로 포착할 수 없습니다. 생활세계의 합리화 과정은 전통에 대한 성찰적 태도를 통해 자유의 영역을 확대할 여지를 제공하며, 특히 민주적 법치국가의 발전을 가능하게 한다는 점에서 중요한 긍정적 의의를 가지고 있습니다. 이와 같이 이층위적 사회관은 근대화 과정의 복합적 측면을 균형 있게 해명할 수 있는 길을 제시함으로써 《계몽의 변증법》으로 대표되는 비관주의적이고 일면적인 시대 진단 방식의 딜레마를 극복할 수 있는 가능성을 제시했다는 점에서 중요한 기여를 했다고 평가할 수 있을 것입니다.

둘째, 생활세계 식민화 테제는 개입주의 국가의 출현과 복지국가의 등장으로 특징지을 수 있는 후기 자본주의 사회의 현실을 고려하면서 삶의 질을 둘러싸고 전개되는 새로운 사회운동의 출현 과정과 그 실천적 의의를 해명했습니다. 나아가서 그의 토의민주주의론은 1989년 사회주의 몰락과 더불어 집중적인 관심의 대상이 되었던 시민사회론을 선구적으로 제시하고, 이에 기초하여 민주주의 심화를 모색하고 있다는 점에서 그의 정치적 대안 모색

작업 역시 중요한 의의를 갖는다고 평가할 수 있을 것입니다. 삶의 질을 중심 이슈로 삼는 새로운 사회운동의 출현을 생활세계의 저항으로 해석하고, 이를 토의 민주주의론의 중요한 계기로 수용함으로써 그는 민주주의 심화의 실천적 동력을 확보하는 데에도 중요한 기여를 한 것으로 평가할 수 있을 것입니다.

그러나 이러한 기여들에도 불구하고, 그의 시대 진단 방식은 생활세계 내부의 문제들을 간과하고 체계 내부 기제로 인해 발생하는 문제들을 무시하고 있다는 점에서 오늘날의 관점에서 볼 때 큰 한계가 있는 것으로 보입니다.

먼저, 그의 생활세계 식민화 테제는 사회 갈등 일반을 체계 논리의 침식에서 발생하는 문제로 환원하고 있다는 점에서 문제가 될 수 있습니다. 현대사회 갈등 일반의 원인을 체계 논리, 돈과 권력의 효율성 논리의 침식으로만 진단하는 방식은 다양한 사회 영역에서 발생하는 고유한 갈등을 무시하는 결과를 초래하기 때문입니다.

생활세계 식민화 테제가 체계 논리의 침식으로 인한 사회 갈등들, 예를 들어 교육 부문의 산업화, 행정 권력에 의한 사생활권의 침해 등의 문제를 명확하게 해명하고 있다는 점을 부정할 수는 없을 것입니다. 그러나 이러한 진단만으로는 상이한 차원에서 발생하는 사회 갈등과 인정투쟁의 고유한 구조들을 해명할 수 없습니다. 예를 들어 이주자의 인정투쟁, 소수 문화 집단의 인정투쟁, 동성애자의 인정투쟁 등은 단지 효율성 논리의 침투에 대한 거부가 아니라, 생활세계 내부에 존재하는 배제와 무시에 대한 거부와 저항이라는 틀 속에서만 적합하게 접근되고 해명될 수 있을 것입니다. 소수자 정체성의 인정을 둘러싼 갈등이 현재 전 세계적인 차원에서 정치적 동원의 핵심 요인이 되는 상황을 고려할 때, 우리는 이러한 문제에 각별히 주의를 기울일 필요가 있을 것입니다.

또한 체계 이론의 수용과 식민화 효과에 대한 생활세계의 저항이라는 수세적守勢的 구도는 체계 내부에서 발생하는 문제들을 방치하는 결과를 초래합니다. 하버마스는 체계 이론이 제시하는 화폐를 매체로 한 자율적 시장 경제라는 개념을 수용함으로써 생활세계의 논리를 통한 체계 논리의 제어 혹은 개입에 대해 매우 제한적인 견해를 제출하고 있습니다. 물론 이러한 그의 입장은 기능적으로 분화된 복잡 사회라는 조건에서 생활세계의 논리를 통한 체계의 지배는 과거 사회주의의 역사가 보여준 바와 같이 사회의 물질적 재생산의 효율성을 저하시키는 결과를 초래할 것이라는 우려를 담고 있다고 보입니다.

그럼에도 불구하고 그가 시장에 대한 개입 가능성을 과도하게 축소시키고 있기 때문에 그의 시대 진단은 체계가 발생시키는 문제들에 대한 분석과 접근에 장애를 초래합니다. 이러한 한계를 극복하기 위해서는 시장 경제 질서 구축과 제어에 관한 정치적 영향력 일반을 적절히 평가할 수 있는 대안적 이론 틀이 모색되어야만 할 것입니다. 특히 현재 신자유주의적 시장화가 복지국가의 위기와 양극화 현상, 안정적 일자리의 감소 등 심각한 사회문제들을 야기하고 있다는 점을 고려할 때, 이러한 대안 모색은 실천적으로도 매우 중요한 의의를 갖는다고 할 수 있을 것입니다. 하버마스의 생활세계 식민화 테제가 도출된 것이 복지국가의 틀이 유지되던 1980년대 초라는 점을 고려한다면, 국민국가 단위의 정책

결정권의 약화를 유발하는 신자유주의적 세계화가 진행되고 있는 오늘날의 상황 속에서도 이러한 시대 진단이 적절할 수 있는 것인지 여부가 다시 한번 검토되어야만 할 것입니다.

민주화 이후 시민사회운동의 급속한 진전 과정 속에서 하버마스의 시대 진단 방식은 한국 사회의 현실을 해명하는 데에도 중요한 영향을 미쳐왔다고 할 수 있습니다. 그러나 오늘 우리 사회는 지구화 과정으로 인한 사회적 양극화의 심화와 새로운 사회적 소수자들의 출현이라는 새로운 도전에 직면하고 있습니다. 이러한 우리의 실천적 과제들을 중심으로 하버마스의 시대 진단이 발전적으로 재구성될 수 있을 때, 그의 이론은 우리의 현실 속에서도 새로운 생명력을 발휘할 수 있게 될 것입니다.

•••

더 읽어보면
좋은 책

하버마스의 주저 두 권인 《의사소통 행위 이론》과 《사실성과 타당성》은 물론이고 그 외에도 많은 저작들이 이미 국내에 번역되어 있다. 그러나 초심자들에게는 직접적인 접근이 쉽지 않은 만큼 세 권의 하버마스 입문서를 추천하고자 한다.

발터 레제-쉐퍼, 선우현 옮김, 《하버마스》, 거름, 1998.

이 책은 하버마스 본인이 자신의 사상에 대한 입문서로 추천할 만큼 그의 사상을 정확히 소개하고 있다. 여기서 저자는 1980년대 이후 하버마스 사상의 궤적 전반을 폭넓게 추적한다. 8장으로 구성된 이 책은 우선 그의 이론 체계를 구성하고 있는 진리론, 의사소통 행위 이론, 담론 윤리학 등 핵심 요소들을 소개한다. 이어서 포스트모더니즘 논쟁을 다룬 후, 그의 이론이 형성된 정치적 맥락과 함의들을 설명한다. 그리고 나머지 부분에서는 하버마스가 생각하는 오늘날 철학의 의미와 위상은 무엇인가를 설명한다.

애리 브랜트, 김원식 옮김, 《이성의 힘》, 동과서, 2000.

이 책은 하버마스의 의사소통 행위 이론에 대한 초보적인 입문서라고 할 수 있다. 교육적 목적이라는 저술 취지에 맞추어 구체적인 사례들과 친절한 설명을 제시하고 있기 때문에 의사소통 행위 이론의 전모를 손쉽게 이해하는 데에 도움을 줄 수 있을 것이다. 1부

●●●

에서는 이론의 개요를 풀어서 설명하고, 2부에서는 선행하는 이론 가들에 대한 하버마스의 평가와 입장을 요약한다. 마지막 장에서는 하버마스의 논의와 관련된 다양한 논쟁점들은 무엇인지를 확인할 수 있다.

존 시톤, 김원식 옮김, 《하버마스와 현대사회》, 동과서, 2007.

이 책은 하버마스의 사회 이론과 정치 이론 전반을 21세기의 사회적 현실에 비추어 체계적으로 소개하고 있다. 이를 통해 하버마스의 사회 이론이 어떠한 정치적 상황과 문제의식 속에서 발생하였는지를 확인할 수 있을 것이다. 뿐만 아니라 이 책은 지구화 과정이 수반하고 있는 복지국가의 후퇴 및 사회적 양극화를 염두에 두면서 하버마스의 시대진단 및 정치적 대안이 가지는 근본적 한계에 대해 비판적으로 검토하고 있기도 하다. 하버마스의 생활세계 식민화론이 오늘날 심화되고 있는 사회적 불평등 문제를 과연 포괄할 수 있을지, 그의 토의 민주주의 기획이 이러한 상황에 대처할 수 있는 능력이 있는지를 검토하는 것은 오늘 우리 사회의 현실을 반성하는 데에도 좋은 기회를 제공할 수 있을 것이다.

악셀 호네트의
인정 이론과
병리적 사회비판

—

문성훈

악셀 호네트
Axel Honneth(1949~)

악셀 호네트는 1949년 독일 에센Essen에서 출생한 사회철학자이자 윤리학자로서, 흔히 '비판 이론'으로 알려져 있는 프랑크푸르트학파의 3세대 대표자이다. 호르크하이머와 아도르노를 1세대로 보고, 하버마스를 2세대로 본다면 프랑크푸르트학파는 호네트에 이르러 3세대를 맞고 있다. 그는 현재 프랑크푸르트 대학 철학과 교수로 재직하고 있으며, 프랑크푸르트학파 산실인 '사회연구소' 소장직을 맡고 있다.

호네트의 대표작으로는 그의 교수자격 논문인《인정투쟁》을 비롯하여,《권력 비판》,《찢겨진 사회적 세계》,《정의의 타자》,《비결정성의 고통》,《비가시성》,《물화》,《분배인가 인정인가?》,《이성의 병리 현상》,《우리 안의 자아》,《자유의 권리》등이 있다. 호네트가 이런 다양한 저작들을 통해 평생 동안 몰두했던 주제가 있다면, 그것은 다름 아닌 인간이 아무런 훼손 없이 성공적 자아실현에 이를 수 있는 사회적 조건이다. '무시'에 반대되는 '인정'이란 바로 이러한 조건을 총칭하는 개념으로서 이 때문에 흔히 호네트의 이론을 '인정 이론'으로 규정한다.

이 글은《프랑크푸르트학파의 테제들》(연구모임 사회 비판과 대안 지음, 사월의책, 2012)에 실린 필자의〈악셀 호네트: 병리적 사회 극복을 위한 인정투쟁〉을 부분적으로 수정한 것이다. 이 글을 본 저서에 싣는 것을 허락해준 출판사 관계자들에게 감사한다.

프랑크푸르트학파의 패러다임 전환

악셀 호네트의 핵심 사상인 '인정 이론'을 이해하기 위해서는 무엇보다도 그가 어떤 지적 전통에 서 있는가를 이해해야 합니다. 호네트의 이론은 사실 자신의 이론적 뿌리가 되는 지적 전통을 계승하면서도 이를 넘어서려는 시도에서 비롯된 것이기 때문입니다. 흔히 사람들은 호네트와 하버마스를 연결시킵니다. 호네트는 하버마스의 조교였고, 그의 지도하에서 교수자격 논문을 제출했지요. 그리고 그로부터 프랑크푸르트대학교 철학과 교수직을 물려받았기 때문입니다. 이런 점에서 하버마스는 호네트의 사상적 스승이라고 할 수 있습니다. 실제로 호네트는 하버마스와의 관계를 이렇게 표현합니다. 즉 그는 "아버지의 그늘에서 성장한, 그러나 자립적 사고를 감행한 그의 아들"이라는 것입니다.(문성훈, 〈악셀 호네트와의 대담: 현대 비판의 세 가지 모델〉, 연구모임 사회비판과대안 엮음,《프랑크푸르트학파의 테제들》, 사월의책, 2012, 271~294쪽) 하지만 호네트의 사상적 배경을 이루는 지적 전통이 단지 하버마스를 말하는 것만은 아닙니다. 왜냐하면 하버마스의 사상 또한 오늘날 '비판 이론'으로 지칭되는 프랑크푸르트학파의 사회비판 이론 전통에 서 있기 때문입니다. 이런 점에서 호네트의 지적 전통은 프랑크푸르트학파라는 거대한 사상적 흐름 속에 있습니다.

그렇다면 프랑크푸르트학파는 어떤 학파이며, 또한 이 학파를 구성했던 사상들은 누구일까요? 흔히 프랑크푸르트학파는 1930년대부터 독일 프랑크푸르트 소재 사회연구소Institut für Sozialforschung에서 호르크하이머를 중심으로 공동 연구를 추진했던 일단의 연구자들을 지칭합니다. 그리고 프랑크푸르트학파는 이들의 지적 전통과 문제의식을 계승한 후속 세대들이 등장하면서 오늘에 이르기까지 근 80여 년을 이어오고 있지요. 프랑크푸르트학파가 그동안 배출한 학자들을 열거한다면 막스 호르크하이머Max Horkheimer(1895~1973), 프리드리히 폴록Friedrich Pollock(1894~1970), 레오 뢰벤탈Leo Löwenthal(1900~1993), 발터 벤야민, 테오도르 아도르노, 에리히 프롬Erich Pinchas Fromm(1900~1980), 헤르베르트 마르쿠제Herbert Marcuse(1898~1979), 프란츠 노이만F.L.Neumann(1900~1954), 오토 키르히하이머O.Kirchheimer(1905~1965), 위르겐 하버마스, 루드비히 폰 프리데부르크Ludwig von Friedeburg(1924~2010), 헬무트 뒤비엘Helmut Dubiel(1946~), 악셀 호네트 등 현대의 철학, 사회학, 심리학, 법학, 문화 이론과 미학에 이르기까지 광범위한 영향을 끼친 기라성 같은 사람들을 들 수 있습니다.

호르크하이머가 추진한 공동 연구란 철학 주도의 학제 간 연구로서 현존 사회에 대한 다양한 경험적 연구를 시도하고, 이를 철학적 성찰을 통해 통합하는 것이었습니다. 그러나 보다 근본적으로 말한다면 프랑크푸르트학파의 학제 간 연구는 현존 사회를 비판하고 대안적 사회를 모색한다는 연구 주도 이념을 따르고 있었기 때문에 이는 사회비판 이론이자 사회변혁 이론을 규범적 이상으로 삼았다고 할 수 있습니다. 그러나 지금까지 프랑크푸르트학파가 어떤 단일한 사회비판 모델이나 대안적 사회상을 제시했던 것은 아닙니다. 프랑크푸르트학파는 세대가 변화함에 따라, 그리고 이들의 시대 경험이 변화함에 따라 다양한 사회비판 모델과 대안적 사회상을 제시해왔으니까요. 다시 말해 프랑크푸르트학파는 시대 변화에 따라 일종의 패러다임 전환을 겪어 왔다고 할 수 있습니다.

저는 이 패러다임 전환을 3단계로 이해합니다.(문성훈, 〈이성 실현에서 이성 비판으로: 프랑크푸르트학파의 사회철학〉, 《현대철학의 모험》, 도서출판 길 2007, 431~464쪽) 첫째, 프랑크푸르트학파 1세대는 《계몽의 변증법》을 통해 첫 번째 패러다임 전환을 겪습니다. 1930년대 호르크하이머 주도하에 학제 간 연구를 처음 시작할 때 프랑크푸르트학파가 목표로 삼았던 것은 생산, 개성, 문화라는 세 가지 사회 구성 영역에서 일어나는 시대적 변화를 추적하면서 사회적 억압을 비판하고 대안적 사회상을 모색하는 것이었습니다. 그리고 프랑크푸르트학파가 이러한 목표를 달성하기 위해 구체적으로 추진했던 것은 당시 독점 자본주의의 등장에 대한 정치경제학적 연구, 개인의 복종적 성격에 대한 사회심리학적 연구, 그리고 이데올로기적 대중문화 확산에 대한 문화 이론적 연구였습니다. 당시 이 모든 연구를 포괄할 수 있는 거대 이론이자, 사회비판과 대안적 사회상 제시를 가능하게 했던 것은 다름 아닌 맑스주의였습니다. 이런 점에서 프랑크푸르트학파를 흔히 '서구 맑스주의'로 분류하곤 하지요.

그러나 프랑크푸르트학파는 히틀러 치하의 독일을 떠나 미국으로 망명하면서 패러다임 전환을 겪습니다. 여기서 결정적 영향을 끼친 것은 바로 세 가지 경험입니다. 프랑크푸르트학파는 미국에 체류하면서 인간을 기계 부품처럼 취급하는 독점 자본주의 체제의 비인간적 속성을 경험했고, 당시 전체주의로 변질된 소련의 스탈린체제는 사회주의라는 대안적 사회에 대한 희망을 절망으로

바꾸어버렸습니다. 그리고 이들의 고국 독일에서 자행되는 나치즘
의 가공할 폭력 앞에서 프랑크푸르트학파는 인류의 문명화 과정
자체에 대해 근본적으로 회의하지 않을 수 없었습니다. 그 결과가
바로 호르크하이머와 아도르노의 공동 저작인 《계몽의 변증법》입
니다. 이 책에서 이들은 더 이상 생산력 발전에 따른 생산관계 변
화라는 맑스주의 역사유물론을 따르지 않습니다. 왜냐하면 이제
이들은 도구적 합리성이라는 새로운 틀에 따라 인류의 역사를 분
석하기 때문이죠.

이에 따르면 인류의 역사는 인간이 자기보존이라는 지상 목표
를 달성하기 위해 신화와 주술에서 벗어나 자연을 법칙적으로 인
식하고 지배하며, 또한 이를 위해 자신과 사회 역시 합리화하는
'계몽'의 과정입니다. 그리고 이런 계몽의 과정은 현대사회에 이르
러 최고 정점에 이릅니다. 그러나 현대사회에서 인간은 어떻게 살
고 있습니까? 인간은 과연 고도로 발전된 사회에서 지고의 행복
을 누리고 있을까요? 프랑크푸르트학파에게 비친 현대사회란 '계
몽의 역설'이 극대화된 사회입니다. 인간이 자기보존을 위해 자연
을 지배하고 조작하기 시작했지만, 그 결과는 사회가 인간을 죽어
있는 물건처럼 취급하고, 인간 자신 역시 사회가 부여한 역할을
수행하기 위해 자기 자신을 지배하고 조작하는 '새로운 야만' 사
회라는 것이지요.

찰리 채플린의 영화 〈모던 타임스Modern Times〉(1936)는 이러한
야만 사회의 실상을 적나라하게 보여줍니다. 노동자들은 쉴 새 없
이 움직이는 컨베이어벨트 앞에서 나사 조이기 같은 단순 작업에
몰두합니다. 이 순간 이들은 피와 살도, 사고나 감정도 없는 단지

하나의 기계일 뿐입니다. 하지만 과연 인간이 기계처럼 행동할 수 있을까요? 이는 자신에 대한 엄청난 통제이자 억압을 필요로 합니다. 그러나 이것 또한 인간이 감당할 수 있을까요? 인간이 기계처럼 행동한다는 것은 온전한 정신으론 불가능합니다. 노동자들이 정신적으로 병들고 피폐해집니다. 그리고 그 결과는 무엇일까요? 최소한 물질적 풍요나마 즐길 수 있었을까요? 〈모던 타임스〉가 보여주는 것은 실업과 빈곤과 절망입니다.

그렇다면 이런 계몽의 역설은 어떻게 극복될 수 있을까요? 아이러니하게도《계몽의 변증법》은 계몽의 역설을 폭로하고 비판하지만, 그 대안을 제시하지 못합니다. 아니 더 나아가《계몽의 변증법》은 비관주의로 흐르기도 합니다. 호르크하이머는 "비록 민주주의가 융성한 서구에서 혁명이 일어난다 하더라도 (…) 오히려 총체적 통제관리 사회로의 진행이 더 빨리 이루어졌을 것이다. 이는 사회 자체에 본래부터 잠재된 것"이라고 고백합니다.(M. Horkheimer, Verwaltete Welt, Gespräche mit Otmar Hersche, 1970, GS Bd. 7, p. 379) 왜냐하면 그는 사회가 존재하는 한 사회의 기능적 요구를 충족하기 위해 사회구성원에 대한 통제가 불가피하다고 생각하기 때문입니다. 하지만 사회를 떠나서 살 수는 없습니다. 인간은 개별적으로 대자연의 힘과 맞서 싸워야 하기 때문이죠. 이렇게《계몽의 변증법》이 보여준 대안 제시 없는 현대사회비판은 바로 프랑크푸르트학파의 두 번째 패러다임의 전환이 일어나는 계기가 됩니다.

프랑크푸르트학파 2세대를 대표하는 하버마스의《의사소통 행위 이론》은 1세대의 문제의식을 이어받으면서도 그 한계를 극복하려 합니다. 하버마스에 따르면 현대사회는 단지 고도로 합리화된 사회일 뿐만 아니라, 일면적으로 합리화된 사회입니다. 왜냐하면 현대화는 도구적 합리성이 점차 확장되면서 동시에 의사소통적 합리성이 잠식되는 과정입니다. 그런데 이렇게 하버마스는 도구적 합리성과 의사소통적 합리성이라는 두 가지 형태의 합리성 개념을 전제함으로써 계몽의 역설을 '생활세계의 식민화' 과정으로 재구성합니다. 하버마스에 따르면 사회란 체제와 생활세계의 차원으로 구별될 수 있고, 역사적으로 볼 때 이 두 차원은 서로 혼융되어 있다가 각기 도구적 합리성과 의사소통적 합리성에 따라 자립화 과정을 밟습니다. 생활세계의 식민화란 이런 과정이 왜곡되면서 자립화된 체제의 메커니즘이 생활세계로 침투함으로써 생활세계의 합리성을 파괴하고, 의사소통적으로 통합된 생활세계가 도구적 합리성에 따라 기능적으로 통합된 체계에 복속되는 과정을 말합니다.

이렇게 계몽의 역설을 생활세계의 식민화로 해석한다면 《계몽의 변증법》이 남긴 한계를 극복할 수 있습니다. 왜냐하면 이제 도구적 합리성이 야기한 현대사회의 야만적 모습은 극복 불가능한 것이 아니라, 바로 의사소통적 합리성의 활성화를 통해 극복될 수 있기 때문입니다. 다시 말해 의사소통적 합리성이 도구적 합리성에 대한 대안이라는 것입니다. 도구적 합리성은 목적 달성을 위해 모든 것을 수단화하는 태도를 지닌다는 점에서 나와 세계는 주체와 객체의 관계가 됩니다. 따라서 세계는 이제 주체의 조작과 지배의 대상이 됩니다. 이와 달리 의사소통적 합리성이란 공동의 행위를 결정하기 위해 타인과 언어적으로 의사소통하며, 보다 나은 논증을 통해 합의를 도출하려는 태도를 말합니다. 여기서 타인은 나에게 객체가 아니라 또 다른 주체로 등장합니다. 이런 점에서 의사소통적 합리성은 주체와 주체의 관계를 전제합니다. 하버마스는 바로 이런 의사소통적 합리성의 활성화를 대안적 사회의 비전으로 제시하려고 하고요.

그런데 과연 사회변혁이 이처럼 고도의 논증 능력을 통해 추동되는 것일까요? 과연 얼마나 많은 사람들이 고도의 논증을 통해 자신의 의사를 표현할 수 있고, 또한 이를 통한 의사소통의 장에 참여할 수 있을까요? 사실 하버마스가 의사소통적 합리성을 통해 《계몽의 변증법》의 한계를 극복할 수 있는 길을 열어놓았지만, 이는 사회변혁을 추동하는 실제적 동력을 설정하는 데 근본적인 문제점을 안고 있습니다. 생활세계 식민화 테제는 생활세계가 체제에 의한 왜곡을 넘어 자기 합리화 과정을 밟게 된다는 거시적 의미의 사회진화론을 전제합니다. 그러나 이러한 과정에서 하버마스가 문제 삼는 것은 의사소통적 합리성의 훼손일 뿐, 이러한 훼손을 통해 사회구성원들이 과연 어떤 사회적 불의를 경험하고, 왜 이것이 사회변혁을 위한 저항으로 이어지는지에 대해서는 전혀 문제 삼지 않습니다. 이런 점에서 하버마스는 사회구성원들이 현대사회에서 느끼는 울분과 저항을 파악하면서 이를 사회변혁의 차원과 연결시킬 수 없었습니다.

이런 점 때문에 프랑크푸르트학파는 세 번째 패러다임 전환을 맞게 됩니다. 프랑크푸르트학파 3세대의 대표자로 일컬어지는 호네트의 '인정 이론'이 바로 그것입니다. 호네트는 도구적 합리성을 통한 의사소통적 합리성의 잠식이라는 고차원적 비판의식이 아니

악셀 호네트

345

라, '인정'과 '무시' 개념을 통해 사회적으로 억압받고 차별받는 사람들의 사회적 불의에 대한 울분을 사회적 저항과 연결시키려고 합니다. 그리고 이를 통해 호네트는 사회변혁의 추동력을 설명할 뿐만 아니라, 현대사회를 비판할 수 있는 규범적 토대를 마련하고, 더 나아가 대안적 사회의 방향을 제시하지요. 호네트가 이 두 개념에 몰두하게 된 근본적인 이유는 개인의 자아실현을 위한 사회적 조건을 밝히려는 인식 주도적 관심 때문입니다. 호네트에 따르면 바로 인정이 개인의 자아실현을 가능하게 하는 사회적 조건이며, 그 반대로 무시란 개인의 자아실현을 불가능하게 할 뿐만 아니라, 새로운 인정관계 형성을 위한 투쟁의 계기가 됩니다. 그리고 사회의 발전은 바로 인정관계가 그 포섭 내용과 범위를 확대하면서 이루어집니다. 이것이 호네트의 핵심 주장입니다. 과연 그는 어떤 근거에서 이런 주장에 도달하게 됐을까요?

인정과 무시의 일상적 의미와 사례

호네트의 인정 이론을 설명하기에 앞서 우선 우리가 일상적으로 겪을 수 있는 사례를 바탕으로 '인정'과 '무시'라는 단어의 의미를 살펴보도록 하겠습니다. 호네트의 인정 이론은 우리들의 일상 경험으로부터 그리 멀리 떨어져 있는 것이 아니기 때문입니다. 호네트가 사용하는 인정이란 단어는 개인이나 집단의 자기의식이나 정체성과 관련하여 상대방을 긍정하는 행동을 말합니다. 그리고 인정이란 단어는 무시라는 반대말과 함께 사용됩니다. 이런 점에서 '남을 인정하라'라는 말은 '남을 무시하지 말라'라는 말과 같은 뜻이지요. 그렇다면 이 두 가지는 구체적으로 무엇을 의미할까요? 우리가 인정과 무시라는 단어와 관련된 다양한 사례를 떠올린다면 이 단어의 의미를 보다 구체적으로 이해할 수 있습니다.

첫 번째 사례는 무시라는 단어의 한자 표현과 관련된 것입니다. 한국어에서 무시는 없을 無(무)에 볼 視(시)자를 씁니다. 즉 무시란 있는 것을 보지 않는 것, 따라서 내 눈앞에 있는 사람을 없는 사람 취급하는 것을 의미합니다. 그렇다면 이와 반대로 무시하지 않는 것, 즉 인정이란 어떤 사람이 바로 내 눈앞에서 현재 존재하고 있음을 인정하는 것입니다. 결혼식장에서의 일입니다. 신랑 신부의 부모가 하객들에게 인사를 합니다. 그러나 만약 나에게만 아무런 인사도 안 하고, 식사 안내도 안 하고, 아무런 답례도 안 한다면 바로 나를 없는 사람 취급하는 것입니다. 아마 이럴 때 우리는 가장 불쾌할 것입니다. '난 당신들 눈에 보이지 않는 모양이지' 하고 거세게 화를 낼 수도 있고, 그 사람들을 다시는 보려고 하지 않을 수도 있습니다. 이런 사례는 인정과 무시가 사람들의 현존성과 관련되어 있음을 말해줍니다.

둘째, 어떤 사람이 싸우면서 목소리 높여 이런 말을 합니다. "없이 산다고 무시하지만, 나도 사람이야!" 이런 말은 비록 차이는 있지만 서로가 다 같은 인간이라는 것, 즉 인간이라는 동등함을 인정하라는 것입니다. 사람들 사이에는 많은 차이가 있습니다. 빈부의 차이가 있을 수 있고, 능력의 차이가 있을 수도 있습니다. 그런데 이런 차이 때문에 사람들은 타인을 차별할 때가 많습니다. 많은 경우 사람들은 자신을 탓하며 이런 차별을 참아냅니다. 그러나 더 이상 참을 수 없는 지점이 있다면 그것은 인간으로서 지니는 최소한의 존엄성마저 부정당할 때일 것입니다. 아무리 서로가 달라도 인간이라는 점은 똑같은데 이마저 상대방의 행동으로부터 확인받을 수 없을 때 우리는 무시 당했다고 느끼기 마련이지요. 이런 사례는 인정과 무시가 인간으로서의 동등성과 관련되어 있음을 말해줍니다.

셋째, 누가 "여자는 집에서 살림이나 해야지!"라고 말했다고 합시다. 이런 말을 들은 사람은 분명 무시 당했다고 생각할 것입니다. 그런데 과연 무엇을 무시 당한 것일까요? 인간으로서의 동등성을 무시 당했을까요? 아니면 현존성 자체를 무시 당했을까요? 이 경우 우리는 개인이나 집단과 관련된 특수성이 폄하되고 있다고 말할 수 있습니다. 다시 말해 여성이라는 특수성이 남성이라는 특수성에 비해 열등한 것으로 평가받고 있다는 것입니다. 그렇다면 그 반대는 무엇일까요? 무시가 아니라 인정이라면 무엇을 인정하라는 것일까요? 이 경우 인정이란 개인이나 집단이 갖는 특수성이 다른 개인이나 집단이 갖는 특수성과 마찬가지로 동등한 가치를 지니고 있음을 인정받는 것입니다.

이렇게 보면 인정과 무시의 의미는 인간의 '현존성', '동등성', 그리고 '특수성'과 관련된 인정과 무시로 좀 더 구체화시킬 수 있습니다. 그러나 우리의 일상 언어에서 인정과 무시라는 단어가 등장하는 것은 이런 경우만이 아닙니다. 현존성, 동등성, 특수성이 아니라, '우월성 인정'과 관련된 사례들도 떠올려 볼 수 있지요. 예를 들어 어떤 사람이, "김 팀장이 그렇게 열심히 일하는 건 다 사장님한테 인정받으려고 그러는 거야!"라고 말했다고 가정해봅시다. 이 말은 김 팀장이 다른 사원보다 더 유능한 사원으로 인정받으려 한다는 것을 말합니다.

물론 사람들은 남보다 우월해지려는 욕구가 있습니다. 우리나라처럼 사람들이 무한 경쟁에 놓여 있는 경우 이런 욕구는 더욱 강해집니다. 그렇지 않으면 경쟁에서 낙오될 수밖에 없기 때문이죠. 그런데 우월성 인정은 엄밀히 말해서 앞의 세 가지 경우와는 다른 사례입니다. 왜냐하면 우월성 인정은 경쟁에서 우위를 차지하려는 것으로서 이는 개인의 활동과 업적에 대한 평가를 말하는 것이지, 사람 자체에 대한 평가는 아니기 때문입니다. 만약 경쟁의 룰이 공정하다면, 이 룰에 따라 1등과 2등이 나누어지는 것 역시 공정한 것입니다. 그리고 이에 따라 보상 역시 차등화될 수 있습니다. 이런 경우 우리가 무시에 대해 이야기할 수 있을까요? 다시 말해 나를 2등으로 평가했다고 해서 나를 무시했다고 말할 수 있을까요? 올림픽 경기에는 금메달도 있고, 은메달, 동메달도 있습니다. 성적이 가장 좋으면 금메달을 따고, 그것보다 못할 때 은메달, 동메달을 따기도 합니다. 이 경우 동메달을 딴 사람이 무시당했다고 말할 수 있을까요? 이런 점에서 공정한 경쟁을 통한 순위 매김과 이에 따른 차등 보상은 인정과 무시의 현상이 아니라고 말할 수 있습니다.

그러나 경쟁이 변질되면 분명 인정과 무시 현상이 됩니다. 이것은 경쟁에서의 순위가 인간 자체의 서열화나 등급화를 가져올 경우를 말합니다. 금메달을 딴 사람은 금메달 인간 취급을 하고, 동메달을 딴 사람은 동메달 인간 취급을 한다면 이것은 개인의 활동이나 업적에 대한 평가가 아니라, 인격 자체에 대한 평가가 됩니다. 우리는 누구나 학업 성적에 따라 등수를 매기는 것을 경험했습니다. 그런데 이 등수가 과연 인격의 차이를 나타내는 것일까요? 그렇지 않습니다. 그러나 현실에서는 성적상의 등수가 인간 자체의 등수처럼 기능합니다. 공부 잘하는 사람은 착하고 고상하고 훌륭한 사람으로 취급합니다. 이에 반해 공부 못하는 사람은 나쁘고 천박하고 저질 인간처럼 취급받기 십상이지요. 만약 우월성 인정이 이런 인간 간의 서열화와 등급화를 전제한다면 우월성 인정은 그 자체가 사람들에 대한 무시를 양산합니다.

또 이런 경우도 있습니다. 사람들은, "너는 왜 남의 말을 인정할 줄 모르냐"는 표현을 쓰기도 합니다. 이 말은 타인의 말이 참일 수 있음, 즉 진리성을 인정하라는 의미입니다. 그러나 이 경우 역시 현존성, 동등성, 특수성에 대한 인정과는 다른 사례입니다. 사람들의 말이나 주장은 그가 누구든 옳고 그름을 따질 수 있습니다. 그리고 타인의 주장이 틀렸다고 비판한다고 해서 그 사람을 무시했다고 할 수는 없습니다. 주장에 대한 비판은 그 주장에 대한 것이지, 주장을 하는 그 사람에 대한 것이 아니기 때문입니다. 따라서 진리성의 인정은 인정 이론에서 주목하는 현상이 아닙니다. 그러나 남의 말을 인정하지 않는 이유가 바로 그 말을 하는 사람 자체를 무시하기 때문이라면, 이는 그 사람의 동등성이나 특수성에 대한 무시일 수 있습니다. 예를 들어 상대방이 나와 마찬가지로 사리판단 능력이 있음을 인정하지 않는다면 그 사람의 말을 들으려 하지도 않고, 설령 듣는다 하더라도 진지하게 생각해보지 않는다는 것입니다.

자아 형성: '주격 나'와 '목적격 나'의 화해

이렇게 인정과 무시의 일상적 의미를 이해한다면 우리는 이미 호네트의 인정 이론을 반쯤은 이해했다고 할 수 있습니다. 호네트의 인정 이론은 인정과 무시의 일상적 의미를 이론적으로 체계화한 것이라고 할 수 있기 때문입니다. 그렇다면 이제 좀 더 이론적으로 나가보겠습니다. 어떤 점에서 인정과 무시가 개인의 자아실현과 관계가 있고, 왜 인정이 자아실현을 가능하게 하는 사회적 조건이 될까요? 이에 대답하기 위해서는 먼저 개인의 자아형성 과정에 대한 이해가 필요합니다. 자아실현이란 말 그대로 자아를 실현하는 것으로서 이는 이미 자아의 형성을 전제한 것이기 때문입니다. 그러나 여기서 말하는 자아란 단지 '나'를 말하는 것이 아닙니다. 자아란 내가 의식하고 있는 자아, 즉 자기의식으로서의 자아이며, 이는 '나는 누구이고, 또 누구이고 싶은가'하는 질문에 대해 나 스스로 대답할 수 있게 하는 나 자신의 자아상을 말합니다. 이런 점에서 자아실현이란 내가 의식적으로 원하고, 희망하는 나의 모습을 실제의 나의 모습으로 만드는 과정입니다.

호네트는 개인의 자기의식 형성 과정을 구체적으로 설명하기 위해 미드 Mead, George Herbert(1863~1931)의 사회심리학적 이론을 도입합니다. 물론 미드는 자기의식이란 철학적 용어뿐만이 아니라 개인의 자아상, 내지 개인의 정체성이란 개념도 사용되지만, 이런 표현들은 사실 자기의식과 동일한 의미를 갖습니다. 왜냐하면 개인의 자기의식이란 자신이 누구인가에 대한 의식으로서 이는 개인이 갖고 있는 자기 자신에 대한 상, 즉 자아상 내지는 개인이

의식하고 있는 자기정체성과 다를 바 없기 때문입니다.

미드에 따르면 개인의 자아는 '목적격 나'와 '주격 나'의 화해를 통해 형성됩니다. 여기서 말하는 목적격 나란 한 개인이 자신에 대해 갖고 있는 타인의 시각을 경험함으로써 얻어 낸 자아상을 말합니다. 즉 어떤 사람이 나를 사랑한다고 할 때, 그 사람은 목적어로 '나를' 지목하고 있으며, 이것이 가능하기 위해서는 그 사람이 나에 대한 상을 가지고 있어야 합니다. 나는 바로 이 사람과 교류하면서 그가 가지고 있는 나에 대한 상을 경험하고, 이를 통해 목적격 나로서의 자아상을 형성합니다. 그러나 바로 이것이 미드가 말하는 목적격 나로서의 자아를 말하는 것은 아닙니다. 미드는 구체적인 타인과 교류하면서 형성된 자아상이 아니라, 한 단계 더 나아가 일반화된 타인의 시각을 통해 형성된 자아상을 목적격 나로 규정합니다. 우리는 성장과정을 거치면서 점차 활동 영역을 확대할 뿐만 아니라 상호교류의 상대자 역시 확대합니다. 즉 부모, 형제에서 이웃 사람, 학교 친구 등 점차 많은 사람과 사귀고, 대화하고, 교류한다는 것입니다. 이를 통해 우리는 상대방이 나를 어떤 사람으로 생각하고 있고, 또한 어떤 사람이기를 기대하고 있는지 경험합니다. 내가 이런 개별적인 생각과 기대를 일반화하면서 여기에 공통된 자아상을 도출해낸다면 이것이 바로 미드가 말하는 목적격 나입니다. 이런 점에서 사실 목적격 나란 사회적으로 요구되는 자아상을 말합니다. 왜냐하면 나와 교류하는 많은 사람들이 나에 대해 공통적으로 가지고 있는 생각이나 기대는 이들이 살고 있는 사회에서 통용되는 일반적 가치관을 따른다고 볼 수 있기 때문입니다.

이에 반해 주격 나란 일반화된 타인의 시각, 즉 목적격 나에 반발하는 또 다른 나의 차원을 말합니다. 단순하게 말해 누가 나를 미워한다면서 나를 어떤 사람으로 규정한다고 해봅시다. 내가 이 자아상을 받아들인다면 주격 나는 등장하지 않습니다. 그러나 내가 이런 규정에 반발하며 나는 그런 사람이 아니라고 말할 때 비로소 주격 나는 그 모습을 드러낸다는 것입니다. 그러나 목적격 나가 구체적인 타인의 시각이 아니라 일반화된 타인의 시각을 통해 형성된 것이 듯이 목적격 나에 반응하는 주격 나 역시 구체적으로 어떤 개인이 아니라, 가능한 모든 상호교류의 상대자에 대해 반발하는 내적 충동의 원천으로 이해됩니다. 이런 점에서 주격 나란 자아에 대한 어떤 뚜렷한 상으로 체험되는 것이 아니라, 타인에 대해 각양각색으로 반발할 수 있는 무한한 가능성의 원천으로 이해할 수 있습니다.

사실 인간의 자아를 이렇게 두 가지 차원으로 나누어 생각한다는 것은 특정한 인간관을 전제한 것입니다. 즉 인간의 자아는 근원적으로 볼 때 그 형태가 정해지지 않은 무한한 가능성이며, 따라서 자아가 현실적으로 존재하기 위해서는 어떤 식으로든 그 형태를 갖추어야 한다는 것이죠. 주격 나란 이렇게 자아가 현실적 형태를 갖기 이전의 상태를 말하며, 목적격 나란 이런 주격 나에 대해 현실적 형태를 부여하려는 사회적 요구라고 할 수 있습니다. 이런 점에서 우리는 주격 나와 목적격 나 사이의 의존과 대립이라는 구조적 관계에 대해 이야기할 수 있습니다. 즉 주격 나는 목적격 나 없이는 현실화할 수 없습니다. 목적격 나는 무한한 가능성으로서의 주격 나에 구체적 형태를 부여하려는 현실적 요구이기 때문입니다. 그러나 주격 나는 또한 목적격 나와 대립할 수밖에 없습니다. 왜냐하면 무한한 가능성이란 현실이 요구하는 구체적 자아 형태로 유한화될 수 없기 때문입니다. 다시 말해 주격 나가 이런 식으로도 저런 식으로도 현실화될 수 있는 가능성의 원천이라면, 이것은 자신을 특정한 형태로 고착하려는 사회적 요구를 억압으로 느끼고 이에 반발할 수밖에 없다는 것입니다.

미드는 이렇게 의존과 대립의 관계에 있는 주격 나와 목적격 나가 비록 완전하고 최종적인 것은 아니지만 서로 화해하는 과정에서 비로소 개인의 진정한 자아상이 형성된다고 봅니다. 우리가 이 과정을 몇 가지로 구분해본다면 이러한 원칙이 적용되는 다양한 자아형성 유형을 구분할 수 있습니다.

첫째는 목적격 나에 대해 주격 나가 긍정적 반응을 보이는 경우입니다. 이 경우 개인의 자아형성은 목적격 나를 자신의 자아상으로 내면화하는 과정이 됩니다. 즉 한 개인은 사회적으로 요구되는, 내지는 기존 사회의 가치관이 요구하는 자아상을 바로 자신으로 생각하고 또 그런 사람이 되려고 한다는 것입니다. 이것이 성공적으로 이루어질 경우 해당 개인은 안정된 자기정체성을 갖게 됩니다. 둘째는 목적격 나에 대해 주격 나가 반발하는 경우입니다. 이때 개인의 자아는 내적 갈등에 빠지게 됩니다. 목적격 나를 내면화할 수도 없고, 그렇다고 이에 반발하는 주격 나가 구체적으로 어떤 자아상을 말하는지도 역시 분명하지 않습니다. 따라서 이 상태가 지속된다면 개인은 자신의 자아를 형성하지 못하고, 정체성의 위기에 빠지게 되지요. 셋째는 주격 나의 반발을 대안적 자아상으로 구체화하는 경우입니다. 다시 말해 목적격 나에 대한 반발로 체험된 주격 나를 성찰하면서 이 반발이 내포하는 정체성 욕구를 표현할 수 있는 새로운 자아상을 만들어낸다는 것입니다. 그러나 이 경우 문제는 이러한 자아상이 사회적으로 요구되는 자아상과 갈등을 일으킨다는 데 있습니다. 만약 이 갈등이 지속된다면 해당 당사자는 이중화된 자아상에 직면하게 됩니다. 자신이 원하는 자아상과 사회가 원하는 자아상이 바로 그것입니다. 과연 이 경우 개인은 성공적인 자아형성에 도달할 수 있을까요? 아마도 가장 일상적인 방법은 사회적으로 요구된 자아상을 자신의 정체성으로 선택하는 것입니다. 왜냐하면 이 경우 해당 개인은 사회와의 갈등을 피할 수 있기 때문입니다. 그러나 이러한 자아정체성은 주격 나의 요구를 구체화한 자신의 새로운 자아상을 희생하는 대가로 얻어집니다. 따라서 이러한 자아형성은 일종의 자기 억압 속에서 사회에 복종하는 것이라 볼 수 있습니다. 그러나 주격 나와 목적격 나의 갈등을 해소할 수 있는 또 다른 가능성은 바로 사회에 저항하는 데 있습니다. 즉 현존 사회에 맞서 주격 나를 주장한다는 것입니다.

개인의 자아형성 과정에 대한 미드의 이론에서 핵심 요소는 바로 사회에 저항하면서도 어떻게 목적격 나와 주격 나의 화해가 이루어질 수 있냐는 점입니다. 미드에 따르면 이것이 가능한 것은 사회에 저항하는 당사자가 미래 사회에서의 인정을 선취함으로써 주격 나와 목적격 나의 갈등을 해소하기 때문입니다. 즉 현존하는 사회에 대해 주격 나를 주장한다는 것은 현존 사회가 요구하는 자아상인 목적격 나와 갈등하는 것이지만, 만약 자신의 새로운 자아상을 인정할 수 있을 정도로 사회적 가치관이 확장된 미래 사

회를 떠올릴 수 있다면 사회에 저항하는 개인은 주격 나와 목적
격 나의 화해를 미리 체험할 수 있다는 것입니다. 이런 점에서 비
록 개인은 현존 사회와 갈등하지만 안정된 자아정체성을 형성할
수 있으며, 오히려 이러한 갈등은 사회적 가치관을 확장시키는 매
개체가 됩니다.

이러한 미드의 이론에서 발견할 수 있는 것은 바로 개인의 자
아형성과 사회적 인정과의 필연적 관계입니다. 왜냐하면 주격 나
의 정체성 요구가 목적격 나와 화해한다는 것은 그것이 현존 사
회에서든 미래 사회에서든 목적격 나가 대변하고 있는 사회적 가
치관을 통해 주격 나의 정체성 요구가 가치 있다고 인정되는 것
과 마찬가지이기 때문입니다. 더구나 무한한 자아정체성의 원천인
주격 나와 사회적으로 요구되는 자아상인 목적격 나가 화해하면
서 자아가 형성된다는 것은 한편으로 개인의 자아란 이미 형성된
것이 아니라, 목적격 나와의 갈등을 통해 비로소 구체화된다는 것
이지만, 다른 한편 이는 비록 자아가 구체화되더라도 목적격 나로
대변되는 사회적 인정이 없는 한 자기억압이나 자기분열에 빠질
수밖에 없음을 말해주기 때문입니다.

그런데 여기에서 유의해야 할 점이 있습니다. 이것은 자아형성
이 일회적으로 완성되는 것은 아니라는 점입니다. 주격 나는 무한
한 자아정체성의 원천입니다. 따라서 목적격 나와 화해한다고 해
도, 이 무한성이 유한성으로 축소될 수는 없습니다. 따라서 새로
운 자아의 욕구가 등장하면 목적격 나와 새로운 갈등이 시작됩니
다. 이런 과정을 겪으면서 개인은 점차 자기 자신에 대한 더 넓은
이해에 도달할 수 있습니다. 아니 다르게 말한다면 자기 자신에

대해 점차 고도화된 이해에 도달할 수 있으며, 이에 상응하여 개인의 자기의식 역시 점차 고도화된다고 말할 수 있습니다.

자아실현의 사회적 조건과 세 가지 인정 유형

호네트는 개인의 자아형성에 대한 미드의 입장을 받아들이면서도 한 단계 더 나아가 왜 사회적 인정이 성공적 자아실현의 조건인가를 밝히고 있습니다. 물론 미드의 입장에서도 우리는 사회적 인정이 성공적 자아실현의 조건이 됨을 추측해낼 수 있습니다. 왜냐하면 개인의 정체성 요구가 사회적으로 인정된다는 것은 이미 그런 정체성에 따른 삶이 사회적으로 보장된다는 것과 다름없기 때문입니다. 따라서 이런 개인은 사회와 아무런 마찰 없이 더구나 사회적 지지하에 자신의 삶을 영위할 수 있을 것입니다. 호네트는 이런 추측을 좀 더 강화하기 위해서 '긍정적 자기의식'이라는 개념을 끌어들입니다. 즉 개인은 사회적 인정을 경험하면서 사회와의 마찰을 피하고, 사회적 지지를 획득합니다. 그리고 더 나아가 해당 개인은 자기 자신을 긍정할 수 있게 되고, 따라서 적극적으로 자신을 실현하게 된다는 것입니다. 이러한 추가적인 설명이 필요한 이유는 이를 토대로 개인의 행복한 삶에 대해서 이야기할 수 있기 때문입니다. 즉 우리가 행복을 한 개인이 느끼는 자신과 자신의 삶에 대한 만족감이라고 이해한다면, 이제 사회적 인정이란 결국 개인이 자기 자신에 대해 긍정적 의식을 갖게 함으로써 행복에 삶에 도달하게 하는 사회적 조건이 되기 때문입니다.

호네트는 인정 경험과 긍정적 자기의식과의 관계를 설명하기 위해 인정 유형을 세 가지로 구분하고, 이에 상응하여 긍정적 자기의식 역시 유형화합니다. 호네트에 따르면 첫째, 인간은 타인과의 관계에서 사랑이라는 인정을 경험하면서 자신감이라는 긍정적 자기의식을 형성합니다. 사랑이 무엇인가에 대해서는 수많은 낭만적 수사가 존재하지만, 이를 단지 감정적 상태가 아니라 인간 간의 상호작용 유형으로 파악한 철학자가 헤겔입니다. 그에 따르면 사랑이란 타인 속에서 나 자신으로 존재함, 역으로 말하면 타인이 내 안에서 그 사람으로 존재하는 관계입니다. 내가 어떤 여성을 사랑한다면 나는 그녀의 아픔을 나의 아픔으로 느낍니다. 왜냐하면 그녀는 분명 나와 다른 존재이지만 바로 내 안에 있기 때문입니다. 그렇다고 내게 느껴지는 아픔이 나의 아픔인 것은 아닙니다. 따라서 나는 내가 아닌 그녀를 위로합니다. 그녀는 내 안에 존재하지만 바로 그녀로서 존재하기 때문입니다. 서로 분리되면서도 하나가 되는 정서적 결속 상태. 그렇기에 상대방의 욕구와 필요를 자신의 욕구와 필요인 양 느끼면서 상대방을 배려하는 관계. 이것이 바로 상호작용 유형으로서의 사랑입니다. 이러한 사랑을 인정의 한 유형으로 규정할 수 있는 것은 바로 여기서 그 상대자들은 서로를 충족가치가 있는 욕구와 필요의 담지자로 인정하고 있기 때문입니다.

호네트는 이러한 사랑의 경험이 해당 당사자에게 가져다주는 심리적 동반현상으로서 자신감이라는 긍정적 자기의식을 말합니다. 즉 타인의 사랑을 경험하면 할수록 당사자는 자신의 욕구와 필요가 충족될 수 있고, 또한 언제든지 보살핌을 받을 수 있다는 믿음을 갖게 되기 때문에 설사 지금 자신을 보살펴 주는 사람이 없다고 해도 강한 자신감하에 행동할 수 있다는 것입니다. 하지만 사랑이라는 인정 경험이 단지 서로 사랑하는 극히 사적인 관계에서만 이루어지는 것은 아닙니다. 예를 들어 절박한 위기에 빠진 사람들에게 도움을 주고 이들을 배려할 수 있는 문화적 풍토뿐만 아니라, 제도적 장치가 마련된 사회가 있다면 이 사회는 그 구성원들로 하여금 자신의 욕구와 필요 충족에 대한 확신을 갖게 하며, 따라서 이들은 욕구와 필요 충족에 대한 아무런 두려움 없이, 따라서 자신감하에서 자신의 삶을 영위할 수 있습니다. 그러나 반대로 만약 어떤 개인이 타인으로부터 도움과 배려가 아닌, 폭력이나 학대를 경험한다고 합시다. 이럴 경우에는 어떤 일이 벌어질까요? 예를 들어 고문을 당한 사람, 성폭력을 당한 사람, 부모에게 학대를 당한 사람, 남편에게 폭력을 당한 사람 들은 자기의 욕구와 필요가 충족될 수 있다는 확신은 둘째 치고 자신의 신체조차 마음대로 움직일 수 없는 극한적 상황을 경험한 것입니다. 대개 이런 사람들이 대인기피 현상을 보일 뿐만 아니라 늘 불안한 심리 상태에 빠지게 되는 이유는 바로 폭력이나 학대 경험이 이들의 긍정적 자기의식, 즉 자신감을 근본적으로 파괴했기 때문입니다. 이런 점에서 사랑이 인정의 표현이라면 폭력은 이에 상응하는 무시의 유형으로 이해할 수 있습니다.

둘째, 인간은 권리부여라는 사회적 인정을 경험하면서 자존심이라는 긍정적 자기의식을 형성합니다. 즉 한 사회의 정상적 구성원들이 향유하는 제도적 권리가 자기 자신에도 부여될 때 해당 개인은 이를 통해 남들과 마찬가지로 자신이 사회로부터 존중되고 있다고 느낄 뿐만 아니라, 이에 대한 심리적 동반 현상으로 자신에 대한 존중의식을 갖게 된다는 것입니다. 사실 동등한 권리가 부여된다는 것은 타인과 마찬가지로 자기 자신도 동등한 존엄성을 갖고 있음을 표현하는 것이며, 또한 이러한 권리를 합리적으로 사용할 수 있는 이성적 능력을 갖춘 존재라는 것을 사회적으로 인정받는다는 의미가 됩니다. 이런 점에서 동등한 권리부여 역시 개인이 겪을 수 있는 인정 형태의 하나로 이해될 수 있으며, 우리가 역으로 권리의 차등을 두는 신분 사회를 떠올려 본다면, 왜 동등한 권리 부여가 개인에게 자기 존중의식을 갖게 하는지 어렵지 않게 알 수 있습니다. 신분 사회에서 신분에 따라 사람을 차별한다는 것은 신분에 따라 향유할 수 있는 권리가 다르기 때문입니다. 따라서 예를 들어 노예나 종의 신분에 있는 사람은 평민이나 양반에 비해 자신이 사회적으로 존중되고 있음을 경험할 수 없으며, 스스로도 자신이 다른 신분과 마찬가지로 존엄성을 갖고 있고 또한 동일한 이성적 능력을 갖고 있는 존재라고 생각하기 어렵습니다. 즉 동등한 권리를 향유할 때 긍정적 자기의식을 갖는다는 것은 역으로 동등한 권리 부여에서 배제될 때 긍정적 자기의식을 갖기 어렵다는 점을 통해 잘 드러날 수 있다는 것입니다.

이는 신분제도가 철폐된 오늘날의 사회에서도 경험할 수 있는 일입니다. 외국인 노동자들은 내국인에 비해 권리에서 차별을 겪습니다. 즉 그들은 내국인이 누리는 권리를 동등하게 향유하지 못한다는 것입니다. 상황이 이런데 이들이 과연 해당 국가에서 자신이 내국인처럼 존중 받고 있다는 생각을 할 수 있을까요? 그리고 이들이 과연 이 나라에서 이러한 권리의 차별을 일상적이고 장기간 겪을 때 자기 자신에 대한 존중의식을 가질 수 있을까요? 우리는 흔히 자존심 상한다는 표현을 자주합니다. 물론 이것의 일상적인 의미는 다양하게 해석될 수 있지만, 많은 경우 그것은 어떤 동등성의 훼손과 관련이 있습니다. 즉 비록 가상적인 경우이지만 최고급 호텔에 들어갈 때 내쫓김을 당했다고 합시다. 그것도 자신의 옷차림이 남루하다는 이유 때문에 말입니다. 분명 이를 당한 사람은 정말 자존심 상할 것입니다. 그것은 바로 이 사람이 비록 의식하지는 않았지만 누구나 다 이 호텔에 출입할 수 있는 동등한 권리가 있다는 신념을 가지고 있기 때문입니다. 따라서 이런 믿음에 반하는 내쫓김을 경험하면서 자존심 상해하는 것은 어찌보면 동등한 권리가 유보되면서 겪는 당연한 심리 현상일 수 있습니다.

셋째, 인간은 사회적 연대를 경험하면서 자부심, 혹은 자긍심에 해당되는 긍정적 자기의식을 형성합니다. 물론 그 전제는 해당 개인이 공동체의 다른 구성원들로부터 공동체에 기여할 수 있는 개인적 특성, 즉 그러한 개성을 가지고 있음을 인정받는 것입니다. 다시 말해 개인은 자신이 공동체의 구성원으로부터 가치 있는 존재로 인정받을 때 공동체 구성원들로부터 사회적 연대를 경험하며, 이를 통해 자신에 대한 긍지를 갖는 긍정적 자기의식을 형성한다는 것입니다. 사실 이러한 현상은 우리가 일상생활에서 흔히 겪는 일이입니다. 예를 들어 우리는 부모님께 효자라는 가치평가를 받을 때 가족구성원으로서 긍지를 가질 뿐만 아니라, 가족구성 간의 강한 연대를 체험합니다. 뿐만 아니라 학교 서클이나 동호인 모임에서도 다른 구성원들이 자기 자신에게 강한 연대감을 표현할 때

해당 개인은 자기 자신이 이 집단의 소중한 구성원으로 평가받고 있다는 자부심을 가질 수 있습니다. 이런 예는 국가라는 거시적 공동체에도 해당됩니다. 만약 우리나라에서 노동자의 피와 땀을 산업화를 성공적으로 이루어낼 수 있었던 원동력으로 평가하는 사회적 분위기가 형성되고, 이에 대한 보상이 이루어진다면 노동자들이 자신의 역할뿐만 아니라, 자신의 존재에 대해 긍지를 가질 수 있습니다.

그런데 그 반대는 어떨까요? 다시 말해 어떤 개인이나 집단이 사회적 연대에서 배제된다면 어떻게 될까요? 우리가 가정에서, 학교에서, 직장에서, 그리고 사회 전체에서 따돌림을 당한다면 사실 우리는 우리 자신이 이 공동체에서 소중한 존재로 평가받고 있다는 의식을 가질 수 없습니다. 더구나 이런 일은 흔히 특정 개인이나 집단의 존재 가치를 폄하하는 데서 비롯된다는 점에서 해당 당사자들은 자신에 대한 긍정적 의식을 갖기 어려울 뿐만 아니라, 열등감이나 자기 비하와 같은 자기 파괴적인 모습을 보이기 쉽습니다. 예를 들어 가부장적 전통이 지배하는 사회에서는 여성의 사회진출이 용이하지 못합니다. 무엇보다도 일자리를 갖기 어렵고, 설사 일자리를 갖는다 해도 고위직에 올라 높은 보수를 받기 어렵기 때문입니다. 우리나라에서 장관 자리에 있는 사람 중 여성은 과연 몇 명이나 되며, 우리나라 국회의원 중 여성은 과연 몇 퍼센트나 될까요? 초등학교 교사는 대부분이 여성이라고 말하지만, 대학교수 중 여성은 극히 적습니다. 이 모든 것은 우리 사회가 여성을 우리 사회에 기여할 수 있는 동등한 사회구성원으로 평가하지 않는다는 점을 말해줍니다. 그리고 사실 이런 현상이 강화되면 될 수록 여성들이 자기 자신에 대해 긍지를 갖는 것은 고사하고 자기 자신에 대한 부정적 의식을 갖기 쉽습니다.

사회비판과 병리적 사회

이처럼 세 가지 유형의 인정과 긍정적 자기의식의 관계를 전제한다면 우리는 어렵지 않게 사회적 인정이 개인의 자아실현뿐만 아니라, 행복한 삶의 가능조건이 됨을 알 수 있습니다. 인간은 사회적 인정을 경험하면서 자신의 욕구와 필요를 충족할 수 있을 뿐만 아니라, 자신의 이성적 능력을 그리고 자신의 개성을 실현할 수 있기 때문입니다. 그리고 인간이 이에 대한 심리적 동반 현상으로 자기 자신, 즉 욕구와 필요, 이성적 능력과 개성을 가지고 있는 자기 자신에 대한 긍정적 의식을 가질 수 있다면 결국 개인은 이를 적극적으로 실현함으로써 자신의 삶에 만족할 수 있습니다. 그러나 반대로 인간이 사회적 인정에서 배제된다면, 다시 말해 자신의 욕구와 필요, 이성적 능력과 개성이 무시 당한다면 자기 자신을 실현할 수 없을 뿐만 아니라, 자기 자신에 대해 부정적 의식을 갖게 되고, 결국 자신의 삶에 대해 만족감을 느낄 수 있는 사회적 기회를 상실하게 됩니다. 이렇게 사회적 인정을 개인의 성공적 자아실현, 긍정적 자기의식, 그리고 행복한 삶의 가능조건이라고 본다면 우리가 어떻게 사회를 비판할 수 있을지 분명해집니다. 이는 단적으로 말해서 현존 사회가 얼마나 많은 사람들에게 사회적 배려, 권리 부여, 사회적 연대 등 사회적 인정을 경험할 수 있도록 하느냐에 달려 있습니다. 즉 우리는 사회를 비판함에서 있어서 그 인정 질서에 주목하면서 사회적 인정의 대상과 내용을 그 기준으로 삼을 수 있다는 것입니다.

호네트는 이러한 비판 방식을 특히 '병리적'이란 개념을 통해 정식화합니다. 병리적이란 말은 의학적 용어로서 신진대사가 정상적으로 이루어지지 않는 병적 상태를 지칭합니다. 마찬가지로 이는 신체적 상태만이 아니라, 정신적 상태에도 적용됩니다. 즉 정신병리학이란 용어가 있듯이 인간의 심리 상태가 왜곡될 때도 병리적이란 용어를 사용합니다. 그렇다면 이러한 용어를 사회에도 적용할 수 있을까요? 물론 정상적 사회상을 전제하고 이에 어긋난 사회적 현상이 만연할 때 이러한 사회를 병리적이라고 진단할 수 있습니다. 그러나 호네트가 사회에 대해 병리적이란 용어를 사용하는 방식은 다소 우회적입니다. 왜냐하면 호네트는 정상적 사회가 아니라, 개인의 정상적 삶을 전제하고 이를 왜곡시키는 사회적 조건, 내지 사회적 현상을 병리적으로 규정하기 때문입니다. 즉 현존하는 사회가 그 구성원들의 삶을 왜곡하고 병들게 만든다면 이는 병리적 사회로 비판되고, 반대로 현존하는 사회가 그 구성원들의 삶을 정상화시키고 건강하게 만든다면 이는 건강한 사회로 규정될 수 있다는 것입니다. 그렇다면 개인의 정상적 삶이란 무엇을 의미할까요? 이것은 지금까지 설명했듯이 주격 나와 목적격 나가 화해하고, 이를 통해 형성된 개인의 정체성이 긍정적 자기의식하에 실현되는 것을 말합니다. 왜냐하면 이럴 때 개인은 부정적 자기의식에서 벗어나 행복한 삶을 영위할 수 있기 때문입니다. 이런 점에서 우리는 행복한 삶의 가능조건인 사회적 인정이 보장된 사회를 건강한 사회로, 그리고 사회구성원들이 사회적 무시로 고통당하는 사회를 병리적 사회로 볼 수 있습니다.

인정투쟁과 도덕적 진보

그러나 현실적으로 존재하는 사회를 고찰해본다면 모든 사람에게 사회적 인정이 보장된 것도 아니고, 그렇다고 모든 사람이 사회적 무시 때문에 자기실현의 기회를 상실하는 것도 아닙니다. 더구나 주격 나와 목적격 나의 관계에서 지적했듯이 새로운 정체성 욕구가 등장하면서 개인의 자기의식이 변화한다면, 이에 따라 사회적 인정 역시 그 대상과 내용이 지속적으로 변화할 수밖에 없습니다. 따라서 현실사회에서는 비록 사회적 인정을 향유하고 있더라도 새로운 자아정체성 요구가 등장하면서 기존의 인정질서와 대립할 수밖에 없고, 또한 기존의 인정질서에서 배제된 사람들 역시 자아실현의 조건을 확보하기 위해서는 현실사회에 저항할 수밖에 없습니다. 이런 점에서 사회적 인정질서와 갈등하는 개인이 증가하면서 또한 이들의 갈등 경험이 일반화되고 집단화될 때 현실사회는 사회적 인정의 대상과 내용을 확장하려는 인정투쟁에 직면하게 됩니다. 즉 자신의 자아실현, 그리고 행복한 삶을 위해 사회적 저항과 병리적 사회 극복을 위한 집단적 투쟁이 가시화된다는 것입니다. 이러한 투쟁은 자신을 무시한 상대방을 파괴하려는 것도, 자신을 배려, 권리부여, 연대 형성에서 배제하는 사회 자체를 철폐하려는 것도 아닙니다. 인정투쟁은 새로운 인정 질서를 형성함으로써 모든 사회구성원이 동등한 존재로서 서로 공존하고 화해할 뿐만 아니라, 각자의 행복한 삶을 보장하는 건강한 사회를 목적으로 한다는 점에서 도덕적으로 정당합니다. 우리가 한 사회의 도덕적 진보에 대해 말할 수 있다면, 그것은 바로 인정투쟁을 통해 사회적 인정의 대상과 내용이 지속적으로 확대되는 것입니다.

우리는 역사적으로나 사회적으로 많은 인정투쟁의 사례를 접할 수 있습니다. 과거 흑인들의 민권운동은 흑인 역시 백인과 동등한 권리 주체로 인정받기 위한 인정투쟁이었습니다. 이는 여성운동의 경우도 마찬가지입니다. 여성은 남성에게 보장된 제도적 권리가 자신에게도 부여되길 원합니다. 또한 여성은 여성성이 남성성과 마찬가지로 동등한 가치가 있음을 인정받기 위해 투쟁했습니다. 최근 우리는 이른바 사회적 소수자들의 인정투쟁을 경험하고 있습니다. 인종, 민족, 문화, 성적 취향에 따른 차이를 인정받기 위함입니다. 물론 인정투쟁은 여기에 국한되지 않습니다. 자본주의 경제체제에 대한 지속적 저항 역시 인정투쟁으로 해석될 수 있습니다. 1970년 11월, 평화시장 앞에서 한 청년이 분신했습니다. 그는 '나는 기계가 아니다'라고 절규했습니다. 그 청년이 바로 전태일(1948~1970) 열사입니다. 전태일은 노동자도 인간이라고 생각했습니다. 이것은 노동자가 갖고 있던 자기의식이었습니다. 따라서 노동자는 타인도 자신을 인간으로 인정해주길 기대합니다. 그러나 현실은 달랐습니다. 노동 현장에서 노동자들은 기계처럼 취급 당했습니다. 노동자는 상품을 생산해내는 노동력 상품에 불과했습니다. 그렇지 않고서는 당시의 노동조건과 임금 수준이 그토록 열악할 순 없었겠지요. 지금 과연 우리는 어떤 사회적 인정의 질서하에서 살고 있을까요? 오늘날 우리는 단지 생산비 요소의 하나일 뿐일까요? 아니면 보편적 권리를 향유하며 생산의 이익을 나눠 갖는 우리 사회의 동등하고 완전한 사회구성원으로서 인정받고 있을까요?

···

더 읽어보면
좋은 책

악셀 호네트, 이현재·문성훈 옮김, 《인정투쟁》, 사월의책, 2011.

이 책은 악셀 호네트의 핵심 사상이라 할 수 있는 '인정 이론'의 시발점을 이루는 저작이자, 그의 대표작이다. 호네트는 이 책에서 청년 헤겔의 '인정투쟁' 개념을 조지 허버트 미드의 사회심리학, 정신분석학적 대상관계 이론, 사회운동사 등을 통해 경험 과학적으로 재구성함으로써 현대적 맥락에 맞게 되살린다. 특히 이 책에서 그는 사랑, 권리, 연대라는 세 가지 인정 유형과 이에 상응한 무시 형태를 제시하고 있다.

악셀 호네트, 문성훈·장은주·이현재·하주영 옮김, 《정의의 타자》,
나남출판, 2009.

이 책에서 호네트는 자신의 인정 이론을 사회철학, 도덕철학, 정치철학으로 확장하기 위해 이 세 영역의 주도적 범주들을 '인정' 개념으로 전환하는 작업이 어느 정도 가능한지 가늠해보려고 한다. 특히 홉스 이후의 사회철학의 전통과 현황을 개관하면서 인정 이론의 역사적 지위를 밝히는 논문이나, 칸트적 전통의 윤리학과 아리스토텔레스적 윤리학이라는 도덕철학의 양대 축을 인정윤리라는 제3의 방식으로 통합하려는 작업, 그리고 민주주의적 의지 형성의 사회적 전제들에 대한 탐구는 특히 주목할 만하다.

•••

악셀 호네트·낸시 프레이저, 문성훈·김원식 옮김,《분배인가 인정인가?》, 사월의책, 근간.

이 책은 호네트와 미국의 정치철학자인 프레이저와의 기념비적인 논쟁을 담고 있다. 이는 오늘날 사회운동의 규범적 목표를 둘러싼 논쟁으로서 한편에서 프레이저가 분배와 인정이라는 이원론적 입장에서 이에 접근하고 있다면, 다른 한편에서 호네트는 인정 일원론적 입장에서 이를 반박하고 있다. 여기서 특히 주목할 만한 것은 호네트가 어떻게 분배의 문제를 인정 개념을 통해 흡수하려고 하는가 하는 점이다. 또한 인정 이론에 근거한 사회정의론도 흥미롭다.

이 책에 나오는 책

게오르크 빌헬름 프리드리히 헤겔, 전원배 옮김,《논리학》, 서문당, 1978.

고형곤,《선禪의 세계》, 동국대학교출판부, 2005.

김서영,《프로이트의 환자들》, 프로네시스, 2010.

김석,《프로이트&라캉》, 김영사, 2010.

김선욱,《정치와 진리》, 책세상, 2001.

_____,《한나 아렌트 정치판단 이론》, 푸른숲, 2002.

김정현,《니체, 생명과 치유의 철학》, 책세상, 2006.

노르베르트 볼츠, 김득룡 옮김,《발터 벤야민》, 서광사, 2000.

르네 데카르트,《철학의 원리Principia Philosophiae》.

블라디미르 일리치 울리야노프 레닌, 최호정 옮김,《무엇을 할 것인가》, 박종철출판사, 1999.

로자 룩셈부르크, 송병헌·김경미 옮김,《사회 개량이냐 혁명이냐》, 책세상, 2002.

_____, 최규진 옮김,《대중파업론》, 풀무질, 1995.

_____, 풀무질 편집부 옮김,《룩셈부르크주의》, 풀무질, 2002.

_____, 황선길 옮김,《자본의 축적 1·2》, 지만지, 2013.

마르틴 하이데거, 박찬국 옮김,《니체 1·2》, 길, 2010/2012.

_____, 신상희 옮김,《숲길》, 나남출판, 2008.

_____, 신상희 옮김,《언어로의 도상에서》, 나남출판, 2012.

_____, 신상희·이선일 옮김,《이정표 1·2》, 한길사, 2005.

_____, 이기상 옮김,《존재와 시간》, 까치글방, 1998.

테오도르 아도르노·막스 호르크하이머, 김유동·주경식·이상훈 옮김,《계몽의 변증법》, 문예출판사, 1995(테오도르 아도르노·막스 호르크하이머, 김유동 옮김,《계몽의 변증법》, 문학과지성사, 2001)

박찬국,《하이데거는 나치였는가》, 철학과현실사, 2007.

_____,《하이데거의《존재와 시간》읽기》, 세창출판사, 2012.

발터 레제-쉐퍼, 선우현 옮김,《하버마스》, 거름, 1998.

발터 벤야민, 심철민 옮김,《독일 낭만주의 예술비평 개념》, 도서출판b, 2013.

_____, 김유동·최성만 옮김,《독일 비애극의 원천》, 한길사, 2009.

_____,《발터 벤야민 선집 2》, 길, 2008.

_____,《발터 벤야민 선집 4》, 길, 2010.

백승영,《니체, 디오니소스적 긍정의 철학》, 책세상, 2005.

_____,《니체》, 한길사, 2011.

서울대학교 철학사상연구소 엮음,《마음과 철학》(서양편 하), 서울대학교출판문화원, 2012.

악셀 호네트, 강병호 옮김,《물화》, 나남출판, 2006.

_____,《권력 비판Kritik der Macht》, Suhrkamp Verlag, 1988.

_____, 《찢겨진 사회적 세계Die zerrissende Welt des Sozialen》, Suhrkamp Verlag, 1990.

_____, 《비결정성의 고통Leiden an Unbestimmtheit》, Reclam, Philipp, jun. GmbH, Verlag, 2001.

_____, 《비가시성Unsichtbarkeit》, Suhrkamp Verlag, 2003.

_____, 《이성의 병리 현상Pathologie der Vernunft》, Suhrkamp Verlag, 2007.

_____, 《우리 안의 자아Das Ich im Wir》, Suhrkamp Verlag, 2010.

_____, 《자유의 권리Das Recht der Freiheit》, Suhrkamp Verlag, 2011.

_____, 문성훈·장은주·이현재·하주영 옮김, 《정의의 타자》, 나남출판, 2009.

_____, 이현재·문성훈 옮김, 《인정투쟁》, 사월의책, 2011.

악셀 호네트·낸시 프레이저, 문성훈 옮김, 《분배인가 인정인가?》, 사월의책, 근간.

안토니오 네그리, 윤수종 옮김, 《맑스를 넘어선 맑스》, 새길, 1994.

애리 브랜트, 김원식 옮김, 《이성의 힘》, 동과서, 2000.

에두아르트 베른슈타인, 강신준 옮김, 《사회주의의 전제와 사민당의 과제》, 한길사, 1999

에드문트 후설, 《현상학적 심리학 강의》, 신오현 옮김, 민음사, 1992.

_____, 최경호 옮김, 《순수 현상학과 현상학적 철학의 이념들》, 문학과지성사, 1997.

에리히 프롬, 《존재냐 소유냐To Have or to Be?》, 1976.

연구모임 사회 비판과 대안 엮음, 《프랑크푸르트학파의 테제들》, 사월의책, 2012.

오토 페겔러 지음, 이기상·이말숙 옮김, 《하이데거의 사유의 길》, 문예출판사, 1993.

월터 카우프만W. Kaufmann, 《니체Nietzsche: Philosopher, Psychologist, and Antichrist》(1950), Princeton University Press, 1974.

위르겐 하버마스, 박영도·한상진 옮김, 《사실성과 타당성》, 나남출판, 2007.

_____, 장춘익 옮김, 《의사소통 행위 이론 1·2》, 나남출판, 2006.

윤명로, 《현상학과 현대철학》, 문학과지성사, 1987.

이남인, 《현상학과 해석학》, 서울대학교출판부, 2004.

장 그롱댕, 최성환 옮김, 《철학적 해석학 입문》, 2008.

조정환, 《인지자본주의》, 갈무리, 2011.

조지아 원키, 이한우 옮김, 《가다머》, 민음사, 1999.

조지프 르두 지음, 강봉균 옮김, 《시냅스와 자아》, 도서출판 소소, 2005.

존 시튼, 김원식 옮김, 《하버마스와 현대사회》, 동과서, 2007.

지그문트 프로이트, 임인주 옮김, 《농담과 무의식의 관계》, 열린책들, 2004.

_____, 김석희 옮김, 《문명 속의 불만》, 열린책들, 2004.

_____, 이한우 옮김, 《일상생활의 정신 병리학》, 열린책들, 2004.

_____, 윤희기 옮김, 《정신분석학의 근본개념》, 2004.

_____, 《꿈의 해석Die Traumdeutung》, 1899.

_____, 《성에 관한 세 편의 에세이Dei Abhandlungen Zur Sexualtheorie》.

찰스 테일러, 송영배 옮김, 《불안한 현대사회》, 이학사, 2001.

칸트, 《순수이성비판Kritik der reinen Vernuft》, 1781.

칼 맑스, 《1844년의 경제학철학 수고》, 박종철출판사, 1991.

_____, 최형익 옮김, 《루이 보나파르트 브뤼메르 18일》, 비르투출판사, 2012.

_____, 《자본론》, 1867.

_____ ,《정치경제학 비판을 위하여》, 1859.

_____ ,《공산주의당 선언Manifest der Kommunistischen Partei》, 1848.

칼 맑스·프리드리히 엥겔스,《독일 이데올로기Die Deutsche Ideologie》, 1845.

테오도르 아도르노, 홍승용 옮김,《미학 이론》, 문학과지성사, 1997.

_____ , 홍승용 옮김,《부정변증법》, 한길사, 1999.

_____ , 이순예 옮김,《부정변증법 강의》, 세창출판사, 2012.

파울 프뢸리히, 정민·최민영 옮김,《로자 룩셈부르크 생애와 사상》, 책갈피, 2000.

폴 리쾨르, 양명수 옮김,《해석의 갈등》, 한길사, 2012.

푀글러, 박순영 옮김,《해석학의 철학》, 서광사, 1993.

프리드리히 니체, 백승영 옮김,《바그너의 경우, 우상의 황혼, 안티크리스트, 이 사람을 보라,
    디오니소스 송가, 니체 대 바그너(1888~1889)》, 책세상, 2002.

_____ , 김정현 옮김,《선악의 저편, 도덕의 계보》, 책세상, 2002.

피터 게이, 정영목 옮김,《프로이트 I · II》, 교양인, 2011.

하버마스, 한승완 옮김,《공론장의 구조변동》, 나남출판, 2004.

한나 아렌트, 서유경 옮김,《사랑 개념과 성 아우구스티누스》, 텍스트, 2013.

_____ , 김선욱 옮김,《공화국의 위기》, 한길사, 2011.

_____ , 김선욱 옮김,《예루살렘의 아이히만》, 한길사, 2006.

_____ , 김선욱 옮김,《칸트 정치철학 강의》, 푸른숲, 2002.

_____ , 박미애·이진우 옮김,《전체주의의 기원》, 한길사, 2006.

_____ , 이진우·태정호 옮김,《인간의 조건》, 한길사, 1996.

_____ ,《정신의 삶The Life of the Mind》, Mariner Books, 1981.

한병철,《피로사회》, 문학과지성사, 2012.

한스 게오르크 가다머, 이유선 옮김,《가다머 현대의학을 말하다》, 몸과마음, 2002.

_____ , 공병혜 옮김,《고통》, 철학과현실사, 2005.

_____ , 박남희 옮김,《과학시대의 이성》, 책세상, 2009.

_____ , 손승남 옮김,《교육은 자기교육이다》, 동문선, 2004.

한전숙,《현상학》, 민음사, 1996.

한형식,《맑스주의 역사 강의》, 그린비, 2010.

해리 클리버, 한웅혁 옮김,《자본론의 정치적 해석》, 풀빛, 1986.

찾아보기

373

375

377

칼 맑스

조정환 서울대학교 국문과 박사과정에 재학 중이었던 1980년대 초부터 민중미학
연구회에서 민중미학을 공부했고 중앙대학교, 호서대학교 등에서 근대 비평사를
강의했다. 1989년 월간 《노동해방문학》 창간에 참여하면서 문예운동의 노동계급적
전환을 주창했다. 1994년 도서출판 갈무리, 2000년 '다중문화공간 WAB', 2007년
'다중지성의 정원' 등을 창립하여, 다중의 잠재력과 집단적 자치를 기초로 한, 삶과
사회의 새로운 구성 방향을 집단적으로 탐구하고 있다.
대표 저서로 각 연구시기를 집약한 책, 《노동해방문학의 논리》, 《아우또노미아》,
《인지자본주의》 등이 있으며 《자유의 새로운 공간》, 《디오니소스의 노동 1·2》, 《크
랙 캐피털리즘》 등 자율주의적 맑스주의 경향의 책들에 대한 번역을 통해 연구 작
업을 확장하고 있다.

379

지그문트 프로이트

김석 프랑스 스트라스부르대학을 거쳐 파리8대학 철학과에서 '라캉의 욕망하는
주체'를 주제로 철학 박사학위를 받았다. 귀국 후 철학아카데미, 고려대학교, 서울
시립대학교 등에서 강의를 하다 2009년부터 건국대학교 자율전공학부에서 학생들
을 가르치고 있다. 정신분석 개념과 무의식 이론을 적용해 한국사회의 여러 현상
을 심층적으로 분석하면서 새로운 주체화의 모델을 철학적으로 제시하는 것에 연
구를 집중하고 있다. 개인과 공동체의 관계에도 관심이 많으며 대중 강연을 통해
대중과 함께 소통하는 것에도 열심이다. 주요 저서로 《에크리, 라캉으로 이끄는 마
법의 문자들》, 《프로이트와 라캉, 무의식에로의 초대》, 공저로 《프랑스 철학과 문학
비평》, 《인간 본성에 관한 철학 이야기》, 《포르노 이슈》 등이 있다. 베르트랑 오질비
가 쓴 《라캉, 주체 개념의 형성》, 장 뤽 낭시와 필립 라쿠-라바르트가 공저한 《문자
라는 증서》 등을 번역하기도 했다.

프리드리히 니체

백승영 서강대학교 철학과에서 학사와 석사 과정을 마친 후, 독일 레겐스부르크 대학교에서 철학 박사학위를 받았다. 현재 서울대학교 철학사상연구소 연구원이 자, 홍익대학교와 서강대학교에서 강의를 하고 있으며, 한국 니체학회의 편집위원 으로도 활동하고 있다. 저서로 《Interpretation bei Nietzsche. Eine Analyse》, 《니체, 디오니소스적 긍정의 철학》, 《니체》 등이 있으며, 《차라투스트라는 이렇게 말했다》, 《도덕의 계보》, 《우상의 황혼》, 《유고》를 디지털 텍스트 형태로 제공했다. 또한 《Rüttler an hundertjähriger Philosophietradition》, 《서양철학과 주제학》, 《오늘 우리는 왜 니체를 읽는가》 등을 함께 썼으며, 《바그너의 경우·우상의 황혼· 이 사람을 보라·디오니소스 송가·니체 대 바그너》, 《유고》 등을 옮겼다. 이밖에도 형이상학·인식론·도덕론·예술론 및 법론에 이르는 철학적 주제들에 대한 논문과 글을 발표했으며, 제24회 열암학술상 및 제2회 출판문화대상을 받았다.

에드문트 후설

이남인 서울대학교 철학과와 동 대학원에서 석사과정을 졸업하고 독일 부퍼탈 대학 철학과에서 박사학위를 취득했다. 1995년부터 현재까지 서울대학교 철학과 교수로 재직하고 있다. 저서로 《현상학과 해석학》, 《후설의 현상학과 현대철학》, 《Edmund Husserls Phänomenologie der Instinkte》 등이 있으며 국내외 학 술지에 다수의 논문을 발표했다. 또한 현재 《Continental Philosophy Review》, 《Phenomenology and Cognitive Sciences》 등을 비롯한 다수의 국제학술지 편 집위원/자문위원으로 활동하고 있으며, 2008년부터 IIPInstitut International de Philosophie 정회원으로 활동하고 있다.

로자 룩셈부르크

한형식 연세대학교 철학과 박사과정을 수료했다. 세미나네트워크 새움 회원으로 맑스주의의 대중적 확산을 위한 공부와 교육 활동을 하고 있다. 또한 당인리대안 정책발전소 부소장으로 경제 현안을 분석하고 진보적 경제정책을 개발하는 일도 함께 한다. 저서로 《맑스주의 역사 강의》,《인도사회운동사》(근간),《사회자본과 협동조합》(근간) 등이 있으며 옮긴 책으로 《공부하는 혁명가》가 있다.

마르틴 하이데거

박 찬 국 서울대학교 철학과를 졸업하고, 같은 대학 대학원에서 석사학위를, 독일 뷔르츠부르크 대학에서 철학 박사학위를 받았다. 호서대학교 철학과 교수를 거쳐 현재 서울대학교 철학과 교수로 재직하고 있다. 니체와 하이데거의 철학을 비롯한 실존철학에 관심이 많으며, 최근에는 서양철학과 불교철학을 비교하는 것을 주요한 철학 과제 중의 하나로 삼고 있다.

지은 책으로는 《하이데거는 나치였는가》,《에리히 프롬과의 대화》,《하이데거와 윤리학》,《들길의 사상가, 하이데거》,《원효와 하이데거의 비교연구》,《내재적 목적론》 등이 있고, 옮긴 책으로는 《헤겔 철학과 현대의 위기》,《마르크스주의와 헤겔》,《실존철학과 형이상학의 위기》,《아침놀》,《정신에 대하여》,《비극의 탄생》,《니체 I, II》, 《상징형식의 철학 I》 등이 있으며, 논문으로는 〈니체와 하이데거 사상의 비교고찰 – 자연관을 중심으로〉 등 다수가 있다.

381

발터 벤야민

심 혜 련 독일 베를린 훔볼트 대학에서 벤야민의 매체 이론과 관련된 논문으로 박사학위를 받았다. 현재 전북대학교 과학학과 교수로 재직하고 있다. 《20세기의 매체철학》(2013년 문광부 우수학술도서, 한국연구재단 2013년 기초연구 우수성과)과 《사이버스페이스 시대의 미학》을 썼고, 《과학기술과 문화예술》(2011년 대한민국 학술원 우수학술도서), 《도시공간의 이미지와 상상력》,《발터 벤야민》,《철학, 삶을 묻다》,《미학의 문제와 방법》,《철학, 예술을 읽다》,《매체철학의 이해》 등을 함께 썼다. 또한 볼프강 벨쉬의 《미학의 경계를 넘어》를 옮겼다. 이 외에도 벤야민, 매체철학과 도시 공간 등에 대한 논문들이 있다.

테오도르 아도르노

이 순 예 서울대학교와 독일 빌레펠트대학교에서 공부했다. 아도르노의 문명비판
시각으로 칸트의 《판단력비판》 이래 독일 철학적 미학의 발전을 조화미 범주의 추
상화 과정으로 분석한 연구로 박사학위를 취득했다. 특히 프랑크푸르트학파의 비
판 이론을 연구하면서 예술론과 사회 이론의 접목을 통한 이론적 전망의 확대 가
능성을 모색하고 있다. 민주사회 수립 과정에서 '시인과 사상가의 나라' 독일을 '타
산지석'으로 삼을 수 있다고 믿고 있기 때문이다. 독일 역시 18세기에서 19세기에
이르는 국민국가 수립 시기에 자유주의 개혁(혁명)을 달성하지 못했고, 군주독재와
권위주의 정부 그리고 대기업에 의한 독점의 길을 갔으며, 히틀러 독재는 이 모든
과정의 역사철학적 귀결이었다. 하지만 제 2차 세계대전 이후 모든 굴곡을 딛고 민
주주의 시민사회 구성의 새로운 모델을 제시하는 나라로 부상했다. 그 힘은 어디
에서 나오는 것일까? 인문학의 힘이라고 믿는다. 민주사회로 가는 독일적 특수경
로Deutscher Sonderweg는 칸트가 초석을 놓은 비판철학의 전통과 고전예술의 뒷받
침으로 가능했다. 프랑크푸르트학파의 유태계 지식인들이 이러한 독일의 지적 전
통을 구출하고 현대화했다.
현재 이화여자대학교에서 강의하고 있으며, 《예술과 비판, 근원의 빛》, 《예술 서구
를 만들다》를 썼고, 아도르노의 《부정변증법 강의》를 번역했다.

한나 아렌트

김 선 욱 숭실대학교 철학과 및 동 대학원을 졸업하고 미국 뉴욕주립대(버펄로)에
서 박사학위를 받았다. 현재 숭실대학교 교수 및 가치와윤리연구소장을 맡고 있
다. 한국철학회 사무총장, 제22차 세계철학대회 한국조직위원회 사무총장, 기윤실
삶의정치윤리운동본부장, 숭실대학교 학부대학장 등을 역임했고 《한국일보》, 《경
향신문》, 《빅이슈》 등에 정기적으로 칼럼을 연재했으며, 현재 인터넷 북리뷰 〈아포
리아〉에 칼럼을 연재하고 있다. 《행복의 철학》 등의 다수 저술이 있고, 《한나 아렌
트가 들려주는 전체주의 이야기》 등 철학 동화 3편을 썼으며, 한나 아렌트의 《정치
의 약속》 등 다수 역서가 있다.

한스 게오르크 가다머

박 남 희 감리교신학대학교 종교철학과를 졸업하고 연세대학교 철학과 대학원에서
〈가다머의 작용사적 이해에 관한 연구〉로 석사학위를,《가다머의 지평융합 비판》
으로 박사학위를 받았다. 현재 연세철학연구소 전임연구원과 철학아카데미 상임
이사, 희망네트워크 주임교수, 성프란시스 철학교수를 겸직하고 있다. 저서로《작은
목소리로 나누는 큰 대화》가 있고, 옮긴 책으로 가다머의《과학시대의 이성》이 있
다. 또한 함께 쓴 책으로《종교와 철학 사이》,《이성의 다양한 목소리》,《비극적 실
존의 철학자 칼 야스퍼스》,《왜 철학 상담인가》,《거리의 인문학》 등이 있다. 주로
소외계층을 위한 철학교육과 치유의 문제에 관심이 있다.

위르겐 하버마스

김 원 식 현재 국가안보전략연구소INSS 연구위원. 2002년 연세대학교 철학과에서
《계몽의 자기파괴와 의사소통 이성》으로 박사학위 논문을 받았고, 이후 〈인권의
근거: 후쿠야마와 하버마스의 경우〉, 〈인정과 재분배〉, 〈생활세계 식민화론의 재구
성: 배제, 물화, 무시〉, 〈배제, 물화 그리고 무시: 한국사회 갈등구조에 대한 비판이
론적 분석〉 등의 논문을 발표했다.
《주체사상과 인간중심철학》,《프랑크푸르트학파의 테제들》,《포스트모던의 테제
들》 등을 함께 썼고,《이성의 힘》,《하버마스와 현대사회》,《지구화시대의 정의》를
옮겼다. 현재 주된 관심은 한국사회 부정의와 병리현상에 대한 사회철학적 진단과
대안을 제시하는 것이며, 이를 위해서 사회철학 전반의 최근 논의들을 폭넓게 검
토하고 있는 중이다.

악셀 호네트

문 성 훈 연세대학교 철학과를 졸업하고 서울대학교 대학원 철학과를 거쳐, 독일
프랑크푸르트 대학 철학과에서 악셀 호네트 교수의 지도로 박사학위를 받았다. 현

재 서울여자대학교 교양학부 현대철학 교수이며, 《베스텐트》한국어판 책임 편집 자로 있다. 저서로 《미셸 푸코의 비판적 존재론》이 있고, 《현대철학의 모험》, 《이성 의 다양한 목소리》, 《프랑크푸르트학파의 테제들》, 《포스트모던의 테제들》(근간), 《현대 정치철학의 테제들》 등을 함께 썼다. 또한 《인정투쟁》, 《정의의 타자》, 《분배 냐 인정이냐》(근간) 등을 함께 옮겼다.